거짓의 역사와 위선의 한국 사회

바로 잡는 한국 현대사

바로 잡는 한국 현대사
거짓의 역사와 위선의 한국 사회

발행일 2021년 12월 1일 초판 1쇄
        2022년 1월 10일 초판 2쇄

지은이 조남현
발행인 고영래
발행처 (주)미래사

주소 서울시 마포구 신수로 60, 2층
전화 (02)773-5680
팩스 (02)773-5685
이메일 miraebooks@daum.net
등록 1995년 6월 17일(제2016-000084호)

ISBN 978-89-7087-139-4 (03340)

거짓의 역사와

조남현 지음

바로 잡는 한국 현대사

위선의 한국 사회

미래ㅐH

머리말

             온 나라를 들끓게 한 대장동 사건의 진실은 굳이 법원까지 가지 않아도 누구나 알고 있을 것이라고 나는 믿는다. 검찰 수사는 언제 끝날지, 제대로 목적을 조준이나 할지 아무도 모른다. 하지만 누가 수괴이고 누가 하수인인지는 모두가 안다. 다만 언론도 야당도 법(法)이라는 장애물 때문에 의혹 제기만 할 뿐이다. 하지만 "쿵!" 하면 호박 떨어지는 소리라는 건 알만한 사람은 다 안다.

    나는 대장동 사건이 터지고 지금까지 과정에서 사건 관련자들이나 정치적 이해를 같이하는 사람들, 또 이른바 평론가라는 사람들의 견강부회(牽强附會)를 바라보면서 그 낯 두꺼움에 구토가 날 지경이다. '어떻게 저럴 수 있을까' 하는 탄식이 절로 나온다.

    사람이 사람인 것은 염치라는 게 있기 때문이다. 염치는 사람이기 위한 최소한의 요건이다. 그런데 앞에서 얘기한 그 사람들은 최소한의 부끄러움도 알지 못한다. 어디 그들뿐인가. 단지 정치적으로 같은 편 또는 같은 진영이라고 해서 무조건 감싸고 드는 사람들은 또 뭐란 말인가.

    나는 한때 좌파가 도덕적으로는 우파에 비해 상대적으로 우위에 있다고 생각한 적이 있었다. 단견이었다. 좌파는 도덕적이지 않다.

                               거짓의 역사와 위선의 한국 사회

합리적이고 도덕적이라면 좌파가 될 수 없다고 나는 생각한다. 뒤늦게 깨달은 것이지만 그렇더라도 이 정도일 줄은 몰랐다. 좌파의 토대는 거짓과 선동이며, 대중은 좌파의 선동 대상일 뿐이다.

사실 좌파와 좌파의 세례를 받은 한국 사회의 진면목은 문재인 정권 들어 이미 적나라하게 드러난 바 있다. 조국 사태는 물론 문 정권에서 벌어진 모든 사태에서 문재인 정권과 그 일파가 얼마나 위선적인지가 확인되었다. 그뿐 아니라 우리 사회가 얼마나 몰이성적이고 비합리적인지, 그리고 얼마나 허위로 가득 찼는지를 여실히 보여주었다.

한국 사회의 특징을 한마디로 요약하라면 나는 주저 없이 '위선과 허위'라고 규정한다. 이 나라는 그야말로 위선과 허위의 나라다. 위선과 허위는 무지와 오만을 가리기 위한 얄팍한 수단이다. 나는 단언한다. 대중(大衆)은 우중(愚衆)일 뿐이라고. 한국은 우중의 사회다. 우중이 스스로를 각성한 사람들인 양 하기 위한 수단이 바로 위선과 허위다.

한국 사회의 또 한 가지 특징은 '전근대'라 할 수 있다. 나는 꾸준히 '한국 사회는 근대사회인가?'라는 물음을 던져왔고, 늘 고개를 가로저어 왔다. 경제가 발전하고 국력도 커졌지만 한국 사회는 여전히 전근대에 머물러 있다는 게 내 판단이다. 그래서 한국은 더 이상 앞으로 나아가기 힘들다는 생각이다.

우리 국민은 비겁하다. 내 눈에 비친 우리 국민은 합리적인 사고와는 거리가 먼 사람들이며, 위선과 허위를 드러낼 용기라고는 찾아볼 수 없는 사람들이다. 진실을 마주할 용기가 없는 사람들이다. 거짓의 정치와 허위의 역사가 판을 칠 수 있는 까닭이다.

나는 한국 사회의 이러한 몰이성과 몰염치, 위선과 허위가 좌파의 세례를 받은 탓이라고 생각한다. 그리고 좌파의 주요 무기는 대한민국의 정통성과 정당성을 부인하기 위한 한국 현대사의 왜곡이었다. 그리고 그러한 왜곡된 인식이 지금까지 한국 사회에 널리 퍼져 있다.

이 책은 한국 현대사를 대상으로 해방정국과 80년대, 그리고 오늘을 넘나들며 쓴 에세이다. 이 책이 학술연구가 아니라 실제 역사 사실과 나의 사유(思惟)에 의한 산물이라는 얘기다. 오늘의 시점에서 자유롭게 해방정국과 8~90년대를 오가면서 한국 현대사의 인식을 정리하며 오늘의 몰이성적이고 비합리적인 현실을 고발하고자 하는 의도로 쓴 것이라는 의미다.

　　　　　　　　　　　거짓의 역사와 위선의 한국 사회

80년대 이후 한국 현대사는 너무 많이 왜곡되어 왔다. 『한국전쟁의 기원』, 『해방전후사의 인식』 시리즈 등을 필두로 한 셀 수 없이 많은 한국 현대사 관련 저술들이나 출간물, 신문과 잡지, 방송, 그 밖의 미디어가 역사를 실제와 다르게 왜곡해 왔고, 그것이 광범위하게 확산되고 재생산되어 오늘에 이르고 있다. 그리고 그러한 인식과 의식이 여전히 오늘의 한국 사회를 지배하고 있다.

해방정국에서 우리가 가야 할 길은 자유주의와 민주주의였음에도 마르크스주의에 기초한 수정주의 사관에 의한 저술들은 한결같이 반제반봉건혁명, 곧 반미·사회주의 혁명이 가야 할 방향이라는 전제하에 한국 현대사를 서술해 왔다. 반동으로 흘렀다는 얘기다. 그래서 나는 80년대를 반동의 시대로 규정한다. 비록 그것이 전두환 정권의 반작용이었다 하더라도 민족해방민중민주혁명(NLPDR) 세력(주사파)이 대세를 장악한 건 시대의 흐름을 거꾸로 되돌려 놓은 반동이라 하지 않을 수 없다.

해방정국과 관련하여 나는 먼저 김구와 이승만에 주목했다. 두 역사적 인물의 실재(實在)와 인식 사이에는 크나큰 괴리가 있다. 그리고 김구는 안두희의 흉탄에 쓰러졌지만 오히려 죽어 영원히 살아 있게 되었고, 이승만은 해방정국을 주도하며 대한민국 건국을 성취

해내고 초대 대통령에 올랐지만 후대의 저주와 비난을 받으며 잊혀가는 처지로 전락했다. 해방정국의 두 거인의 선택은 극명하게 갈렸고, 그 선택으로 인하여 사후 영욕이 엇갈린 것이다. 그 역설을 낳은 것은 대중조작에 의한 우상과 신화, 그리고 왜곡된 역사인식이다. 그걸 바로 잡고자 했다.

이어 한국현대사 최대 쟁점이자 가장 큰 사건인 제주 4·3 사건과 여순사건, 6·25에 대한 인식과 오류를 바로잡고자 시도했다. 또 도올 김용옥이라는 저명인사의 한국 현대사 강연에 대해서도 비판의 칼날을 들이대기도 했다. 그의 명성과 위상에 도전하는 것은 어쩌면 금기인지 모른다. 하지만 그 금기를 깨고자 한다.

대중은 한국 현대사에 대해 제대로 이해하지 못하고 있다. 실제 있었던 역사 사실과 그것을 부정하는 해석을 혼동하고 있다. 또 연구자들에게는 잘 알려져 있는 사실도 대중에게는 너무 먼 이야기다. 특히 해방정국에 대한 대중의 이해는 매우 잘못되어 있다. 왜곡된 역사로 인하여 의식이 뒤틀려 버린 측면도 보인다. 따라서 실제 있었던 그대로의 역사를 바탕으로 왜곡된 역사 인식의 수정이 꼭 필요하다고 생각한다. 이 책은 그런 목적과 내용을 담고 있다.

나는 해방정국에서 오늘에 이르기까지 민족주의가 우리사회를 지배하는 가장 강력한 이데올로기로 작용해 왔음에도 주목하고, 배타적이면서 심할 경우 적대적인 민족주의를 심히 우려하는 입장이다. 때문에 결론 부분에서 우리에게 필요한 것은 '개인'의 발견이고 '자유'의 정착이라는 점을 강조했다.

나는 이 책을 집필함에 있어서 편향된 이념에 사로잡혀 또 다른 왜곡을 낳는 우(愚)를 범하지 않으려 노력했다. 하지만 누구나 그렇듯 나의 이념적 지향이나 가치가 드러날 수밖에 없다는 한계가 있을 것임도 부인할 수 없다. 아무쪼록 배타적 민족지상주의에서 벗어나 이성과 합리성을 바탕으로 한국 현대사와 오늘의 현실을 냉정하게 바라볼 수 있도록 하는 데 보탬이 되었으면 한다.

2021년 11월
조남현

차례

1장

우상과
신화

김구에 대한 비판은 금기시되고 있으며 사실상 성역화가 되어
있다. 혹여 김구를 비판하면 친일파 아니면 극우로 몰리기 십
상이다. 좌우를 떠나 김구가 국민적 영웅으로 추앙받는 까닭이
무엇일까. 그건 한국 현대사에 대한 우리 국민의 무지라는 토
양에서 만들어진 신화와 그로 인한 허상을 우상화한 데서 비롯
된 일이다.

신화의 탄생

　　　　　　　　조지 워싱턴, 패트릭 헨리, 존 애덤
스, 토마스 제퍼슨, 벤저민 프랭클린 등 미국에는 미국인들의 추앙
을 받는 '건국의 아버지들(Founding Fathers of the United States)'이 즐비하
다. 미국의 독립과 건국은 단순히 미국이 영국의 식민지로부터 벗
어났다는 역사적 사실을 넘어 문명사의 획기적인 전기를 마련한 일
대 사건이다. 미국 건국의 아버지들은 그와 같은 문명사적 전환을
이루어낸 주역들이다.

　대한민국의 건국도 문명사적 전환을 가져온 민족사적 사건이었
다. 전제군주 시대와 식민지 시대를 거쳐 한반도에 역사상 처음으
로 자유와 공화의 나라가 들어섰다는 것은 문명사적 의의를 갖는
다. 그런데 대한민국의 경우 미국에서와 같이 추앙을 받는 건국의
아버지들, 또는 건국의 아버지는 존재하지 않는다.

식민지 조국을 독립으로 이끈 인도의 간디와 네루, 베트남의 호치민 등은 나름대로 건국의 아버지로 그 나라의 존경을 받고 있는데 유독 대한민국만큼은 그런 존재가 없는 게 현실이다. 사실상 혼자 건국을 이끌었던 이승만이라는 탁월한 인물이 있음에도 현실에서는 그가 국부로 추앙받지 못하고 있다.

2020년 7월 23일, 국회 이인영 통일부 장관 후보자 인사청문회에서 이인영은 "이승만 대통령이 국부라는 주장에는 솔직히 동의하기 어렵다"며 "우리의 국부는 김구"라는 입장을 밝혔는데 실소를 넘어 탄식을 금할 수가 없었다. 김구는 대한민국 건국을 반대했을 뿐 아니라 방해한 인물 아닌가. 그런 인물이 대한민국의 국부라니, 한 마디로 난센스다.

그런데 그게 이유가 있다. 문재인 대통령도 2018년 3·1절 기념사를 통해 1919년 상해 임시정부 수립을 대한민국의 건국으로 봐야 한다고 강조한 바 있다. 이는 애써 1948년 건국론을 부정하고자 한 것이다. 그래서 이인영이 김구를 국부라고 한 것이었다고 생각된다.

문 대통령은 대한민국이 임시정부의 법통을 계승했다고 우리 헌법이 천명하고 있다는 점을 강조했는데, 애초의 제헌헌법 전문은 임시정부를 계승했다고 한 게 아니라 '기미 삼일운동으로 대한민국을 건립하여 세계에 선포한 위대한 독립정신을 계승'했음을 명시했었다. 즉, 대한민국이 계승한 것은 임시정부가 아니라 그것이 있게 한 3·1운동의 독립정신인 것이다. 그런 것을 1987년 개헌으로 지금의 헌법 전문으로 바꾸어 버린 것이다.

사실 헌법 전문은 정치적 격변에 의해 바뀌면 안 된다. 그렇게 되면 건국정신은 변질될 수밖에 없다. 전혀 다른 체제나 이념을 지향하는 나라로 바뀐다면(그건 혁명이다) 모르겠지만 자유민주주의를 기본가치로 한다면 정치적인 이유로 전문에 후대의 사건을 덕지덕지 덧붙이는 것은 건국정신을 희석시키고 파괴하는 것이라 할 수 있다. 지금 우리 헌법 전문을 보라. 이게 누더기지 정상적인 것이라고 할 수 있는가.

　또 문 대통령은 "1940년에는 대한민국 임시정부가 대한민국 최초의 정규 군대인 광복군을 창설했다"며 "모두 대한민국 건국의 아버지들"이라고도 했다. 그 말을 듣고 웃어야 할지 울어야 할지 고개를 절레절레 흔들지 않을 수 없었다. 그렇게 되면 정작 대한민국 건국을 방해한 김구와 6·25 남침으로 대한민국을 무너뜨리려 한 김원봉마저 건국의 아버지들 중 한 사람이 될 뿐 아니라 광복군을 창설하고 지휘한 중국 국민당 정부의 장개석이 건국의 아버지에 포함되어야 하는 등 우리 역사가 뒤죽박죽이 되고 만다.

　이 모든 혼란은 이승만을 건국의 아버지로 보고 싶지 않은 좌파 세력 및 오도된 교육이나 그 영향으로 한국 현대사에 무지한 대중으로 인하여 빚어진 것이다. 그리고 1948년의 의미와 의의를 지우거나 가리기 위하여 김구 국부론이 강조되고 있는 것이다. 사실 1919년을 건국 시점으로 본다 해도 초대 임시대통령이 이승만이었다는 점에서 그는 가장 중요한 건국의 아버지라 할 수 있다.

　문제는 임시정부 수립을 건국이라 할 수 있느냐는 점이다. 국가의 기본 요소(국민, 영토, 주권)도 갖추지 못한 임시정부는 말 그대로 임시정부일 뿐이다. 남의 나라 중국에서 정부 조각도 힘겨울 정도로 간판만 유지한 채 일제의 감시를 피해 이곳저곳을 전전하던 임시정부를 독립국가의 정부라고 보기는 어렵다.

거듭 강조하지만 건국은 1948년 8월 15일에 이루어졌다. 그런데 그것이 해방과 겹치다 보니 이상하게 되어 이 나라는 광복절은 있으나 그보다 더 중요한 건국기념일, 또는 독립기념일은 없는 꼴이되어 버렸다. 해방은 일본 제국주의로부터 벗어났다는 점에서 의의가 있으나 그 자체로 완결이 아니고 독립국가의 건설이 완결판이다. 진정한 독립은 독립국가 건설에 의해 완성된다. 따라서 건국, 또는 독립은 1948년으로 보아야 마땅하고, 국부는 이승만을 제외하면 마땅히 꼽을 사람이 없다.

다만 이승만은 국민의 추앙을 받고 있지 못하고 있다는 점이 문제라면 문제다. 아니 이승만은 추앙은커녕 비판을 넘어 비난과 저주의 대상이 되어 있다. 그렇다고 대한민국 건국에 참여하지도 않고 오히려 반대하고 저지하려 했던 김구를 국부라고 할 수도 없는일이다.

오히려 김구는 이승만과는 달리 국민의 추앙을 받고 있다. 그런데 존경받는 국민적 영웅이라 해도 대한민국 건국과 상관없는 인물, 아니 대한민국의 탄생을 저지하고 무너뜨리려 했던 세력과 손잡았던 사람을 국부라고 생각하는 건 어처구니없는 일이다. 나아가 그러한 국민적 영웅의 위상과 이미지가 정치적 배경과 우리 사회의집단의식에 의해 만들어진 허상이라면 어찌할 것인가.

주사파 운동권 출신인 이인영이 김구를 국부로 생각한다는 점은 사실 놀라운 일이다. 왜냐하면 해방정국에서 김구는 좌익세력으로부터 극우로 평가받았던 인물이기 때문이다. 그럼에도 이인영이 김구를 국부로 말했다는 사실은 중대한 시사를 한다. 그 사람의 이념이나 철학, 정치적 성향과 상관없이 우리 국민 대다수는 김구를 '평생을 조국의 독립과 자주 평화통일에 모두 바치신 민족의 지도자이며 겨레의 큰 스승'(백범기념관 김구의 좌상 설명)으로 추앙하고 있는 현실을 반영하고 있다는 것이다.

김구에 대한 비판은 금기시되고 있으며 사실상 성역화가 되어 있다. 혹여 김구를 비판하면 친일파 아니면 극우로 몰리기 십상이다. 좌우를 떠나 김구가 국민적 영웅으로 추앙받는 까닭이 무엇일까. 그건 한국 현대사에 대한 우리 국민의 무지라는 토양에서 만들어진 신화와 그로 인한 허상을 우상화한 데서 비롯된 일이다.

그렇다면 김구는 어떻게 독립영웅이자 겨레의 큰 스승이라는 역사적 지위에 오를 수 있었을까. 사실 김구는 3·1운동 직후 세워진 상해 임시정부 당시 요직과는 거리가 먼 경무국장의 직위에 있었다. 그는 임시정부의 분열과 사실상의 해체로 명망가들이 흩어진 이후에야 비로소 임시정부의 중심인물이 되었으며, 특히 윤봉길 의사의 상해 홍구공원 의거 이후 주목받게 되어 중국 국민당 정부의 재정적 지원을 받아 임시정부의 간판을 유지할 수 있게 되었다(물론 임시정부의 간판을 유지한 것 자체로 김구의 공로는 높이 평가받을 만하다).

임시정부의 주석에 오른 것도 1940년 3월의 일이다. 하지만 오늘날 한국인들은 임시정부 하면 김구를 떠올리는 게 상식이 되었다. 임시정부와 김구가 등식화하다시피 되어 있는 것이다. 상해 임시정부의 초대 대통령으로 추대된 사람이 이승만이라는 사실은 국민 대부분이 알지 못한다.

김구는 해방 후 귀국 시 임시정부 주석으로서 크게 환영을 받았으나 그 위상은 이승만에 미치지 못했다. 지금으로서는 상상하기 어렵겠지만 당시 이승만은 독립운동의 상징과도 같은 존재였으며, 그 권위와 카리스마는 어떠한 독립운동 영웅이나 명망가도 따라오기 어려웠다. 이승만이 귀국하여 대한독립촉성중앙협의회를 결성했을 때 좌우의 모든 정당 및 사회단체들은 물론, 심지어 박헌영의 조선공산당까지 참여했다는 사실은 해방정국에서 이승만의 위상을 웅변한다. 그만큼 그의 권위와 명성은 타의 추종을 불허했으며, 그의 한 마디 한 마디가 대중에게는 이정표가 될 만큼 이승만은 해방정국 최고의 거인이었다. '뭉치면 살고, 흩어지면 죽는다'는 그 유명한 한 마디가 대중을 사로잡았던 것은 결코 우연이 아니었다.

그런데 오늘날은 어떤가. 김구는 '겨레의 큰 스승'으로 떠받들어지고 있는 반면 이승만은 비난과 조롱, 저주의 대상으로 전락해 있다. 이른바 의식 있는 사람처럼 보이기 위해서는 이승만을 폄훼하고 김구를 예찬해야 하는 것으로 안다. 그것이 무지의 소치임에도 거꾸로 무지와 무식을 가리는 가장 좋은 방법으로 통하고 있다. 도대체 무슨 일이 있었던 것일까.

"네 소원이 무엇이냐?" 하고 하느님이 물으시면 나는 서슴지 않고 "내 소원은 대한독립이오" 하고 대답할 것이다. "그 다음 소원이 무엇이냐?" 하면, 나는 또 "우리나라의 독립이오." 할 것이요, 또 "그 다음 소원이 무엇이냐?" 하는 셋째 번 질문에도, 나는 더욱 소리를 높여서 "나의 소원은 우리나라 대한의 완전한 자주독립이오." 하고 대답할 것이다.

우리 국민이라면 아마 대부분 이 글을 한 번쯤 접했으리라 짐작된다. 김구의 『백범일지』「나의 소원」첫머리에 나오는 글귀다. 이 글을 보면서 사람들은 순수하고도 사심 없는 독립운동 영웅의 이미지를 새겼을 것이다. 김구 스스로도 「나의 소원」에서 "나는 일찍이 우리 독립 정부의 문지기가 되기를 원했거니와, 그것은 우리나라가 독립국만 되면 나는 그 나라에서 가장 미천한 자가 되어도 좋다는 뜻이다"라고 쓰고 있다. 그는 오로지 독립에 대한 열망만 있을 뿐 어떤 사심도 권력욕도 없다고 밝힌 것이다. 이에 대해서는 뒤에서 따져보기로 한다.

여기서 말하고자 하는 것은 「나의 소원」이 독립영웅이자 통일운동의 상징으로서의 김구 신화의 배경이 되었다는 것이다. 뒤에서 말하겠지만 이 대목은 당대의 문필가 춘원 이광수의 작품이 명백하다고 생각된다. 이렇듯 감성적인 문학적 표현은 김구의 글이라고 보기 어렵다.

신화의 또 다른 배경을 보자.

"나는 통일된 조국을 건설하려다가 삼팔선을 베고 쓰러질지언정 일신의 구차한 안일을 취하여 단독정부를 세우는 데는 협력하지 않겠다."

그 유명한 '삼천만 동포에게 읍고(泣告)함'이라는 성명서 일부다. 1948년 2월 10일 발표한 이 성명은 당시만 해도 우파진영에서 격렬한 비판을 받았지만 오늘날에 와서는 「나의 소원」 첫머리 이상으로 국민의 감성을 자극하고 있다. 나아가 김구를 통일조국 건설의 화신으로 각인시키고 있다.

"삼팔선을 베고 쓰러질지언정", 이 얼마나 숭고하고 비감한가. 이 비장한 각오로 인하여 당시와는 달리 후세인들은 김구를 받들어 모시지 않을 수 없게 되지 않았나 싶다. 더욱이 민족지상주의, 통일지상주의가 지배하는 한국 사회라면 더 말할 나위가 있을까. 이러한 문학적 표현 역시 이광수의 작품이라고 보아도 무리가 없다. 이에 대해서는 뒤에 설명하겠다.

그렇다면 이러한 신화가 만들어지고 확산된 배경은 무엇일까. 박정희 정부 시절 초·중·고등학교를 다녔던 나는 교과서를 통해 윗글을 접했던 것으로 기억하고 있다. 무슨 소리냐 하면 박정희 정권이 김구를 신화화한 장본인이라는 얘기다. 김구는 1961년 5·16(쿠데타이든 군사혁명이든 어떻게 규정하는가는 중요치 않다) 이듬해인 1962년 3월 1일 대한민국건국공로훈장 중장(重章: 대한민국장), 지금으로 말하면 1급 건국훈장을 받았다. 이어 1969년 8월 23일 서울 남산에 백범 김구 동상이 건립됨과 동시에 주변 일대가 백범광장으로 명명되었다. 앞에서 말했듯이 교과서에서 김구를 부각하는 등 교육을 통한 정부 차원의 신화화도 진행되었다.

이런 아이러니가 또 있을까. 박정희는 김구를 왜 이렇듯 신화로 만들었을까. 박정희는 왜 그가 성취한 경제발전의 토대를 쌓은 이승만을 소외시키고 김구를 민족의 영웅으로 만들었을까. 혹자는 김구의 둘째 아들 김신이 5·16에 참여한 것을 들어 설명하기도 한다. 1961년 5월 19일 발표된 군사혁명위원회 위원 명단에 공군 중장 김신의 이름이 올라 있다는 점을 말하는 것이다. 또 이후 김신이 공군 참모총장에서 예편한 뒤 주중국(대만) 대사를 역임하고 교통부 장관과 국회의원 등 박정희 정권과 함께 했다는 점을 들어 박정희 정권이 김구를 신화화한 배경의 하나로 설명한다.

물론 박정희 정권과 김신의 관계가 일정 정도 영향을 주었을 수는 있다. 하지만 그건 설득력이 떨어진다. 왜냐하면 박정희가 김신을 의식하여 김구를 떠받들었다고 할 만큼 김신의 영향력이 큰 것도 아니었을 뿐 아니라 김신이 5·16의 중심세력에 속한 인물도 아니었기 때문이다.

그렇다면 다른 설명이 필요하다. 당시 김구와 마찬가지로 박정희 정권이 민족의 영웅으로 현창(顯彰)한 인물이 이순신 장군이다. 본래 4438.5㎡였던 아산 현충사의 경역이 1962년 1만7803.5㎡로 확대되었고, 사당과 종가를 포함한 역내의 유적과 시설들도 1966년의 성역화 사업으로 새로 정비되었다. 나아가 현충사 순례가 장려되어 수많은 학생들이 수학여행으로 이곳을 찾았고, 일반 국민도 아산 일대를 여행하게 되면 으레 현충사를 찾았다. 또 1968년 4월 27일에는 광화문 광장에 이순신 장군의 동상이 세워졌다. 이 모두가 5·16 직후의 일이다.

중요한 것은 왜 하필 이 시기에 그러한 일들이 벌어졌는가 하는 점이다. 짐작하건대 박정희는 쿠데타로 정권을 잡은 데 따른 정권의 정통성 시비를 불식시키고자 한 게 아닌가 한다. 또, 박정희는 그가 쿠데타로 무너뜨린 장면 정부를 이승만 정부의 연장선에 있는 것으로 인식하고 있었는지도 모른다. 때문에 이승만을 지우기 위해 김구를 부각시킨 게 아닐까 한다. 박정희의 눈으로 보면 장면 정부는 구질서, 곧 이승만 정권의 연장선에 있었던 게 분명하다.

한 가지 더 생각할 수 있는 것은 국민통합과 정부의 강력한 지도력 및 추진력을 확보하고자 한 목적에서 이순신 장군과 함께 김구를 우상화한 게 아닐까 하는 것이다. 예나 지금이나 '민족통일'이라는 명제는 신성시되는 가장 큰 대의라는 점에서 그렇게 보는 것이다.

이순신 장군이야 굳이 정부가 나서지 않더라도 민족사적 위상에 흔들림이 있을 수 없거니와 정부가 나서 현창(顯彰)한다 한들 하등 이상할 게 없다. 그러나 김구에 관한 한 얘기가 다르다. 김구는 정권의 필요에 의해 영웅화한 인물이기 때문이다. 남북통일이라는 명제는 그것이 비록 선언적이거나 정치적 프로파간다일망정 대중에 의해 정당성을 부여받을 수 있는 가장 효과적인 것이며, 김구는 그러한 목적에 부합한 인물이었던 것이다. 그렇게 신화가 만들어지고, 대중의 머릿속에 각인되었으며, 이후 정권에서도 김구는 정치적 목적에 의해 우상으로 추앙받게 된 것이다.

김구의 갈지(之)자 행보

이제 신화의 배경이 된 이른바 남북협상을 들여다보자. 주지하듯 김구는 김규식과 함께 한독당 및 민족자주연맹 대표단을 이끌고 남북협상을 위해 평양으로 갔었다 (이들 외에도 많은 좌익계열 대표 및 공산주의자들이 평양으로 갔지만 여기서는 김구에 초점을 맞춘다). 대한민국 제헌의회 구성을 위한 5·10 선거를 한 달도 채 남기지 않은 시점이었다.

왜? 도대체 왜 김구는 여론의 반대를 무릅쓰고 평양행을 강행했을까. 김구와 김규식의 남북협상이 오늘날에는 통일 노력의 표상으로 높이 평가받고 있지만 당시 상황에서 그들의 처신은 도무지 이해할 수 없는 일이라 하지 않을 수 없다.

더욱이 김구는 그 직전까지만 해도 이승만의 단선단정 노선에 동의하고 있었던 터다. 한국 국민은 그 속사정을 말하면 쉽사리 동의하기 어렵고 수긍하기 쉽지 않겠지만 김구는 순백의 통일조국 건설의 화신이 아니었다. 그의 평양행은 철저히 정치적이었다. 다음은 김구가 1947년 11월 30일 이화장으로 이승만을 찾아가 요담을 하고 발표한 담화 중 한 부분이다.

　…유엔이 한국 문제를 정식으로 상정하여 토의한 결과 유엔 감시하에서 신탁통치 없이 또 내정간섭 없는 남북을 통한 총선거로써 자주통일의 정부를 우리나라에 수립하도록 협력하자고 결정하였다. 그러므로 우리는 그들이 아직까지 한국의 정식 대표를 참가시키지 아니 하는 것을 유감으로 생각하지 아니하는 바는 아니나 대체로 유엔결의안을 지지하는 바이다.

　혹자는 소련의 보이코트로 인하여 유엔안이 실시 못된다고 우려하나 유엔은 그 자신의 권위와 세계평화의 건설과 또 장래의 강력한 횡포를 방지하기 위하여 기정방침을 변하기가 만무(萬無)다. 그러면 우리의 통일정부가 수립될 것은 문제도 없는 일이나 만일 일보를 퇴(退)하여 불행히 소련의 방해로 인하여 북한의 선거만은 실시하지 못할지라도 추후 하시(何時)에든지 그 방해가 제거되는 대로 북한이 참가할 수 있게 하는 것을 조건으로 하고 의연히 총선거의 방식으로서 정부를 수립하여야 한다. 그것은 남한이 단독정부와 같이 보일 것이나 좀 더 명백히 규정한다면 그것도 법리상으로나 국제관계상으로 보아 통일정부일 것이요 단독정부는 아닐 것이다. 우리 독립을 전취하는 효과에 있어서는 그 정부로 인정받은 것이 훨씬 좋을 것이다. 이승만 박사가 주장하는 정부는 상술한 제일의 경우에 치중할 뿐이지 결국에 제가 하는 주장의 정부와 같은 것인데 세인이 그것을 오해하고 단독정부라 하는 것은 유감이다….

이는 당시 언론에 보도된 것인데, 여기서 김구는 분명하고도 확실하게 이승만의 남한만의 총선거 주장에 뜻을 같이하고 있음을 밝히고 있다. 더욱이 남한만의 총선거에 의한 정부가 단독정부가 아니며, 그것을 오해하고 단독정부라 하는 것은 유감이라고까지 밝히고 있다.

대부분의 국민은 앞에서 본 "삼팔선을 베고 쓰러질지언정 일신의 구차한 안일을 취하여 단독정부를 세우는 데는 협력하지 않겠다"는 말만을 기억할 뿐 김구의 이와 같은 입장은 알지 못하고 있다. 나아가 김구는 1947년 12월 4일 담화에서도 "나와 이승만 박사는 조국의 자주독립을 즉시 실현하자는 목적에 완전한 합의를 보았다. 나도 이 박사를 존경하는 한 사람이므로 양인 간에는 본래 다른 것이 없는 것"이라고 밝히기까지 했다. 1947년 12월 17일에도 김구는 '소련이 거부하면 단독선거도 가(可)'하다는 입장을 견지하고 있었다.

사실 김구가 국제정치나 정세에 밝았다면, 그리고 사심 없이 당시 남북 분단이 돌이킬 수 없는 단계에 들어서 있던 현실을 받아들였다면 이러한 입장을 취한 것이 당연한 일이라 할 수 있다. 뒤에 상술하겠지만 소련이 북한을 점령한 그 순간 사실상 통일정부 수립은 불가능한 것이었다. 당시 북한지역은 정부 수립을 선포하지 않고 있었을 뿐 이미 김일성을 주축으로 하는 사실상의 정부가 소련의 지휘하에 작동하고 있었다.

사실 김구 자신도 그런 점을 모르고 있지는 않았다. 따라서 이승만의 노선에 동참하는 것은 장차 세워질 정부를 위해서나 김구 자신을 위해서나 불가피한 것이었다. 남북 간 좌우합작은 현실적으로 불가능한 일이었고, 남한지역에서 혼란을 가중시킴과 동시에 곧 태어날 대한민국 정부의 정당성을 훼손하는 데 반해 김일성 정권에 정당성을 부여하는 데 지나지 않는 것이었기 때문이다.

물론 이 담화 일주일 전까지 김구는 남한만의 총선거에 반대했다. 그는 11월 24일 담화에서 "국련(國聯: 국제연합) 결정의 소련 측 거부로 인한 남한만의 선거는 국토를 양분하는 비극"이라고 밝힌 바 있다. 유엔 감시하의 남북한 총선거는 소련의 거부로 인하여 이루어질 수 없을 것이라는 전망은 당시에도 공공연히 나돌았다. 당시는 이미 남북 분단이 기정사실이 되어 있었던 것이다. 그런 점에서 당시 김구의 단선 반대는 지극히 비현실적인 것이라고 할 수밖에 없다.

암튼 김구가 이승만을 만난 후 찬성으로 돌아섰을 뿐 아니라 남한만의 총선거에 의해 수립될 정부가 단독정부가 아니라고까지 밝힌 것은 놀라운 일이다. 뒤늦게나마 현실을 받아들인 결과일까? 그건 아니다. 얼마 안 되어 또 입장을 바꾸었기 때문이다. 그렇다면 왜 김구는 스스로 이화장으로 이승만을 찾아가 이승만의 노선에 찬성을 표하며 둘 사이의 우의를 과시했을까. 이승만을 만나 설득당한 것일까. 그렇게 보기는 어렵다. 강력하게 남한 총선거를 반대하던 사람이 그 짧은 시간에 설득을 당해 정반대의 입장을 취했다고 볼 수는 없기 때문이다. 그것도 스스로 찾아가서 말이다. 그럼 뭔가?

당시 남한에서 김구가 이승만을 제치고 정국을 주도할 힘은 없었다. 미소공동위원회 결렬로 한국 문제가 유엔으로 이관된 이후 반탁운동은 의미가 사라져버렸고, 이승만의 남한만의 총선거 주장은 현실로 굳혀져 가고 있는 상황에서 김구가 정국을 주도할 이슈는 좌우합작 정도였다.

반탁운동을 주도할 때만 해도 김구는 이승만에 버금가는 정치적 위상을 갖고 있었다. 하지만 남북한 통일정부 수립이 사실상 물 건너가 버린 상황에서 김구는 정국을 이끌 명분도 없었을 뿐 아니라 지지 세력도 미약했다. 중경 임시정부 요인 중 대부분이 김구 곁을 떠났고, 그가 만든 한독당도 분열했다. 김구는 사실 환국 당시의 위상과 영향력을 잃고 있었다.

김구는 다른 길을 찾아야 했다. 이승만은 독립운동 시기 두 사람의 관계에 비추어 김구가 기댈 수 있는 어쩌면 유일한 선택지였을지 모른다. 미군정과 대중에 대한 이승만의 영향력으로 보아 그렇다고 볼 수 있다. 그래서 김구가 이승만을 찾은 것이 아닌가 싶다.

그랬던 김구가 불과 5일 후인 1947년 12월 22일 돌연 입장을 뒤바꿔 '단독정부는 절대 반대한다'는 성명을 발표한다. 이어 1948년 1월 26일 중도파인 김규식과의 협의를 거쳐 28일 유엔 한국임시위원단에 '미소 양군 철퇴→남북요인회담→총선거를 통한 통일정부 수립'을 내용으로 하는 의견서를 보낸다. 이 의견대로라면 그 결과는 통일전선전술에 의한 한반도 전체의 공산화일 것이었고, 그건 바로 소련이 원하는 바였다. 이에 우파진영의 비난이 빗발쳤다. 김구는 심지어 '크레믈린 궁의 신자'라는 비난까지 받았다. 이어 나온 게 앞서 언급한 김구의 '삼천만 동포에게 읍고함'이라는 성명이다.

김구는 본래 철저한 반공노선을 견지하고 있었다. 그는 좌우합작에도 동의하지 않았다. 미 국무성과 미군정이 추진한 것은 좌우합작이었는데 이승만과 김구는 미군정으로부터 배제되었고, 특히 이승만의 경우 미 국무성으로부터 배척당하고 있었다. 이승만이 미소공동위원회를 집요하게 방해했기 때문이다. 나중에 자세히 설명하겠지만 이승만과 김구의 반탁운동은 그 배경이 달랐다. 이승만은 소련과의 협상에 의한 통일정부는 소련의 영향권 하에 들어갈 것이며, 그건 곧 한반도 전체의 공산화라고 판단하여 미소공위를 깨뜨리려 했다. 이와는 달리 김구는 중경 임시정부 추대(이른바 임정봉대론)를 목적으로 반탁운동을 전개했다.

김구는 왜 갑자기 입장을 바꾸어 남북요인회담을 주장하고 나섰을까. 한 가지 분명한 것은 김구의 남북요인회담 추진은 그것이 실효를 거둘 수 있다고 보아서가 아니라는 점이다. 그건 김구 자신이 밝히기도 한 것이다.

유엔 임시위원단은 소련의 거부로 북한에 올라갈 수 없게 되자 남한지역에서만이라도 총선거를 실시해야 할지 여부 등을 결정하는 것은 자신들의 몫이 아니므로 유엔 소총회의 판단을 구하기로 결정했다. 소총회는 1948년 2월 19일 열렸다. 이 자리에서 유엔 임시위원단 메논 의장은 한국 정세보고를 한 뒤 다음 네 가지 대안을 제시했다.

첫째, 남한만의 총선거를 통해 정부 수립을 하는 것, 둘째, 유엔과 협의할 국민의 대표를 선출하는 선거를 감시하는 것, 셋째, 남북한 지도자회의와 같은 다른 대안을 모색하는 것, 넷째, 임시위원단에 위임된 사항을 총회에 반납하는 것 등이다. 물론 넷째 사항은 임시위원단의 만장일치로 폐기했다고 보고했다.

그 직후 미군정 사령관 하지는 경무대로 이승만, 김구, 김규식 세 사람을 초청하여 회담을 가졌다. 하지는 지루하게 사설(辭說)을 늘어놓았다. 하지의 장광설에 짜증이 난 이승만이 하지에게 결론이 뭐냐고 단도직입적으로 물었다. 이에 하지는 "유엔 소총회에 공동의 메시지를 보내야 하는데, 내용은 우리 모두가 지금 남한에서 선거를 실시할 것에 합의한다는 것"이라고 답했다. 하지는 세 사람이 총선거 문제에 의견을 달리 한다고 임시위원단이 생각한다면 선거 기회를 잃을 공산이 크므로 유엔 소총회에 의견을 보내기 바란다고 덧붙였다.

하지가 그렇게 말한 것은 2월 10일 저녁 유어만 중국 총영사 초청으로 중국영사관에서 세 사람이 만나 합의한 바를 전제로 한 것이다. 그 자리에서 이승만은 "가장 논리적인 것은 당장 총선거를 실시하는 일"이라고 초지일관한 자신의 입장을 재확인했고, 김구와 김규식은 "소련이 선거를 거부했기 때문에 자신들은 남한의 총선거를 찬성한다면"서도 "그러나 선거를 실시하기 전에 북쪽 지도자들과 이 문제를 토의해 보아야 한다는 것"이라고 했다. 원칙적으로 남한의 총선거 실시를 찬성하며 다만 그 전에 남북회담을 시도해보고자 한다는 것이었다.

그러나 김규식은 하지의 의견에 대해 "우리는 그날 저녁 아무것도 합의한 게 없다"고 말했다. 그러자 이승만이 "그 자리에 여러 사람이 함께 있었는데 어떻게 그런 말을 할 수 있느냐"고 김규식을 나무랐다. 이에 김구는, 자기는 선거 실시에 반대하지 않지만 자기와 김규식은 남북회의를 시도해보고 싶다고 하면서, 만일 그것이 불가능하거나 성사가 되더라도 실패한다면 자기들이 공개적으로 남한의 선거를 지지하겠다고 했다.

이 대목을 주목해야 한다. 분명히 김구는 남북회담이 실패할 경우 남한만의 총선거를 공개적으로 지지하겠다고 했다. 하지만 이후 김구는 남한 총선거를 지지하지 않았고, 오히려 유엔이 대한민국을 승인하지 말도록 서한을 보내는 등 방해했다.

당시 김규식이 "아무것도 합의한 게 없다"고 한 말은 사실과 다르다. 이승만이 김규식에게 "어떻게 그럴 수 있느냐"고 따진 것도 그래서였지만 하지의 정치고문 대리였던 윌리엄 랭던이 이날 회담에 대해 미 국무장관에게 보낸 보고 전문도 그걸 입증하고 있다.

> 두 사람은 남한의 선거 말고는 해결책이 없다는 것을 알면서도 그러한 성명은 자신들이 남한을 북한으로부터 단절시키는 것을 조장하는 반역자로 낙인찍힐 것이기 때문에 발표하려 하지 않는다. 그들은 북한은 이미 단절되어 있고 머지않아 방어능력이 없는 남한으로 침투할지 모른다는 사실은 분명히 간과하고 있다. 그러나 유엔 소총회가 유엔 한국위원단에 남한에서 선거를 실시하도록 지시한다면 두 사람은 그것을 지지하고 참여하겠다고 분명히 약속했다.

이 보고서를 보면 김구와 김규식은 분명 기회주의적인 태도를 취하고 있었음을 알 수 있다. 이승만이 역사의 책임은 자신이 질 것이라며 당시의 상황에서의 최선책인 남한 총선거를 초지일관 주장한데 반해 김구와 김규식은 명분을 더 고려하고 있었다는 것이 이 보고서에 고스란히 드러나 있다.

모름지기 국가 지도자는 국민 대중의 눈치를 보거나 대중의 인기에 영합하여 국가의 나아갈 방향을 잘못 잡아서는 안 된다. 또 국민을 현혹해서 길을 잘못 인도해서도 안 되며, 강력한 리더십으로 국민을 통합하고 견인해야 한다.

그런데 오늘날 문재인 정권은 국민통합의 리더십은 보이지 못하는 가운데 대중인기 영합주의와 독선이 결합한 그들만의 제국으로 국가를 최악의 상황으로 내몰고 있다. 그러면서 이승만을 비난하지만 이승만의 리더십은 문재인 정권처럼 비겁하고도 유치한 대중추수주의와는 차원이 달랐다. 역사에 책임을 지겠다는 자세로 혼란기를 정리해 나간 국가 지도자가 이승만이다.

다시 본론으로 돌아온다. 문제는 세 사람의 공동명의로 남한 총선거를 실시할 것을 요구하는 의견을 유엔 소총회에 보내자는 하지의 요청에 김구와 김규식이 거부한 것은 두 사람이 그 며칠 전에 북한의 김일성과 김두봉에게 남북지도자회의를 제안하는 편지를 보냈기 때문인데도 그 사실을 이날 말하지 않았다는 점이다.

김구와 김규식이 서울에 있는 소련군 대표부를 통해 두 사람의 공동명의로 김일성과 김두봉 앞으로 편지를 보낸 것은 2월 16일이었다. 불과 3일 전이다. 따라서 당시는 일반에 알려지지 않은 상황이었고, 따라서 이승만과 하지도 그런 속사정을 알 리가 없었다. 마땅히 김구와 김규식은 그 사실을 솔직히 말하고, 양해를 구하는 게 도리였지만 두 사람은 그렇게 하지 않았다. 비밀리에 추진한 셈이다(물론 이내 보도가 되었지만).

당시 남북요인회담은 정국을 회오리바람 속으로 몰아넣을 중대 사안이었음에도 공개적으로가 아니라 비밀리에 추진했다는 사실만으로도 그 속셈을 의심받을 수 있다. 특히 김구는 불과 얼마 전에 이승만을 찾아와 남한 총선거에 동의하며 심지어 그건 단독정부가 아니라고까지 밝힌 터다.

그런 점에서 김구의 처신은 기회주의적이라고 하지 않을 수 없다. 자신은 "우리나라가 독립국만 되면 나는 그 나라에서 가장 미천한 자가 되어도 좋다"고 했지만 그 오락가락하는 행적으로 미루어

볼 때 자신이 영도자의 지위에 오르는 데 더 큰 관심이 있었다고 의심하기에 충분하다.

하지만 이승만의 강력한 대중적 카리스마를 자신의 것으로 만들 가능성은 사실상 없었다. 또 정국을 주도할 힘도 명분도 없었다. 따라서 남북요인회담은 정국을 주도할 새로운 돌파구를 열기 위한 수단이었을 뿐이라고 볼 수밖에 없다.

입증할 수 있는 건 아니지만, 남북통일정부가 수립되면 김구를 대통령으로 추대할 것이라는 김일성 측의 꼬임수가 있었다는 주장도 있다. 김구의 처신으로 보아 김구가 그러한 부추김에 놀아났을 가능성을 배제할 수 없다.

남북협상은
소련의 작품이었다

여기서 김구와 김규식의 남북요인 회담 제안의 또 다른 측면을 소개할 필요가 있다. 놀랍게도 남북협상이 김구·김규식의 머리에서 나온 게 아니라 북한의 작품이라는 주장이 있다. 김상구 저 『김구 청문회』에서는 남북연석회의 과정을 놓고 "과연 누가 먼저 회담 제의를 했을까"라는 의문을 제기한다.

김상구는 위 저서에서 "아무리 정치가라고 하지만 얼마 전까지 암살, 테러를 사주했던 처지에 그 대상자에게 회담을 제의하는 것은 결코 쉽지 않았을 것"이라며 "그러나 북쪽에서 먼저 회담을 제안했다고 보면 대부분의 의문은 풀리게 된다"고 했다. 김구와 김규식이 아니라 북쪽에서 먼저 제안했다고 보아야 여러 가지 상황이 설명된다는 얘기다.

여기서 '암살, 테러 사주'는 1946년 3월 1일 평양역 앞에서 있었던 폭탄 투척에 의한 김일성 암살 미수 등 테러를 일으킨 '백의사'라는 조직의 배후가 김구라는 전제를 말한다. 평양의 소련군 사령부는 '백의사'가 김구의 직접적인 지령을 받고 있다고 믿고 있었다. 위 김상구도 그런 전제 하에서 '북쪽에서 먼저 회담을 제안했다'고 보고 있는 것이다.

김구가 남한 단정노선 찬성에서 돌연 반대로 입장을 바꾼 배경으로 김상구는 고영민이 남긴 증언을 주목했다. 고영민은 해방정국에서 공산주의 활동을 했던 인물로서 『해방정국의 증언』이라는 책을 낸 바 있다. 다음은 '어느 혁명가의 수기'라는 부제가 붙어 있는 『해방정국의 증언』의 한 대목이다.

> 나는 조공(조선공산당, 인용자) 내의 분파주의 투쟁에 말려들어 당(남로당, 인용자)으로부터 배제되었지만 … 그러나 나는 아직 희망을 버리지 않았다. 왜냐하면 전위당에서 배제되어 '정치낭인'으로 전락했지만 혁명전선에 복귀할 새로운 가능성이 생겨나고 있었기 때문이다. … 즉 북한으로부터 수많은 '권위 있는 선'이 남하하여 '정치낭인'들에게 혁명적 임무를 부여했기 때문이다. … '정치낭인들은 남로당에서 배제되어 있으면서도 다시 북로당 중앙으로부터 분파주의 행위라고 비판받는 것을 두려워하여 각자의 서클을 조직하는 것을 자제하고 있었다. 그러나 이제 '정치낭인'들은 북한으로부터의 '권위

있는 선'과 직접 닿음으로써 구사일생의 심정이 되어 ⋯ 당시 남한에
는 '권위 있는 선'이 꽤 많이 있었다고 한다. 내가 아는 범위 내에서는
이정윤, 이영, 서중석, 성시백, 한인식 등의 선이 있었다. 이들 선의 지
도자들은 주로 남로당의 박헌영 일파로부터 배제당한 자들을 포섭
하여 미군정을 비롯한 각 정당·사회단체에 대한 프락치 공작과 정보
수집 공작을 벌이고, 인민유격대를 조직하는 등 '만물상회'식의 공작
을 하고 있었다.

　이 글을 보면 당시 북한으로부터 수많은 공작원들이 남으로 내려
와 활동했음을 알 수 있다. 이러한 공작은 김일성의 지령을 받은 것
이었다. 이른바 '권위 있는 선'과 그들이 남로당으로부터 배제된 사
람들을 접촉했다는 사실이 그걸 시사한다. 그건 결국 소련군 사령
부가 남북협상의 기획자였다는 의미다. 왜냐하면 당시 김일성 일파
는 소련군 사령부의 조종에 의해 움직였기 때문이다. 1994년 공개
된 '레베데프 일기'에 의하면 소련군이 북한을 점령한 후 북한에서
의 모든 조치는 슈티코프의 결정에 의한 것이었다.
　북한을 점령한 소련 제25군은 제1극동전선군(연해주군관구) 산하
부대인데, 평양 소련군정의 최고사령관은 표면적으로는 25군 사령
관 치스차코프 대장이었지만, 그는 정치를 잘 모르는 야전군인이라
실제로는 연해주 군관구의 군사위원 슈티코프 상장이 소련군정을
총지휘하였다. 레베데프는 평양에 상주한 25군 군사위원이었다가
1947년 5월 새로 창설된 북한 주재 소련 민정청 장관이 된 인물. 두
사람은 또 미소공동위원회 소련군 측 대표로 서울에 왔던 인물들이

기도 하다.

　정리하면, 슈티코프의 지령에 따라 김일성이 공작원들을 남한으로 밀파했고, 김구·김규식에게 접근하여 남북협상을 추진케 했다는 것이다. 결국 김구가 이승만과의 요담 후 남한 총선거 동의에서 갑자기 태도를 돌변하여 남북협상으로 방향을 튼 것은 소련군의 모략에 놀아난 셈이라 할 수 있다.

　『김구 청문회』는 1986년 평양 외문출판사에서 간행된 김종항·안우생 공저『민족대단합의 위대한 경륜: 남북연석회의와 백범 김구 선생을 회고하며』라는 책을 소개하고 있다. 이 책에 의하면 김종항이 김일성의 방침을 지니고 내려와 성시백을 만났다고 한다. 그리고 성시백이 김구의 최측근 비서 안우생을 만났다는 것이다. 성시백이 안우생을 통해 김구와 김규식에게 김일성의 서신을 전달함으로써 두 사람이 북행을 결심하게 된 것이라는 얘기다.

　성시백(成始伯)이 어떤 인물인지는 잘 알려져 있다. 일제 시대에는 중국공산당원으로, 해방 후에는 김일성의 직계로 활동한 인물이다. 성시백은 1946년 12월경 김일성의 지령을 받고 남파되어 서울에 와서 지하운동을 펴는 한편 10여 종의 신문을 발행하여 선전공작에 이용했던 간첩이다.

　결국 남북협상은 김구의 구상에서 나온 게 아니라 소련군 사령부 수뇌부의 대남공작 차원에서의 추진된 것이었다는 얘기다. 김구는 사실상 소련군의 대남공작에 놀아난 셈이다. 아마도 김구는 김일성의 서신을 받고 무릎을 쳤을지도 모른다. 왜냐하면 김구의 입장에서는 김일성과의 회담을 한다는 것을 구상하기 어려웠을 것이기 때문이다. 그게 아니라면 김구가 이승만을 찾아가 남한 총선거에 뜻을 같이한다고 했을 리 없지 않은가. 그렇다면 김구는 이승만에게 의지하려 했다가 김일성의 서신을 받고 남북협상이라는 묘안에서 새로운 돌파구를 열 가능성을 본 게 아닌가 한다.

그런데 당초 김일성, 아니 보다 정확히 말해 슈티코프의 구상은 '남북제정당사회단체대표자연석회의'였는데, 김구는 남북지도자회의를 역제안했다. 이는 무얼 말하는가. 김구의 입장에서는 남북제정당사회단체대표자연석회의가 달가울 리 없었을 것이다. 왜냐하면 그건 김구가 수많은 대표자들 중 한 사람(one of them)으로 그 위상이 전락할 수 있기 때문이다. 나아가 공산당 등 좌익계열이 압도적 다수인 상황에서 김구의 의도대로 회의를 이끌어갈 가능성은 거의 없다는 점도 고려하지 않을 수 없었을 것이다.

아무튼 김구·김규식의 제안에 대한 김일성·김두봉의 답신은 3월 25일 평양방송을 통해 발표된 '남조선단독정부수립을 반대하는 남조선 정당사회단체에 고함'이라는 제목의 대남제안의 형식으로 이루어졌고, 실제 편지는 3월 27일 도착했다. 이 편지는 거물 간첩 성시백에 의해 전달되었다. 이 편지에 대해 손세일은 그의 저서 『이승만과 김구』에서 "모멸적인 답신"이라고 혹평했다. '모두(冒頭)의 인사도 없으며, 김구·김규식에게 "당신들"이라는 호칭을 썼다'는 점 외에 내용에 있어서도 '일방적인 통고'였다는 이유에서다. 다음은 답신의 한 대목이다.

당신들은 조국 땅에 돌아온 후에 금일까지 민족입장에 튼튼히 서서 조선이 부강한 나라로 발전하여 나갈 수 있는 정확한 강령과 진실한 투쟁을 문헌으로나 실천으로 뚜렷하게 내놓은 것이 없습니다. 당신들은 조선에 관한 모스크바 삼상회의 결정과 미소공동위원회를 적극적으로 반대하여 파열시켰습니다. 당신들은 조선에서 미소 양군이 철거하고 조선 문제를 조선인 자체의 힘에 맡기자는 소련 대표의 제의를 노골적으로 반대하기도 하였으며, 혹은 무관심한 태도로 묵과하기도 했습니다. 더욱 유감스러운 것은 조선에 대한 유엔총회의 결정과 소위 유엔조선위원단의 입국을 당신들은 환영하였습니다.

김일성·김두봉의 편지는 이어 연석회의에 참가할 사람을 구체적으로 열거한 뒤 연석회의 순서를 (1) 조선의 정치현세에 대한 의견 교환 (2) 남조선단독정부 수립을 위한 반동선거 실시에 관한 유엔총회의 결정을 반대하며 투쟁할 대책 수립 (3) 조선통일과 민주주의조선정부 수립에 관한 연구 등으로 제안하며, 자기들의 제의에 동의한다면 1948년 3월 말일 이내에 통지해달라고 통보했다. 참석자들은 물론 회의 일정까지 '일방적으로' 통보해온 것이다.

이와 같은 김일성·김두봉의 답신을 놓고 김구와 김규식, 홍명희, 김붕준, 여운홍 등이 중심이 되어 1948년 4월 3일 결성한 통일독립운동자협의회의 간부들은 미리 짜놓은 북측의 각본에 들러리만 설 소지가 있음을 우려했다. 그래서 논의를 거듭한 끝에 김구 쪽의 안경근과 김규식 쪽의 권태양을 평양에 특사로 파견하기로 결정했다. 두 사람이 김구와 김규식의 편지를 갖고 출발한 것은 4월 7일 오전 10시, 평양에 도착한 것은 이튿날 동틀 무렵이다. 그리고 그들은 그날 저녁 김일성을 만났다.

레베데프는 김일성으로부터 보고를 받고 즉시 편지 전문을 당시 모스크바에 있던 슈티코프에게 발송했다. 슈티코프는 남북협상과 관련, 김일성이 북한 신문에 발표할 성명문까지 작성하여 보냈다. 앞에서도 말했지만 당시 북한에서의 모든 일은 슈티코프의 결정에 의해 진행되었다. 큰 줄거리는 소련 공산당 정치국, 곧 스탈린의 지침에 의해 결정되었지만 구체적 대안은 슈티코프가 좌우했다.

안경근과 권태양이 돌아온 것은 4월 10일. 당시 그들은 김일성·김두봉을 만나 세 가지에 합의한 것으로 보도되었다. 첫째 4월 14일 회의를 연기한다는 것, 둘째 참가인원을 광범위로 할 것, 셋째 이번 회담에서는 백지로 환원하여 남북통일문제에 한해서만 협의할 것 등이다.

여기서 회의를 연기한다는 것은 남북협상을 위한 것이고, 참가인원을 광범위하게 한 것은 남북요인회담이 아니라 당초 슈티코프의 지령을 받은 김일성의 의지가 관철된 것을 의미한다. 김구는 김일성을 만나 담판을 할 요량이었는데, 김일성은 최초 주장한 대로 '남북제정당사회단체대표자연석회의'를 하기로 합의를 받아낸 것이다. 백지로 환원한다는 것은 어떤 방식으로 통일정부를 수립할 것인지를 백지상태에서 논의하자는 얘기다.

결국 김일성의 뜻대로 남북협상이 진행된다는 것이었는데, 김구와 김규식은 들러리를 설 것이 명약관화한데도 이의를 제기하지 않고 북행을 결행키로 한다. 당시 정국을 이끌 힘도 명분도 없는 가운데 통일정부 수립이라는 명분으로 반전을 꾀한 것이다. 그리고 그 명분을 위해 대한민국의 탄생에 재를 뿌리고 말았다.

남북통일 문제를 원점에서 논의한 들 그게 무슨 의미를 가질 수 있었을까. 어차피 북한에서는 진작 김일성을 정점으로 한 소련체제 이식이 끝난 상황이었기 때문이다. 분명한 것은 김일성으로서는 김구를 평양으로 불러들이기만 한다면 명분과 정당성, 곧 정통성을 가져갈 것이라는 점이었다. 소련군은 이미 회의 일정은 물론, 누가 정세보고를 하고 무엇을 토론할 것인지 등 모든 준비를 치밀하게 짜놓은 상태였다.

돌이킬 수 없는 분단

1948년 4월 19일 이른 아침부터 수백 명의 사람들이 경교장 앞으로 몰려들었다. 김구의 평양행을 만류하기 위해서였다. 그들은 김구가 탄 자동차가 출발하려 하자 그 앞에 드러누웠다. 김구는 하는 수 없이 차에서 내려 2층 베란다에 올라가 "나의 길을 막지 말라"고 소리쳤으나 사람들은 꿈쩍도 하지 않았다. 오히려 자동차 타이어에 펑크를 내 움직이지 못하게 하며 막무가내로 김구의 앞길을 막고 있었다. 결국 김구는 뒷담을 넘어 대기시켜 놓았던 다른 승용차를 타고 경교장을 빠져나갔다. 오후 2시가 다 되어 가는 시각이었다. 김규식 일행은 그보다 늦은 4월 21일 서울을 출발했다.

남북제정당사회단체대표자연석회의는 김구와 김규식이 평양에 도착하기도 전인 4월 19일부터 시작되었다. 김두봉의 개회사에 이어 남쪽에서 참석한 김원봉은 이렇게 말했다. "우리 조국의 긴급한 문제를 해결하기 위해 오늘 우리가 이 자리에 모일 수 있게 된 것은 김일성 장군의 공로가 컸기 때문임을 지적하지 않으면 안 된다. 이 회의에서 우리는 완전한 통일 단결을 이룩해 내어야 한다. 미국인들이 손을 뻗치고 있다"며 김일성을 한껏 추켜세웠다.

문재인 정부가 독립운동유공자로 서훈하려 했던 김원봉이 이처럼 김일성에 굴종적인 기회주의자라는 점을 국민은 잘 알지 못한다. 김원봉을 기회주의자라고 하는 것은 그가 중경 임시정부에서 군무부장으로서 김구에 버금가는 위상을 누렸음에도 이처럼 새파랗게 젊은 김일성에게 굴종적인 태도를 보였다는 점 때문이다.

김원봉은 당시 서울을 떠날 때 북에서 내려오지 않을 것을 결심했을 것으로 보인다. 당시 이미 김일성이 스탈린의 낙점을 받아 실력자로 행세하고 있음을 잘 알고 있었고, 위 발언은 이를 의식한 것이 아닌가 생각하지 않을 수 없다. 실제로 그는 북한 정권 수립에 참여하여 6·25전쟁에서의 공로를 인정받아 훈장을 받고 노동상까지 지냈다. 물론 김일성의 연안파 숙청 당시 제거되고 말았지만 말이다.

김원봉에 이어 김일성이 의사일정과 그 내용에 대해 발언했는데, 그 내용은 첫째, 유엔 조선임시위원단 추방과 유엔 결의의 무효화, 둘째, 단선단정 반대, 셋째, 미소 양군 즉시 철퇴, 넷째, 자주적 선거에 의한 정부 수립 등이었다. 당연히 슈티코프·레베데프의 지령에 의한 것임은 물론이다. 소련군의 조종을 받는 북한의 정당사회단체 대표들은 물론 서울에서 올라간 근로인민당의 백남운, 전국노동조합평의회(전평) 등 좌익 대표들도 이에 찬성했다.

거짓의 역사와 위선의 한국 사회

두 번째 회의는 하루를 쉰 뒤인 4월 21일 오전 11시에 시작되었다. 하루를 쉰 것은 김구의 한독당 및 김규식의 민족자주연맹 대표단을 연석회의에 참석시키기 위한 것이었다. 하지만 김구는 참석하지 않았으며, 김규식은 도착 이전이었으므로 참석할 수 없었다. 김구의 관심은 남북지도자회의였지 연석회의가 아니었다. 연석회의는 시종일관 이승만을 매도하는 '정치정세보고'와 토론으로 채워졌다.

세 번째 회의는 이튿날인 4월 22일 열렸다. 김구는 회의에 참석하지 않았으나 잠시 들러 축사만 하고는 회의장을 떠났다. 다음은 김구의 축사 요지다.

> "조국이 없으면 민족이 없고 민족이 없으면 무슨 당 무슨 주의 무슨 단체는 존재할 수 있겠습니까? … 그런데 목하에 있어서 통일독립을 훼방하는 최대의 장애는 소위 단선단정입니다. 그러므로 현하에 있어서 우리의 공동한 투쟁목표는 단선단정을 분쇄하는 것이 되지 않으면 아니될 것입니다. 현하에 있어서는 조국을 분열하고 민족을 멸망하게 하는 단선단정을 반대할 뿐 아니라 어느 시기 어느 지역에 있어서도 우리는 이것을 철저히 방지하지 않으면 아니될 것입니다. 그러므로 단선단정 분쇄를 최대의 임무로 삼고 모인 이 회합은 반드시 전 민족의 승리를 우리의 승리로 하여야 할 것이며 이 회의는 반드시 성공되어야 할 것입니다…."

여기서 김구는 "어느 시기 어느 지역에 있어서도" 단선단정을 반대한다고 밝혔다. 그건 남한 뿐 아니라 북한에서도 단선단정이 있어서는 안 된다는 뜻이다. '레베데프 일기'에 의하면 김구의 연설에 남쪽에서 올라간 몇 사람 외에는 박수를 치는 사람이 거의 없었다고 한다. 소련에 의해 잘 세뇌된 북쪽 대표들은 물론 남쪽에서 올라간 공산주의자들에게 김구의 연설은 '생뚱맞은' 것으로 받아들여졌을 게 틀림없다. 소련의 구상에 어긋나는 것이었기 때문이다.

그런데 김구의 이와 같은 발언은 실소를 금할 수 없게 한다. 왜냐하면 당시 이미 북한의 헌법 초안이 만들어져 있었고, 그 훨씬 전에 사실상의 정부가 작동하고 있었을 뿐 아니라 20만의 군대까지 양성되어 있었으며, 북한의 움직임은 남쪽에도 잘 알려져 있었기 때문이다.

김구의 발언도 이를 의식한 것이라 할 수 있는데, 그렇다면 김구는 자신의 설득으로 북한에 사실상 정권이 가동되고 있었던 상황을 반전시킬 수 있다고 믿었던 것일까. 김구가 연석회의보다 김일성·김두봉과의 남북지도자회의에 관심을 가졌던 것을 보면 그렇게 볼 수도 있다.

하지만 김구가 그렇게 믿었다면 그건 순수하기보다는 무지했기 때문이라고 볼 수밖에 없다. 국제정치의 흐름과 공산주의 및 소련에 대해, 그리고 김일성이 소련의 꼭두각시에 지나지 않았다는 사실을 몰랐기 때문이라고 설명할 수밖에 없다. 그러나 지도자회의에 대해 회의적이었다면 애당초 평양행이 설명되기 어렵다. 도대체 김구와 김규식의 평양행을 어떻게 이해해야 하는가.

이날 회의에서 생뚱맞은 발언을 한 또 한 사람이 있었는데, 바로 이극로(李克魯)다. 1942년 10월 1일 '조선어학회사건'으로 검거되어

거짓의 역사와 위선의 한국 사회

징역 6년을 선고받고 함흥형무소에서 복역하다가 해방을 맞아 풀려난 민족운동가였던 그는 이날 인사말에서 "남북의 제정당사회단체 대표들이 한 자리에 모여 앉아 국사를 논의하는 이 같은 자리에 내가 참석하게 된 것을 큰 영광으로 생각한다. 자주독립을 위해 매진하자"며 갑자기 "절세의 애국자 김일성 장군 만세!"라고 외친 것이다. 생뚱맞다고 했지만 사실 그는 김원봉과 마찬가지로 현실을 정확히 보고 권력자에게 아부한 것이다.

실제로 그는 연석회의 후 귀환하지 않고 북에 남아 1948년 북한 제1차 내각의 무임소상, 1953년 최고인민회의 상임위원회 부위원장, 1966년 조국통일민주주의전선 의장, 1970년 조국평화통일위원회 위원장 등 탄탄대로를 걸었다. 박헌영, 김원봉, 무정, 허가이 등 김일성의 충견이 되지 못한 많은 사람들이 비참하게 숙청당한 것과는 대조적이다.

4월 23일 열린 네 번째 회의에서는 '전조선정치정세에 관한 결정서'가 만장일치로 가결되었다. 이 결정서는 남한단독선거를 격렬하게 비난하는 한편 북한에서는 소련군 덕분에 '인민들이 자기가 수립한 인민위원회를 확고히 하며, 민주주의적 자주독립국가로 발전될 토대를 공고히 하는 성과를 거두고 있다', '남조선 인민들을 미제국주의자들에게 예속시키는 단독선거를 파탄시키며, 조선에서 외국군대를 즉시 철거하고 조선인민이 자기 손으로 통일적 민주주의 독립국가를 수립할 권리를 부여하자는 소련의 제안을 반드시 실현시키기 위하여 강력히 투쟁해야 할 것'으로 요약된다.

모든 건 소련의 의도와 구상대로 흘러갔다. 슈티코프는 레베데프에게 연석회의에 대한 만족을 표시했다. 그러면서 "남조선 대표들에게 그들이 보고 싶어 하는 모든 것을 보여주라. 원한다면 군대도 보여주라"고 했다. 슈티코프는 무슨 생각을 한 걸까. 이에 대한 기록은 없다. 다만 군대를 보여줌으로써 얻을 수 있는 효과는 짐작할수 있다. 남쪽에서 올라간 인사들에게 군사력을 과시함으로써 혹시라도 이후 변심하여 남한 총선거에 참여하지 못하도록 위압감을 줄수 있다는 점이 그것이다. 그게 슈티코프의 목적이었다면 그는 충분히 목적을 달성했다고 할 수 있다. 그건 김구가 이후 보인 태도나 발언에 의해 입증되기도 한다.

김구, 역사에 죄를 짓다

김구와 김규식 일행이 평양에 머무르고 있던 4월 28~29일 이틀간 북조선인민회의 회의실에서 인민회의 특별회의가 열렸다. '조선민주주의인민공화국 헌법' 승인을 위한 회의였다. 이 자리에는 남쪽 대표들도 초청되어 참관했지만 김구와 김규식은 참석하지 않았다. '레베데프 일기'에는 "김구와 김규식이 참석을 거부한 이유는 북한 단독정부 수립에 협조했다는 비난을 받지 않기 위해서였다"고 기록하고 있다.

이처럼 김구와 김규식은 북한에서 사실상 단독정부가 수립되어 있고, 형식상의 절차도 착착 진행되고 있음을 알고 있음에도 애써 이를 외면하고 있었다. 김구와 김규식이 연석회의에 참여하지도 않고 별 관심을 보이지 않은 것도 남북한에서 각각의 단독정부 수립

거짓의 역사와 위선의 한국 사회

이 이미 돌이킬 수 없는 단계에 이르고 있다는 판단 때문이 아니었을까. 이렇게 볼 때 김구와 김규식은 당위론만을 앞세웠을 뿐 비현실적인 몽상에 사로잡혀 있었거나 명분론에 매몰되어 현실을 직시하지 못했다는 비판을 받아 마땅하다.

민족지상주의와 통일지상주의에 의한 김구 신화가 지배하고 있는 한국의 현실에서 김구에 대한 이러한 평가는 좀처럼 받아들여지지도 않을 뿐 아니라 설혹 이런 평가에 동의하는 사람들조차 함부로 속내를 드러내기 쉽지 않을 것이다. 하지만 그런 금기는 깨지 않으면 안 된다. 그런 금기가 부지불식간에 강요되는 사회라면 그건 진정 자유사회가 아니다. 그런 점에서 어쩌면 대한민국 사회는 그 내용에 있어서 전체주의적 경향이 뚜렷하다고 생각한다.

4월 30일 모란봉 극장에서 김구·김규식과 김일성·김두봉의 4자 회담이 열린데 이어 참석인원을 확대한 남북지도자회의가 열려 '공동성명서'를 확정하고 연석회의 참가단체 대표들이 모두 서명했다. 공동성명서 내용은 뻔한 것이었다. 소련이 제의한 바와 같이 외국 군대를 즉시 철거하며, 이후 내전이 발생될 수 없다는 것을 확인하고, 전조선정치회의를 소집하여 민주주의 임시정부를 수립함으로써 선거에 의해 통일정부를 수립한다는 것이었다. 물론 남조선 단독선거는 당연히 반대하며 실시된다 하더라도 인정할 수 없다는 내용도 뒤따랐다.

이건 슈티코프의 구상, 즉 소련의 의도 그대로였다. 미소 양군이 철수하면 북한에는 소련이 제공한 각종 중화기로 무장한 20만 군대가 있어 쉽사리 무력으로 남한을 장악하여 한반도 전체가 소련의 수중으로 들어갈 것이니 '공동성명서'에 대한 서명은 사실상 소련의 충실한 대변자 노릇을 자임한 것이나 마찬가지였다. 내전이 없을 것을 확인한다 했지만 실제 역사는 그 반대로 흘렀지 않은가.

남북한제정당사회단체연석회의의 대미(大尾)를 장식한 것은 5월 1일의 메이데이 행사였다. 바로 이 행사에서 김구는 북한 인민군의 사열 행진을 주석단에 앉아 고스란히 지켜보았다. 소련제 기관단총(이른바 따발총)으로 무장한 보병부대, 소련제 트럭이 끌고 가는 각종 포와 탱크 등 중화기의 행진에서 김구는 소위 '인민군'의 위용을 실감했을 것이다.

김구는 그간 내전이 있어서는 절대 안 된다는 입장을 기회 있을 때마다 강조해왔던 터다. 그가 진정 사심 없이 통일정부 수립만을 위하여 평양행을 택했다면 마땅히 서울에 돌아온 뒤 이승만을 찾아가 그가 북한에서 본 그대로를 전하고 전쟁을 막을 방법을 논의하는 한편 미군 철수를 반대하는 데 진력했어야 옳다. 그건 '삼팔선을 베고 쓰러질지언정 일신의 구차한 안일을 취하여 단독정부 수립에 협조하지 않겠다'는 것보다 수천, 수만 배 이상으로 비감하게 수행했어야 할 일이었다. 더욱이 메이데이 행사 전날 서명한 '공동성명서'에 '내전이 발생할 수 없다'는 내용이 들어 있다는 점을 상기한다면 더더욱 그러하다. 하지만 김구는 그렇게 하지 않았다. 그러기는커녕 방관하고 있었다.

만일 김구가 분단을 이승만과 미국 그리고 유엔의 결의 때문이라고 생각하고 있었다고 해도 방관자로 일관한 것은 역사에 큰 죄를 지은 것이라 하지 않을 수 없다. 비록 무지하여 현실을 바르게 보지 못했다고 해도(실은 나는 그렇게 생각하지 않는다) 역사에 대한 죄는 달라질 게 없다. 행인지 불행인지 김구 자신은 겪지 않았지만 6·25전쟁의 참혹한 역사를 생각하면 그를 용서하기 어렵다.

그런데 공동성명서에 '내전이 발생할 수 없다'고 남북제정당사회단체 대표들의 확인이 있었으므로 오히려 김구가 전쟁이 없을 거라고 믿었던 게 아니냐 하는 반론이 가능하다. 그렇다면 김구가 남침은 없을 것으로 믿었을까. 그렇지 않다. 김구는 그 반대로 소련제 무기를 앞세운 북한 인민군의 남침을 예상하고 있었다. 그건 유어만 중국 총영사와의 면담에서 오간 대화로 확인된다.

유엔 한국임시위원단 의장 겸 중국 대표였던 유어만 공사가 경교장으로 김구를 방문한 것은 1948년 7월 11일이었다. 유어만은 김구가 이승만에 협력하여 남한 정부 수립에 참여할 것을 권유하는 장개석의 뜻을 전했다. 그러면서 "저는 그렇게 믿지 않습니다만, 만약 선생께서 공산주의를 신봉하고 가담하실 생각이라면 그렇다고 말씀해 주십시오"라고 말했다. 김구는 다음과 같이 응답했다.

"나는 항상 무슨 일이 일어날지 알아요. 사실은 내가 마음먹고 있는 것이 있습니다. 측근한테도 이야기하지 않는 것이라서 지금 공사에게 털어놓는 것은 적절하지 않다고 생각해요. 이 정도로만 말씀드리지요. 머지않아 모든 것을 분명히 밝히겠습니다."

유어만은 "최종 결정을 내릴 때 도움이 될 만한 자신의 생각을 말하겠다"며 자신이 이승만을 만나 김구와의 협조 가능성을 타진할 때마다 이승만이 김구에게 부통령직을 제의할 생각이 있다는 인상을 받았다고 말했다. 유어만은 김구가 부통령직을 맡는 것이 우익 진영의 단결을 보여주는 상징적인 가치가 있다고 설득하며 김구가 평양에 다녀온 것은 잘못이었다고 지적했다. 유어만의 주장은 공산 당과의 내전에서 어려움을 겪고 있던 중국 국민당 정부 총통 장개 석의 입장을 전한 것이라고 볼 수 있다. 장개석으로서는 공산당과 의 합작이 얼마나 위험천만한 일인지 절감하고 있었을 것이고, 남 북협상을 고집하는 김구가 이해하기 어려웠을 것이다. 장개석의 국 민당 정부가 중경 임시정부에 재정적 지원을 하여 임시정부가 명맥 을 유지할 수 있었다는 점을 감안했을 때 장개석으로서는 김구가 자신의 조언을 따라줄 것이라고 믿었던 것 같다. 그러기에 굳이 유 어만을 보내 대한민국 정부를 수립하는 데 힘을 보태라는 조언을 한 게 아닐까.

김구는 유어만에게 이승만이 한민당의 포로가 되어 있다며 자신 은 더러운 정치싸움에 말려들기 싫다고 말했다. 이에 유어만은 한 민당이 이승만을 좌지우지하지 않도록 하기 위해서라도 김구가 새 로 세워질 정부에 들어가야 한다고 역설했지만, 김구는 자신의 뜻 과는 달리 자기가 반미주의자로 알려져 있다며 자신이 정부에 있을 경우 미국인들의 동정심에 찬물을 끼얹어 국가이익을 해치게 될 것 이라고 핑계를 대며 극구 정부 수립에의 참여를 거부했다.

이에 유어만이 이승만도 한때 반미주의자로 비난받지 않았느냐 고 이의를 제기하자, 이것에 대한 김구의 답변이 놀랍다. 이 대목은 매우 중요하다. 연구자들이나 소수의 관심 있는 사람들에게는 익히 알려져 있으나 대다수 국민은 모르고 있는 김구의 속내를 고스란히 드러내고 있으니 말이다.

"내가 남북지도자회의에 갔던 동기의 하나는 북한에서 실제로 일어나고 있는 일들을 알아보기 위해서였습니다. 비록 공산주의자들이 앞으로 3년 동안 북한군의 확장을 중지하고 그동안 남한에서 모든 노력을 기울이더라도 공산군의 현재 수준에 대응할만한 병력을 건설하기란 불가능합니다. 소련인들은 비난을 받지 않고 아주 손쉽게 그 병력을 남한으로 투입시키고 한순간에 여기에서 정부가 수립되고 인민공화국이 선포될 것입니다."

김구의 말은 달리 말하자면, '남한에서 정부를 수립해도 북한 인민군의 남침으로 금방 무너질 것인데 내가 무엇 때문에 거기에 참여하겠는가'라는 얘기다. 놀랍지 않은가. 김구의 정부수립 참여 거부 이유가 이런 것이라면 결국 앞에서 언급한 바와 같이 "군대도 보여주라"고 했던 슈티코프의 목적이 통한 것이라 볼 수 있다. 김구는 역사에 큰 오점을 남겼다. 아니 큰 죄를 지었다고 하지 않을 수 없다.

더욱 놀라운 일이 있다. 김구와 김규식이 평양을 떠나 남으로 향한 것은 5월 4일이다. 그보다 하루 전 김구와 김규식은 각각 김일성과 회담을 가졌다. 두 사람이 각각 김일성과 만났다는 사실은 그것이 회담이라기보다는 '면담'에 가까운 것이라고 볼 수 있다. 독립운동의 원로 두 사람이 각각 새파란 김일성과 만났다는 사실은 보기에 따라서는 굴욕적이라고 볼 수 있는 것이다. 중요한 것은 김구와 김일성이 나눈 대화다.

'레베데프 일기'에 의하면 김구는 김일성에게 "만일 미국인들이 나를 탄압한다면 북조선에서 나에게 정치적 피난처를 제공해줄 수 있느냐?"고 물었다고 한다. 나중에 과수원이나 할까 한다는 이야기도 있다. 이 대목 역시 연구자들이나 소수 관심 있는 사람들 외에는 알지 못하고 있다.

도대체 김구는 미국과 미국인들을 어떻게 인식하고 있었기에 이와 같은 엉뚱한 얘기를 했을까. 미국이 한국의 저명한 민족주의 독립운동가를 탄압할 것이라고 생각했다면 그건 미국이라는 나라와 미국의 정신 등에 무지해도 너무 무지한 것이다. 나아가 조만간 남한에 세워질 정부, 곧 대한민국의 정체성에 대해서도 무지했다고 볼 수 있다. 신생 대한민국, 그것도 그와 오랜 기간 뜻을 같이한 독립운동의 동지이자 호형호제했던 이승만이 주도할 것이 명약관화한 정부가 자신을 탄압할 것이라고 어떻게 상상이라도 한단 말인가.

김구의 발언은 그가 자유민주주의에 대한 이해도 매우 낮은 수준임을 드러내는 것이다. 전체주의 독재체제에서나 가능한 일을 상상하고 있었다는 건 김구가 민족주의에 관한 한 신앙과도 같은 열정과 열망을 갖고 있었을지 모르지만 '자유'에 대해서는 무지한 상태였다고 보아 무리가 없을 것이다. 민주적인 통일정부 수립을 말하고 있었지만 그 '민주주의'가 무엇을 뜻하는지는 매우 불분명하다. 나는 김구가 자유민주주의의 진정한 의미를 이해하지 못하고 있었던 게 아닌가 생각한다.

하기야 김구는 남북연석회의 셋째 날인 4월 22일 축사에서 "조국이 없으면 민족이 없고 민족이 없으면 무슨 당 무슨 주의 무슨 단체가 존재할 수 있겠느냐"고 말한 바 있다. 그에게 있어서 중요한 것은 오직 '민족'일 뿐 그는 '개인'을 발견하지 못하고 있었던 것이 아닌가 한다. 말하자면 그는 전근대에 머물러 있었다고 할 수 있다. 이와 같은 사실은 이승만과 크게 대비되는 점이다.

김구의 인식이나 지적 수준과 상관없이 그가 예상하고 있었던 북한의 남침에 대해 여러 경로를 통해 이를 저지하려는 노력은 물론 단 한 번의 경고도 없었을 뿐 아니라 김일성에게 의탁할 의사까지 내비쳤다는 사실은 일반 대중에게 알려진 그의 이미지나 평가와는 크게 상반되는 것이다. 거듭 강조하지만 김구는 역사에, 그리고 남북한의 모든 한국인에게 큰 죄를 지었다고 나는 감히 주장한다.

「나의 소원」을 통해 본 김구의 세계

주지하듯 「나의 소원」은 『백범일지』의 백미다. 김구의 사상과 철학, 세계관이 고스란히 담겨 있는 글이 『백범일지』 마지막에 실려 있는 「나의 소원」이다. 「나의 소원」 속으로 들어가기 전 먼저 짚고 넘어가야 할 것은 『백범일지(白凡逸志)』의 한자(漢字) 표기다.

통상 일상의 기록은 일기(日記)로 쓴다. 이순신 장군의 '난중일기(亂中日記)'가 대표적이다. '일지'라고 쓰기도 하지만 이때 한자표기는 '日誌'다. 그런데 『백범일지』의 '일지'는 '逸志'로 되어 있다. '일지

(逸志)'의 사전적 의미는 '훌륭하고 높은 지조'다. 결국 『백범일지』는 '김구의 훌륭하고 높은 지조'라는 뜻인데, '일기(日記)' 또는 '일지(日誌)'가 아니라 스스로 자신을 높여 '일지(逸志)'로 명명한 것은 자연스럽지 못하다.

이를 김구 자신이 실수로 용어 선택을 잘못한 것이라고 할 수 있을까. 그럴 수 있다고 말하는 사람들도 있다. 그러나 그렇게 보기는 어렵지 않을까 생각한다. 한글도 아닌 한자(漢字)로 쓰면서 그런 실수를 한다는 것은 좀처럼 납득하기 어렵다. 어쩌면 김구를 도운 측근이 책으로 펴내면서 의식적이든 부지불식간이든 그렇게 명명했을지도 모른다. 김구 자신이 그렇게 했든 측근이 그랬든 '일지(逸志)'라 명명한 것은 김구가 대단히 권위주의적인 사람이었음을 짐작케 한다. 김구가 제목을 바로잡아 주지 않았다는 점에서 그렇다. 김구가 해방 후 귀국하여 경교장에 머물 때 시중드는 사람이 두루마기를 입혀주고 지팡이도 손에 들려주어야 할 정도로 권위주의적으로 행동했다는 얘기도 있다.

한 가지 더 짚고 넘어가야 할 게 있다. 『백범일지』가 김구 자신의 작품인가 하는 것이다. 학자들이나 저술가들은 『백범일지』가 춘원 이광수의 작품이라는 데에 거의 이견이 없다. 김구의 손자는 자신이 어릴 적 이광수 집을 오가며 원고 심부름을 했었다고 회고한 바 있다. 김구의 둘째 아들 김신은 〈신동아〉 1986년 6월호에 실린 인터뷰에서 다음과 같이 밝힌 바 있다.

춘원은 자신이 그 일을 하겠다고 했답니다. 아버님은 그의 행실 때문

거짓의 역사와 위선의 한국 사회

에 망설였는데, 누군가가 글솜씨도 있는 사람이고, 속죄하는 기분으로 맡겠다니 시켜보라고 했대요. 그가 윤문을 한 것은 사실이나 아버님이 그걸 알고 맡기셨는지 의문입니다.

김신의 증언이 아니더라도 1994년 김신이 공개한 김구의 친필본과 1947년 도서출판 국사원에서 출간한 최초의 『백범일지』는 달라도 너무 달라 온전한 김구의 작품이라고 보기 어렵다는 지적도 있다. 물론 많은 유명 인사들이 자서전이나 회고록을 본인이 직접 쓰기보다는 자신은 구술하고 직접 쓰는 일은 '작가'에게 맡기는 건 흔히 있는 일이다. 문제는 『백범일지』의 경우 윤문의 정도를 훨씬 넘어서는, 그래서 사실상 이광수가 재구성했다고 보는 게 옳다는 주장도 있다.

나는 특히 「나의 소원」에 주목한다. 「나의 소원」의 경우, 김구의 메모를 바탕으로 이광수 본인의 지식과 생각을 더한 이광수의 창작물이라고 할 수 있을 정도다. 덕분에 풍부한 지식을 바탕으로 한 유려한 글과 논리로 치장하여 대중에게 쉽게 다가갈 수 있었고, 널리 읽히게 되었다. 그럼에도 불구하고 기본 뼈대는 김구 본인의 생각일 것이라고 전제하고 「나의 소원」을 들여다본다.

> … 나는 일찍이 우리 독립 정부의 문지기가 되기를 원했거니와, 그것은 우리나라가 독립국만 되면 나는 그 나라에 가장 미천한 자가 되어도 좋다는 뜻이다. 왜 그런고 하면, 독립한 제 나라의 빈천이 남의 밑에서 사는 부귀보다 기쁘고, 영광스럽고, 희망이 많기 때문이다…

이 대목을 보면 오로지 독립만을 위한 헌신적인 자세를 떠올리기 쉽지만(그리고 실제 많은 사람들이 그렇기도 하다) 나는 여기서 그가 전근대적 신분의식에서 벗어나지 못하고 있음을 본다. 하기야 구한말 태어난 사람으로서 근대문명의 세례를 온전히 받지 못한 점을 상기한다면 이해하지 못할 바는 아니지만 그렇다고 신분의식이 정당화될 수는 없다.

또한 여기에서 어떤 철학적 사유도 발견할 수 없다. 왜 독립이 중요한지에 대한 설명은 없다. 그냥 독립만 하면 좋다는 단순한 신념만 있을 뿐 가치에 대한 논리적 이해는 보이지 않는다.

> … 근래 우리 동포들 중에는 우리나라를 어느 이웃나라의 연방에 편입하기를 소원하는 자가 있다 하니, 나는 그 말을 차마 믿으려 아니하거니와 만일 진실로 그러한 자가 있다 하면 제정신을 잃은 미친놈이라고밖에 볼 길이 없다. 나는 공자·석가·예수의 도를 배웠고 그들을 성인으로 숭배하거니와, 그들이 합하여서 세운 천당·극락이 있다 하더라도 그것이 우리 민족이 세운 나라가 아닐진대, 우리 민족을 그 나라로 끌고 들어가지 아니할 것이다. 왜 그런고 하면, 피와 역사를 같이하는 민족이란 완연히 있는 것이어서 내 몸이 남의 몸이 못 됨과 같이 이 민족이 저 민족이 될 수 없는 것은, 마치 형제도 한집에서 살기 어려움이 있는 것과 같은 것이다. 둘 이상이 합하여서 하나가 되자면 하나는 높고 하나는 낮아서, 하나는 위에서 명령하고 하나는 밑에 있어서 복종하는 것이 근본문제가 되는 것이다….

이 대목은 소련을 추종하는 공산주의자들을 비판하기 위해 그 전제로 삼은 것이지만 한 마디로 '맹목적'이다. 천당·극락이 있다 하더라도 우리 민족이 세운 것이 아니라면 우리 민족을 그 나라로 끌고 들어가지 않을 것이라는 생각은 민족지상주의의 극치다. 여기에서 '민족'이라는 공동체만 있을 뿐 '개인'의 존재와 '행복 추구의 권리'와 같은 가치는 발견되지 않는다. 역시 전근대적인 사고에서 벗어나지 못하고 있음이 드러난다.

 '개인'의 존재가 없는 민족공동체에 대한 이와 같은 집념과 집착은 위험하기까지 하다. 그건 오늘날도 마찬가지다. 대한민국 사회를 지배하는 민족지상주의는 한 걸음만 더 나아가면 전체주의의 나락으로 떨어진다. 그래서 민족주의가 위험하다는 것이다.

 애기가 조금 빗나가지만, 나는 독일이 어떻게 히틀러의 악마적 독재체제에 빠져들었는지가 늘 의문이다. 히틀러는 합법적인 선거를 통해 나치 일당독재체제를 만들었다. 그것도 독일 국민의 열광적인 지지로 말이다. 그게 어떻게 가능했을까. 도무지 이해하기 어렵다. 나로서는 미스터리가 아닐 수 없다.

 선동의 달인 히틀러가 대중에게 강조한 것은 복잡하고 고귀한 가치가 아니다. 그는 단지 '독일은 영원하다'는 말을 되풀이했을 뿐이다. 게르만 민족의 우수성을 강조함으로써 대중을 휘어잡았다. 국가주의나 민족주의가 위험한 것은 그래서다.

 독일이 히틀러의 손아귀에 빠져드는 과정을 보며 나는 '대중은 우중(愚衆)'이라는 생각을 하곤 한다. 70년대 이후 우리 사회의 이른바 '진보'를 자처하는 사람들이 '민중'을 강조하는 데 대해 나는 비판적이었다. '민중'이란 피지배 계급으로서의 일반 대중을 뜻하지만 '각성한 대중'의 의미가 스며들어 있다. 나는 이에 동의하지 않는다. 몇 번을 고쳐 생각해 보아도 대중은 선동의 대상으로서의 우중일 뿐이다. 매우 과격하게 들리겠지만 대중은 우중일 뿐이라는 게 분명하고도 확고한 대학 시절부터의 나의 믿음이다.

김구는 혈연적 공동체로서의 민족을 신앙처럼 신성시했다. 그러나 나는 혈연적 공동체보다 가치 공동체가 더 중요하다고 본다. 물론 그 가치는 개인의 자유를 보장하는 가치여야만 한다. 그런데 김구는 평양에 갔을 때 '민족이 없으면 그 무슨 주의도 의미가 없다'고 했다. 통일정부만 수립할 수 있다면 공산주의도 개의치 않겠다는 뜻으로 풀이할 수 있는 대목이다. 김구가 오늘날 세계사의 흐름을 본다면 그런 생각을 고집할 수 있을까. 더욱이 그 자신이 철저한 반공주의 노선을 걸어왔던 사람 아닌가.

… 일부 소위 좌익의 무리는 혈통의 조국을 부인하고 소위 사상의 조국을 운운하며, 혈족의 동포를 무시하고 소위 사상의 동무와 프롤레타리아의 국제적 계급을 주장하며, 민족주의라면 마치 이미 진리권 외에 떨어진 생각인 것같이 말하고 있다. 심히 어리석은 생각이다. 철학도 변하고 정치·경제의 학설도 일시적이어니와 민족의 혈통은 영구적이다. 일찍이 어느 민족 안에서나 종교로, 혹은 학설로, 혹은 경제적·정치적 이해의 충돌로 두 파 세 파로 갈려서 피로써 싸운 일이 없는 민족이 없거니, 지내어 놓고 보면 그것은 바람과 같이 지나가는 일시적인 것이요… 좌우익이란 것도 결국 영원한 혈통의 바

다에서 일어나는 일시적인 풍파에 불과하다….

여기서 공산주의에 대해 어리석은 생각이라는 비판은 물론 백번 옳은 것이지만, 문제는 '민족'에 대한 주장이다. 민족은 영원한 혈통의 바다이며, 좌우익이라는 것도 결국 지나고 보면 일시적인 풍파에 불과하다는 김구의 생각은 앞에서 지적한 바와 같이 민족지상주의를 드러낸 것이라 할 수 있다. 거듭 지적하지만 이와 같은 민족지상주의는 위험하다. 전체주의의 다른 표현일 수 있기 때문이다.

한 가지 살펴볼 것은 "좌우익이란 것도 결국 영원한 혈통의 바다에서 일어나는 일시적인 풍파에 불과하다"는 대단히 문학적인 표현이 과연 김구 스스로의 작품이었는가 하는 것이다. 이 대목이야말로 「나의 소원」이 의심의 여지없이 이광수의 창작물임을 말해주는 것이다. 어쨌든 김구의 글이라고 보고 이야기를 이어나간다.

김구는 공산주의를 배격했지만 공산주의 이념에 대한 통찰은 없었던 것 같다. 이념은 일시적인 풍파가 아니다. 공산주의 이념은 다수 인간의 행복을 추구하는 고민의 결과로 등장한 것이라고 할 수 있다. 그러나 마르크스는 몽상가에 불과한 사람이었을 뿐이다. 현실에 있어서 공산주의는 전혀 다른 결과를 낳았지 않았는가. 이념이 도그마가 됨으로써 목적이어야 할 인간이 수단으로 전락한 결과이기도 하며 그 자체로 모순을 안고 있어서이기도 하다.

김구는 '좌우익이라는 것이 영원한 혈통의 바다에서 일어나는 일시적인 풍파에 지나지 않는 것'이라고 했지만, 공산주의 곧 현실 사회주의의 몰락이 민족이라는 영원한 혈통의 바다에서 저절로 녹아 사라진 게 아니다. 현실 사회주의는 그 자체의 모순으로 인하여 실패로 귀결된 것이지 민족이라는 바다에 의해 무너진 게 아니다.

　사회주의라는 건 '인간의 계획'에 의하여 '이상 사회를 건설할 수 있다'는 믿음이라 할 수 있는데, 그건 오만의 산물이다. 하이에크의 이른바 '치명적 자만'의 결과다. 인간은 이상 사회를 건설할 수 있는 데 필요한 정보를 가질 수 없다. 그럼에도 불구하고 '계획'으로 이상 사회를 건설하려 했던 모든 시도들은 좌절할 수밖에 없었던 것이다.

> … 나의 정치이념은 한마디로 표시하면 자유다. 우리가 세우는 나라는 자유의 나라여야 한다.
>
> 자유란 무엇인가? 절대로 각 개인이 제멋대로 사는 것을 자유라 하면 이것은 나라가 생기기 전이나, 저 레닌의 말 모양으로 나라가 소멸된 뒤에나 있는 일이다. 국가생활을 하는 인류에게는 이러한 무조건의 자유는 없다. 왜 그런고 하면, 국가란 일종의 규범의 속박이기 때문이다. 국가생활을 하는 우리를 속박하는 것은 법이다. 개인의 생활이 국법에 속박되는 것은 자유 있는 나라나 자유 없는 나라나 마찬가지다. 자유와 자유 아님이 갈리는 것은 개인의 자유를 속박하는 법이 어디서 오느냐 하는 데 달렸다. 자유가 있는 나라의 법은 국민의 자유로운 의사에서 오고, 자유 없는 나라의 법은 국민 중의 어떤 일개인, 또는 일계급에서 온다. 일개인에서 오는 것을 전제 또는 독재자라 하고, 일계급에서 오는 것을 계급독재라 하고 통칭 파쇼라고 한다.
>
> 나는 우리나라가 독재의 나라가 되기를 원치 아니한다. 독재의 나라

에서는 정권에 참여하는 계급 하나를 제외하고는 다른 국민은 노예가 되고 마는 것이다. 독재 중에서 가장 무서운 독재는 어떤 주의, 즉 철학을 기초로 하는 계급독재다. 군주나 기타 개인 독재자의 독재는 그 개인만 제거되면 그만이어니와, 다수의 개인으로 조직된 한 계급이 독재의 주체일 때에는 이것을 제거하기는 심히 어려운 것이니, 이러한 독재는 그보다도 큰 조직의 힘이거나 국제적 압력이 아니고는 깨뜨리기 어려운 것이다….

김구의 자유에 대한 이해는 아주 초보적인 수준에 머물러 있다. 국가의 법 테두리 안에서의 개인의 자유를 말하는 데에서 그치기 때문이다. 즉, 국가의 존재를 개인의 자유를 얼마나 보장할 수 있는가에서 보는 게 아니라 개인의 자유가 '규범의 속박'으로서의 국가통제 안에서만 허용될 수 있다는 관점에 서 있다는 것이다. 물론 국가란 규범의 속박이라는 게 틀린 말은 아니다. 내가 말하고자 하는 것은 그와 같은 기초적인 수준을 넘어서지 못하고 있다는 점이다. 규범의 속박이라는 기본 전제하에 개인의 자유를 어떻게 보장할 것인가의 수준으로까지 확장하고 있지 못하고 있다는 얘기다.

주목할 만한 점은 김구가 계급독재가 가장 무서운 독재라는 생각을 갖고 있었다는 사실이다. 더 큰 힘이나 국제적 압력이 아니고는 깨뜨리기 어렵다고까지 말했다는 점에 비추어 볼 때 이 글이 작성된 직후 그 자신이 남북지도자회의를 통해 무엇을 달성하려 했는지 의문이 아닐 수 없다(어쩌면 이 대목은 이광수의 생각인지도 모른다). 사상의 조국인 소련의 수중에 놓여 있는 세력이 계급독재를 추구하고 있었다는 점을 모르지 않았을 텐데 왜 그토록 집요하게 남북협상에 집착했는지 이해할 수 없다. 이 글을 보면, 공산주의자들, 그것도 이미 사실상의 정권을 세운 세력과 협상을 통한 통일정부 수립이 가능하다고 믿었을 리 없었을 것이다. 다음 대목을 보면 더더욱 그렇다.

> … 시방 공산당이 주장하는 소련식 민주주의라는 것은 이러한 독재정치 중에도 가장 철저한 생각이어서 독재정치의 모든 특징을 극단으로 발휘하고 있다. … 마르크스의 학설을 최후의 것으로 믿어, 공산당과 소련의 법률과 군대와 경찰의 힘을 한데 모아서 마르크스의 학설에 일점일획(一點一劃)이라도 반대는 고사하고 비판하는 것도 엄금하여 이에 위반하는 자는 죽음의 숙청으로써 대하니….

이렇듯 공산당과 소련의 실체를 훤히 보고 있었으면서도 이른바 남북협상을 추진한 것은 이해할 수 없다. 그렇다면 결국 앞에서 지적한 바와 같이 김구는 정치적 동력을 얻기 위해 평양행을 결행했다고밖에 볼 수 없다.

과연 우리 국민이 이러한 사실을 얼마나 알고 있을까. 신화화된 우상 앞에서 김구의 이러한 면모는 묻히고, 국민은 우상숭배의 최면에 의해 기만당해 왔고, 그러한 사실조차 깨닫지 못하고 있는 게 현실이다. 나는 김구의 실체를 발가벗기는 심정으로 이 글을 쓰고 있다. 어쩌면 이 글로 인해 친일파나 극우주의자로 매도될 수도 있다고 생각된다. 하지만 개의치 않는다. 역사적 사실은 결국 밝혀질 수밖에 없고, 진실은 끝까지 살아남으리라고 믿기 때문이다.

> … 우리의 적이 우리를 누르고 있을 때에는 미워하고 분해하는 살
> 벌·투쟁의 정신을 길렀거니와, 적은 이미 물러갔으니 우리는 증오의
> 투쟁을 버리고 화합의 건설을 일삼을 때다. … 우리 민족의 각원(各
> 員)은 이기적 개인주의자여서는 안 된다. 우리는 개인의 자유를 극도
> 로 주장하되, 그것은 저 짐승들과 같이 저마다 제 배를 채우기에 쓰
> 는 자유가 아니요, 제 가족을, 제 이웃을, 제 국민을 잘살게 하기에 쓰
> 이는 자유다. 공원의 꽃을 꺾는 자유가 아니라 공원에 꽃을 심는 자
> 유다. … 민족의 행복은 결코 계급투쟁에서 오는 것도 아니요, 개인
> 의 행복이 이기심에서 오는 것이 아니다….

이 대목을 읽으며 나는 김구의 진실이 무엇인지 의아해하지
않을 수 없다. "적이 우리를 누르고 있을 때에는 미워하고 분
해하는 살벌·투쟁의 정신을 길렀거니와, 적이 이미 물러갔으
니 우리는 증오의 투쟁을 버리고 화합의 건설을 일삼을 때"라
는 말은 김구의 실제와 달라도 너무 다르기 때문이다. 상해 임
시정부 시절 이런저런 암살 및 린치에 대한 것은 차치하고라
도 해방 후 송진우, 장덕수 등 요인 암살사건에 연루된 의심을
사고 있다는 점에 비추어 앞뒤가 맞지 않는다는 게 그것이다.
사실 백의사의 김일성 암살 시도도 마찬가지다.

해방 이후라면 김구의 말에 의한 '적은 이미 물러갔으니 우리는
증오의 투쟁을 버리고 화합의 건설을 일삼을 때' 아닌가. 그러나 스

스로 말한 바와 달리 김구는 테러의 배후 인물로 지금까지 의심을 받고 있다. 장덕수 암살 사건 당시에는 배후 인물로 지목되어 재판정에까지 불려 나간 적이 있었다. 어떤 게 김구의 진심일까?

개인의 자유와 존재에 대한 이해도 보이지 않는다. 물론 그런 정도의 이해를 기대하는 게 무리일 수 있지만 아무리 그 당시라 해도 근대문명을 접하고 이해한 사람, 대표적인 인물로 이승만과 같은 사람이 있었다는 점을 감안한다면 김구의 '개인'과 '자유'에 대한 이해도는 너무 낮다.

자유민주주의에서 '개인'은 가장 중요한 존재이자 가치다. 그런데 그 '개인'은 의심할 여지도 없이 이기적인 존재다. 그리고 그 개인의 이기심 추구가 결과적으로 사회 전체에 이익을 가져온다. 만일 김구가 생각하는 바와 같이 각 개인 모두가 공동체에 대한 헌신과 희생을 각오하고 그렇게 행동하는 존재라면 사회주의가 시도했던 집단농장도 실패로 귀결되지 않았을 수 있었을지 모른다.

하지만 현실에서 집단농장은 실패로 끝났다. 집단농장은 구성원 모두가 주인이다. 모두가 주인이라는 것은 곧 아무도 주인이 아니라는 뜻이다. 모두가 대리인으로만 구성된 집단농장은 그래서 필연적으로 망할 수밖에 없었다. 사람들은 '내 것'에 대해서는 애착을 갖지만 '공동의 것'에는 상대적으로 소홀하다.

물론 희생과 헌신이 사회에서 배척되어야 할 가치는 아니며, 권장되어야 할 가치이기는 하다. 하지만 근원적으로 보면 그러한 헌신과 희생조차 '자기만족'이라는 이기심의 발로라고 할 수 있다. 그러므로 김구는 인간에 대한 이해가 부족했다고 볼 수밖에 없다. 또 단선적이고 맹목적이다. 물론 이기심이 아닌 차원에서의 희생과 헌신이 있는 것도 사실이다. 하지만 일반적으로는 인간의 존재를 그렇게 말할 수는 없다.

사실 당시 김구가 그러한 이치를 깨닫기를 기대하는 것 자체가 무리일 수 있다. 그럼에도 불구하고 굳이 내가 이기적인 개인에 대해 말하는 것은 오늘날에도 그에 대한 이해가 매우 낮기 때문이다. 일부 학자들 외에 대중들의 경우 이에 대한 이해는 거의 없는 편이다. 대부분 공동체에 대한 희생적 기여를 강조할 뿐 개인의 자유를 중시하는 발언을 하는 것은 스스로 대중과 멀어질 것을 결심하지 않는 이상 하기 어려운 게 현실이다. 나는 그 금기를 깨고 싶다. 이 글을 쓰는 이유다.

내가 굳이 김구의 「나의 소원」을 들여다 본 것은 김구라는 우상과 신화에 의해 『백범일지』가 잘못 읽히고 이해될까 하는 것을 우려해서다. 나는 확신하거니와 김구는 전근대에 머물러 있던 인물이다. 그의 의식은 결코 근대문명의 세례를 온전히 받지 못한 상태에 있었다.

2장

스러진
거인

이승만 박사의 이름은 남한에서 마술적 위력을 가진 이름이다. 그의 연륜과 학식과 사교적 매력과 윌슨 대통령과의 친분과 한국의 자유에 대한 생애를 통한 일관된 옹호로 말미암아 네루가 인도의 국민적 지도인 것과 같은 의미에서 그는 한국의 국민적 지도자가 될 수 있을 것이다….

임시정부 초대 대통령

지난 95년 8월 16일 조선일보사
가 『거대한 생애 이승만 90년』(이한우 저) 상권을 출간했다. 하권은 이
듬해 5월 13일 출간되었다. 거대한 생애! 이승만의 삶을 이렇게 극
적으로 표현할 수 있을까. 나는 '거대한 생애'라는 말만큼 이승만의
생애를 정확히 표현할 수 있는 수식어는 찾지 못할 것이라고 생각
한다. '위대한'이라는 진부한 언어로 이승만의 삶을 표현했다면 식
상할 수도 있었을 것이며, 어떤 면에서 위대함을 넘어서는 이승만
의 진면목을 전달하지 못했을 것이라고 나는 생각한다. 진정 이승
만은 거인이었으며, 그는 전 생애를 통해 독립운동에 헌신했고, 대
한민국 건국과 발전의 토대를 쌓은 지도자였다.

하지만 우리 국민 대부분은 이승만에 대해 잘 알지 못한다. 이승
만에 대해 안다고 해봤자 그의 부정적인 측면이나 왜곡된 인식에

오염된 수준에 그친다. 앞에서 본 바와 같이 김구가 '겨레의 큰 스승'으로 추앙받는데 반해 이승만은 비난과 저주의 대상이 되어 왔다. 김구를 비판하는 건 금기시되고 있는데 반해 이승만의 경우 그를 비판하는 게 당연시되어왔다고 해도 과언이 아니다.

이승만은 어떤 인물인가. 1919년 3·1운동 직후 여러 곳에서 임시정부가 생겨났다. 가장 잘 알려진 것은 한성 임시정부, 상해 임시정부, 노령 임시정부라고 할 수 있다. 이 중 가장 정통성이 있다고 평가된 임시정부는 한성 임시정부였다. 그건 한성 임시정부가 1919년 4월 23일 서울에서 24명으로 조직된 전국 13도 대표들로 개최한 국민회의를 바탕으로 하고 있었기 때문이다. 일본 제국주의 치하로 인한 한계는 있었지만 일정 정도의 절차적 정당성을 인정할 수 있었기 때문이었으리라. 당시 이승만이 집정관 총재라는 이름의 정부 수반으로 추대되었다. 상해 임시정부에서도 이승만은 정부 수반(국무총리)으로, 이동휘가 만든 노령 임시정부에서도 이승만은 국무총리로 추대되었다.

이처럼 각각 만들어진 임시정부에서 이승만은 중심인물이 되어 있었다. 이후 안창호 등의 주도로 임시정부를 통합하여 상해에서 대한민국 임시정부가 출범하였는데, 초대 대통령 역시 이승만이었다.

물론 최초 시기에는 정부직제 상 수반의 명칭이 국무총리였으나 이승만의 주장에 의해 이후 대통령제로 바뀌었다. 당시 이미 이승만은 임시정부의 탄생을 각국에 전하고자 대통령(president)이라는 직함으로 공문서를 보내놓은 상태였기 때문이다.

이를 문제 삼는 사람들이 있지만 어쨌든 정부 수반의 명칭일 뿐이라는 점에서 별 의미는 없다고 본다. 미국에 있던 이승만이 한성 임시정부 집정관 총재에 이어 통합 임시정부 초대 대통령이 되었다는 사실은 당시 그의 명성과 평가가 어떠했는지를 말해준다.

우리 국민 대다수는 이러한 사실을 모른다. 오늘날 이승만은 그의 업적에 비해 과도하게 저평가되어 있을 뿐 아니라 왜곡된 이미지로 국민에 각인되어 있다. 대한민국 건국을 주도하고, 한미동맹을 맺음으로써 안보의 기틀을 마련했는가 하면, 무엇보다도 자유민주주의·시장경제 체제라는 토대를 닦은 건국의 아버지임에도 정작 그 혜택을 받은 대한민국 국민은 그를 폄훼하는 데 주저함이 없다. 이승만은 스러져 가고 있다.

그 많은 독립운동가와 명망가들 중에서 이승만이 임시정부의 초대 대통령에 추대된 것은 그의 명성과 위상, 그리고 그에 거는 기대가 높았기 때문이다. 사실 이승만이 미국으로 건너가기 이전에, 다시 말해 미국 명문대학에서 박사학위를 받기 전 이미 그의 명성은 높았다. 그의 나이 24세 때인 1899년 1월 우리나라 최초의 일간신문인 매일신문을 창간하여 주필을 맡았고, 독립협회에 참여하여 만민공동회의 연사로 성가(聲價)를 높였으며, 제국신문 논설위원으로 많은 글을 썼고, 한성감옥에 수감되어 있으면서도 논설을 기고하여 대중을 각성시키려 노력했기 때문이다.

근대인 이승만

이승만은 미국으로 가기 선에 이

미 '근대'의 세례를 받았다. 배재학당을 졸업한 뒤 독립협회 활동을 하던 중 박영효와 관련된 고종 황제 폐위 음모 사건에 연루되어 1899년 1월부터 1904년 8월까지 5년 7개월 간 사형수(나중에 무기수로 감형)로 한성감옥에 투옥된 것은 역설적으로 그에게 큰 행운이었다. 선교사들이 넣어준 수많은 책과 외국 신문을 통해 세계역사와 철학, 그리고 국제정세를 꿰뚫어 볼 수 있었기 때문이다.

연세대학교 인문과학연구소가 1999년 4월 간행한 『우남 이승만의 '옥중잡기' 백미(雩南 李承晩의 獄中雜記 白眉)』(유영익 저)에 보면 이승만이 감옥에서 읽은 한문과 영문으로 된 책과 영문의 각종 신문잡지 등의 목록이 나오는데, 여기에 다 열거하기 어렵다. 이승만의 그 방대한 독서량도 놀랍거니와 그가 감옥에서 집필하거나 번역한 책과 잡문, 특히 142수(首)의 한시(漢詩) 등은 비범하고도 격조 높은 문장력에 감탄을 금할 수 없는 것들이다.

이 시기 한성감옥에서 쓴 명저가 『독립정신』이다. 청년 이승만의 지적 수준과 통찰력을 보여주는 『독립정신』을 들여다보자. 참고로 이 책은 1904년 집필이 완료되었지만 국내에서 출간이 불가능한 가운데 감옥 동지인 박용만이 비밀리에 미국으로 가져가 1910년에서야 출간될 수 있었다. 이 책은 「총론: 우리 대한은 태풍을 만난 배와 같다」로 시작한다. 다음은 그중 한 대목이다.

> … 거센 풍랑으로 배에 탄 사람들이 죽느냐 사느냐 하는 위기에 처했을 때는 배에 탄 사람이라면 모두 나서서 사공들을 돕는다. 선객 모두가 각자의 이해관계를 떠나 합심하여 사공들을 도와 배가 난파되지

않도록 할 것이다. … 우리 대한은 삼천만 백성을 싣고 폭풍우 몰아치는 바다 위에 표류하는 배와 같다. … 지금부터 나라의 사정이 얼마나 위태로우며, 왜 이러한 지경에 처하게 되었는지를 다루고자 한다. 우리가 지금 당장 빠져 죽어가고 있으니 정신 차려 보기 바란다.

이 글을 보면 이승만이 당시 대한제국이 처한 상황을 정확히 꿰뚫어 보고 있음을 알 수 있다. 나라가 망해가고 있음을 걱정하여 백성(당시는 전제군주 시대였음을 염두에 두어야 한다)들을 각성시키고자 하는 우국충정이 고스란히 드러나는 이 글을 종신형을 받고 수감되어 있을 때 썼다는 사실에 주목하지 않으면 안 된다. 어느 누가 감히 흉내라도 내겠는가.

이승만은 서문에서 책을 쓰게 된 동기를 다음과 같이 밝히고 있다.

… 때마침 러일전쟁이 벌어지고 있어 남아로서 세상에 태어나서 유익한 일을 할 만한 경륜은 없지만 가만히 앉아 있을 수는 없었다. 분노가 치밀어 눈물을 금치 못하여 그동안 해오던 한영사전 작업을 중단하고 2월 19일부터 이 글을 쓰기 시작했다. 그러나 감옥에서 참고자료를 구하기 어려워 중요한 주제를 중심으로 … 일상 쓰는 쉬운 말로 설명한 것은 읽기 쉽게 하려는 것이며, 한글로만 쓴 것도 많은 사람들이 읽을 수 있도록 하려는 것이다….

나라가 기울어가고 있음에 비분강개하여 백성을 각성시키려 이 책을 썼다는 것이다. 여기에는 개화기 신지식인의 고뇌와 선각자로서의 사명감이 녹아 있다.

이승만은 서문에서 밝히고 있듯이 중요한 주제를 중심으로 이 책을 썼는데, 첫 번째 주제는 나라가 기울어가는 데 대한 책임을 다루고 있다.

> … 신분이 높든 낮든, 관리든 백성이든, 부자든 가난한 자든, 양민이든 천민이든 … 나라를 이 지경으로 만든 데 대해 각자가 일정 부분 책임이 있다는 것을 깨달아야 한다. … 고관의 자리에 앉아 권력을 휘두르며 나라를 팔아먹은 죄악이 백일하에 드러난 자도 … 말단이라도 벼슬이라면 영광으로 여기는 자 중에는 사악한 고관들의 손발 노릇을 했음에도 자기들은 아무 권한이 없어 나라가 기우는 데 책임이 없다고 발뺌하는 자들도 있다. 나라의 법을 어긴 자들은 물론이고, 일반 백성도 이와 같은 죄를 범하지 않았다고 한다. 그러나 그들이 서울에 살든 지방에 살든 나라가 기울어가는 것을 막지 못한 책임을 면할 수 없다. … 나 자신도 잘못이 많음을 알고, 부끄럽고 두려운 마음을 금할 수 없다. … 먼저 자기 책임을 다하기를 간절히 바라는….

국민(백성) 개개인이 맡은 바 직분을 다하지 않은 탓에 나라가 기울어가고 있다는 얘기다. 이승만은 군주나 고위관료들에게만 책임이 있다고 하지 않았다. 망국의 책임은 이 나라 사람이면 누구에게나 있다고 한 것이다. 책을 쓰는 목적이 백성을 각성시키고자 한 것이었으니만큼 이승만이 지위나 신분과 상관없이 모두에게 책임이 있다고 일깨우려 한 것은 당연한 것이다.

그 다음 주제에서 이승만은 '책임을 다하지 못하면 반드시 화를 당하게 된다'고 역설했으며, 이어 '국민이 힘쓰면 문명부강한 나라를 만들 수 있다'고 강조하고 있다. 여기서 주목되는 것은 '우리는 할 수 없다'는 생각을 버리고 스스로 행동에 나서야 한다고 강조한 것이다. 사실 당시 사람들은 무엇을 하려 하지도 않았으며, 해본들 무슨 소용이 있겠느냐는 자조적(自嘲的)인 사고에 빠져 있었다. 이승만은 이러한 사고부터 바꾸어 모든 사람이 스스로 행동에 나서면 문명부강한 나라가 될 수 있다고 믿었다. 그래서 그는 '우리는 할 수 없다'는 생각을 버리지 못하는 한 아무것도 이룰 수 없다고 거듭 강조하고 있다.

이승만은 이런 식으로 50여 개의 주제를 설정하여 자신의 신념과 철학을 개진하고 있다. 전반부에서 눈에 띄는 것은 '마음의 독립정신을 굳게 하여야 한다', '통상과 교류는 이로운 것이다', '자유와 독립의 중요성' 등이다. 그 내용은 굳이 설명하지 않아도 짐작할 수 있을 것이다. 중요한 것은 독립정신, 통상과 교류, 자유 등의 개념을 설명하고 있다는 사실이다. 당시 이러한 개념을 이해하고 이를 널리 알리고자 했다는 사실에서 선각자로서의 이승만의 존재를 확인할 수 있다. 그가 미국 명문대에서 본격적으로 공부하기 이전이라는 점을 감안한다면 더더욱 그렇다.

이어 그는 미국 독립의 역사, 미국의 독립선언문, 남북전쟁 등에 많은 지면을 할애하고 있다. 거기다가 자유와 평등을 쟁취한 프랑스 혁명까지 설명하고 있다. 이승만은 확고한 신념의 '근대인'으로 거듭났음을 볼 수 있다.

이승만은 미국의 남북전쟁을 통한 노예해방을 서술하며, 우리나라의 경우 동포를 노예로 삼아 온 것을 당연시하는 것을 비판함과 동시에 1894년 갑오경장을 통해 공식적으로는 노예제가 폐지되었으나 현실에서는 시행되지 않고 있음을 지적하고 있다.

후반부는 주로 대한제국을 둘러싼 국제정세의 흐름, 청나라와 러시아 및 일본이 끼친 해악, 러시아와 일본의 속셈을 일반 백성들이 깨닫도록 하는 데 주력하고 있다. 감옥에 갇혀 있으면서도 세계를 꿰뚫고 있으면서 앞날을 내다보고 있었던 것이다. 그건 선교사들이 전해주는 외국의 언론을 읽을 수 있었던 덕분이지만 그의 통찰력과 혜안의 결과이기도 하다. 그의 그러한 면모는 후에 태평양전쟁을 예고하는 저서 『일본 내막기(Japan Inside Out)』에서 분명하게 확인된다.

이승만은 『독립정신』의 결론에서 '독립정신의 실천 6대 강령'을 제시하고 있다. 첫째, 우리는 세계에 대해 개방해야 한다. 여기서 그는 통상의 중요성을 강조한다. 둘째, 새로운 문물을 자신과 집안과 나라를 보전하는 근본으로 삼아야 한다. 셋째, 외교를 잘해야 한다. 넷째, 나라의 주권을 소중하게 여겨야 한다. 다섯째, 도덕적 의무를 소중히 여겨야 한다. 여섯째, 자유를 소중히 여겨야 한다. 여기서는 자립을 강조한다. 자유란 자립이 없으면 가능하지 않다는 점을 말한 것이다. 또 다른 사람의 권리를 존중할 것을 말하고 있다.

이와 더불어 그는 기독교를 근본으로 삼기를 권하고 있다. 이승만은 문명국이자 강대국인 미국이 기독교를 사회의 근본으로 삼고

거짓의 역사와 위선의 한국 사회

있으며, 그 결과 일반 국민들까지 높은 도덕적 수준에 이르렀음에 주목하고 있었던 것이다. 따라서 서양의 앞선 나라들과 대등한 위치에 서려면 기독교에 의지할 필요를 느꼈던 것 같다.

이승만은 한성감옥 수감 당시 많은 독서와 사유를 통해 근대인으로 거듭났다. 나아가 선각자의 면모까지 보여주고 있다. 『독립정신』에서 확인할 수 있듯 그 깊은 통찰력과 식견, 앞을 내다보는 혜안, 그리고 애국심과 문명부강한 나라에의 열망은 당대의 지성을 대표한다고 할 수 있다.

신채호와 김용옥의 이승만 비난

이승만은 1904년 8월 9일 특별 사면령을 받고 감옥에서 석방되었다. 그는 조정(정부)의 민영환, 한규설과 접촉했다. 두 사람은 조정 내에서 가장 유력한 개혁파 중신(重臣)들로서 조만간 대한제국이 일본의 속국이 될 수 있다고 보고, 이를 타개할 방책으로 1882년 맺은 조미수호통상조약에 명시되어 있는 '중재'의 발동을 미국 대통령에게 탄원키로 하고 이승만을 밀사로 미국에 파견키로 했다. 여기서 '중재'란, "(일본 등) 제3국이 한쪽 정부에 부당하게 또는 억압적으로 행동할 때에는 다른 한쪽 정부는 원만한 타결을 위해 중재를 한다"는 것이다.

이렇게 해서 이승만은 유학생 자격의 여권을 발급받아 조정의 고관인 민영환의 메시지를 트렁크 속 이중 바닥에 숨겨 미국으로 향하게 된다. 그건 이승만 자신과 우리나라의 운명을 결정하는 하나의 '사건'이라 할 수 있다.

이승만이 워싱턴에 도착한 것은 서울을 출발한지 56일 만인 1904년 12월 31일 저녁이었다. 그는 이튿날, 곧 1905년 1월 1일 워싱턴 한국 공사관을 찾아갔으나 이후 별 도움을 받지 못했다. 이후 그의 미국 유학과 밀사로서의 임무 수행은 한국의 선교사들과 그들의 소개로 인연을 맺는 미국 목사들의 도움 덕분이었다. 워싱턴까지의 여행도 중간 중간에서의 지인들의 도움과 교회에서의 간증 또는 연설 등으로 얻은 약간의 돈에 의지한 것이었으니 그의 초기 미국 생활은 고달팠다고 볼 수 있다.

이승만은 햄린 목사의 소개로 조지 워싱턴 대학 찰스 니드햄 총장을 소개받은 데 이어 엘렌 위버 학장과의 면담을 거쳐 자격을 인정받음으로써 장학생으로 2학년에 편입하게 되었다. 그 후 이승만은 미 상원의원의 소개로 국방부 장관을 면담하고 드디어 8월 5일 시어도어 루스벨트 미 대통령을 만날 수 있었으나 소기의 목적은 달성하지 못했다. 당시 미국은 직전 일본과 가쓰라·태프트 밀약을 맺은 상태였다. 즉, 미국의 필리핀 지배와 일본의 대한제국 지배를 서로 인정했던 것이다.

밀사의 임무는 실패로 끝났지만 그 과정을 굳이 언급한 것은 이승만의 기독교계 인맥을 눈여겨볼 필요가 있음을 말하기 위해서다. 청년 이승만이 미국 대통령까지 만날 수 있었던 것은 그의 인맥 덕분이라고 할 수 있다. 거기에 더해 조지 워싱턴 대학의 학사과정, 하버드 대학에서의 석사과정, 프린스턴 대학의 박사과정까지를 거치

면서 갖게 되는 인맥, 미국에서 활동하며 맺은 인연은 이승만 개인
이 아니라 우리나라에 긴요하게 활용되었다. 이 점을 간과하면 안
된다.

이승만은 학사에서 박사까지 과정을 단 5년여 만에 끝냈다. 놀라
운 일이다. 거기다가 한국인 최초의 국제정치학 박사학위 수여자
다. 이로 인하여 미국 한인사회는 물론 국내에까지 그 명성이 알려
졌다. 한인들은 물론 이승만을 아는 미국인들에게까지 그는 존경과
경외의 대상이었다. 이승만은 대단한 카리스마의 주인공이 되었다.
더욱이 이승만은 우드로 윌슨 및 그의 가족들과 매우 친밀한 관
계를 맺었다. 나중에 미국 대통령이 되는 우드로 윌슨이 프린스턴
대학 총장이었고, 이승만은 윌슨에게 직접 박사학위를 수여받았다.
프린스턴 대학 출판부는 예외적으로 이승만의 박사학위 논문을 출
간하기도 했다.
이러한 명성과 배경이 3·1운동 직후 여러 곳에서 수립된 임시정
부에서 이승만이 정부 수반이나 그에 준하는 직으로 추대되고, 통
합 상해 임시정부 대통령이 되는 배경이 되었음은 짐작하기 어렵지
않을 것이다.
그런데 이승만은 엉뚱한 도전에 직면한다. 그러한 도전은 상해
임시정부에서 뿐 아니라 오늘까지도 이어지고 있다. 많은 사람들이
수차례에 걸쳐 이루어진 KBS의 김용옥 강연을 기억할 것이다. 사실
그건 역사 강연이라기보다는 KBS 연출 김용옥 주연의 선동과 다름
없는 것이었다.

KBS 강연회에서 김용옥이라는 정체불명의 학자가 이승만에 대해 언급한 것들은 뜻있는 사람들의 분노를 일으켰다. 여기서 '정체불명의 학자'라고 한 것은 김용옥이 동양철학 연구자인지, 한국 현대사 연구자인지, 또는 잡학 박사인지 도무지 알 수 없다는 의미에서다. 일반적으로 학자의 강연은 자신의 전공 분야에서 행해지는데 반해 김용옥은 동서고금을 가리지 않는 종횡무진 식이어서 나를 어리둥절하게 만들었다. 그는 마치 자신이 전지적인 존재로 스스로를 인식하고 있는 게 아닌가 한다.

　　나는 특히 그가 한국 현대사에 대한 전문가인 양 강연에서 열변을 토하는 것을 보며 그가 대단히 교만할 뿐 아니라 시류에 영합하는 선동가라는 인상을 강하게 받았다. 그는 특유의 억양과 배우 뺨치는 연기로 청중을 사로잡았지만, 나는 김용옥을 교활한 선동가에 지나지 않는다고 생각한다. 오래전 그가 방송에서 동양의 고전을 강의할 때 나는 김용옥을 경외의 눈으로　바라보았지만 그가 편협한 시각과 일면적인 지식을 바탕으로 한국 현대사를 강의하는 것을 보면서 그에 대한 생각을 바꾸었다.

　　김용옥은 한국 현대사와 관련된 강연에서는 예외 없이 이승만을 격하게 비난했다. 그는 거두절미한 채 "단재 신채호 선생은 이승만을 가리켜, 이완용은 있는 나라를 팔아먹었는데 이승만은 없는 나라도 팔아먹었다고 말했다"며 쌍소리로 이승만을 욕하곤 했다. 나는 그 저급한 선동에 분노하는 한편 김용옥의 말에 박수갈채를 보내는 청중을 보며 탄식을 금할 수 없었다.

　　신채호가 이승만을 그렇게 비난한 것은 사실이다. 그러나 대중이 민족주의자로 떠받드는 신채호가 비난했다 해서 그것이 무조건 옳고 정당한 것인가에 왜 사람들이 의문을 제기하지 않는지 나는 이해할 수 없다. 대중, 아니 선동 대상으로서의 우중(愚衆)은 신채호가 왜 그런 비난을 했는지 전후 맥락도 모른 채 그저 김용옥의 이승만에 대한 비난(비판이 아니다)에 박장대소하는 것을 보며 우리 국민이 왜 이렇듯 무지하고 비이성적인지 좌절하곤 했다. 나아가 신채호의 단견을 무조건 추앙하는 김용옥 등 지극히 주관적인 지식인들이 판치는 한국 사회에 나는 개탄을 금치 못한다.

신채호가 이승만을 비난한 것은 이른바 '위임통치 청원' 때문이었다. 제1차 세계대전이 끝나기 직전인 1918년 1월 8일 우드로 윌슨 미국 대통령은 의회 연설에서 평화원칙 14개 조항을 발표했다. 이 원칙은 1919년 1월 18일부터 5개월간 열린 파리강화회의에 제출된다. 교실에서는 윌슨의 이 원칙 중 가장 중요한 것으로 민족자결주의를 가르친다. 그리고 지금도 많은 사람들이 그렇게 알고 있다. 그건 14개 조항 중 '식민지나 영토 문제는 당해 주민의 이해에 따라 해결해야 한다'는 내용을 민족자결주의로 이해한 데서 비롯된 것인데, 과연 이것을 민족자결주의라고 해도 좋은지는 의문이다. '힘의 논리'가 지배하는 국제정치에서, 그리고 패전국의 식민지 또는 점령지라면 모를까 패전국이 아닌 나라의 식민지에 관한 한 그러한 논리와 주장이 먹히지 않았다는 점을 생각하면 그렇다는 얘기다.

암튼 당시 약소민족들은 이른바 민족자결주의에 큰 기대를 가졌던 게 사실이다. 이승만과 우리 독립운동가들도 마찬가지였음은 불문가지다. 윌슨의 원칙 중 중요한 또 다른 조항 중 '공해에서의 해양의 자유'가 있는데, 이는 바로 이승만의 박사학위 논문 「미국의 영향을 받은 중립론(Neutrality As Influenced by The United States)」의 핵심 주제다. 어쩌면 윌슨은 프린스턴 대학 총장 시절 이승만의 논문에서 영향을 받았는지도 모른다. 아니 그럴 가능성이 높다고 나는 생각한다.

이승만은 윌슨의 14원칙에서 실낱같은 희망을 찾았는지도 모른다. 그보다도 중요한 것은 미주의 한인사회는 윌슨과 친분이 있는 이승만에게 기대를 걸고 그를 주목하고 있었다는 점이다. 안창호가 회장을 맡고 있던 대한국민회 중앙총회가 이승만, 정한경, 민찬호를 파리강화회의 대표로 선출한 것은 그래서라고 볼 수 있다.

그러나 이승만은 파리에 갈 수 없었다. 미국이 비자 발급을 거부했기 때문이다. 이승만은 독립운동을 위해 끝까지 미국 시민권을 취득하지 않았다. 아마 비자발급이 거부된 것도 그래서였을 것이다. 참고로 도산 안창호는 미국 시민권자였다.

이에 이승만과 정한경은 현실적으로 즉각적인 독립을 호소하는 것보다 완전한 독립을 전제로 국제연맹에 의한 위임통치 청원이 미국과 국제사회 여론의 지지를 얻는 데 유리할 것으로 보고 위임통치 청원문을 파리 강화회의에 제출해달라고 윌슨 대통령에게 보낸다.

이게 문제가 되었다. 신채호가 "나라를 팔아먹었다"고 이승만을 격하게 비난한 것도 이것 때문이었다. 이승만이 임시정부 대통령에 선출되어 상해에 갔을 때 첫 회의에서부터 국무총리 이동휘가 이승만에게 해명을 요구한 것도 이 문제였다.

사실 독립선언을 한 3·1운동 직후 세워진 임시정부라면 즉시 독립을 주창해야 논리적으로는 옳다. 문제는 이승만이 윌슨 대통령에게 위임통치 청원문을 보낸 것은 3·1운동 이전인 2월 25일이라는 점이다. 이승만은 그때까지만 해도 3·1운동에 대해 알지 못한 상태였다. 이승만이 미국에서 3·1운동에 대한 소식을 접한 것은 만세운동이 있은 지 열흘 정도가 지난 뒤였던 것이다.

설혹 3·1운동 이후라 해도 독립을 전제로 한 국제연맹의 위임통치 청원이 그렇듯 비난을 살만한 것이었는지 의문이다. 나는 그것이 당시 상황에서 가장 빠른 독립의 길이었다고 확신한다. 무력에 의해 스스로 나라를 되찾을 수 있는 군사력을 갖지 못한 현실에서 독립을 위한 다른 길은 없지 않았던가. 무장투쟁에 의한 독립은 현실적으로 가능하지 않았다는 점에서 무장투쟁론은 비록 그 뜻은 높을망정 최선의 노선이라 할 수 없다.

사실이 이러함에도 상해 임시정부는 물론 임정을 박차고 나갔던 독립운동가들이 이승만을 비난한 것은 그 인식의 한계를 드러낸 것에 지나지 않는다고 할 수 있다. 대표적인 인물이 신채호다. 김용옥이 앞뒤 설명도 없이 신채호의 비난을 들어 이승만을 폄훼한 것도 그 연장선에 놓여 있는 한계 내지는 무지의 산물이라 나는 단언한다.

이승만과 신채호는 인식의 지평이 달랐다. 신채호는 독립운동가이자 역사학자다. 이떤 면에서 그의 역사 연구는 독립운동의 일환이었다고 할 수 있다. 그런데 그의 역사론은 영웅주의 사관이라는 특징을 보인다. 역사를 통한 독립운동에서 신채호는 민족사의 영웅들을 소환한다. 신채호에게 있어서 을지문덕, 최영, 이순신은 우리 역사 최고의 영웅들이다. 그런데 신채호는『이태리건국삼걸전(伊太利建國三傑傳)』에서 이태리 건설의 선봉자 3인을 소개하면서 우리나라에도 영웅이 탄생하기를 기원한다고 했다. 그런 점에서 메시아를 기다리는 이스라엘 민족을 떠올리게 한다. 내가 보기에 그는 역사가로서 민족의식 고취에는 크게 기여했지만, 독립운동가로서의 그의 면모는 현실과 동떨어진 이상주의자라는 인상을 지우기 어렵다.

신채호는『조선상고사』에서 역사를 '아(我)'와 '비아(非我)'의 투쟁의 기록이라 규정했다. 그에게서 '아(我)'는 개인으로서의 '나'가 아니라 집단으로서의 '나'이다. 따라서 그의 내면에서 개인과 자유, 통상 등 근대의 개념은 존재하지 않는다. 신채호의 배타적 민족주의에는 '비아(非我)'에 대한 폭력적 투쟁만이 있을 뿐이다. 그것도 비현실적인 투쟁 지상주의였다.

신채호가 묘청의 난을 일러 '조선 역사상 천 년 래(來) 제1대 사건'이라 한 것도, 그 뜻은 이해하지만 허황되다 하지 않을 수 없다. 수도를 서경(평양)으로 옮겨야 한다고 주장한 묘청은 금나라를 굴복시킬 수 있을 것처럼 주장했는데, 묘청이 난을 일으킨 1135년은 금나라가 남송을 공격하여 남송은 그 크기가 쪼그라들고, 심지어는 남송의 황제가 금의 황제에게 신례(臣禮)를 지키도록 하는 화의를 맺어야 할 정도로 그 힘이 강할 때다.

역사는 이상이나 환상이 아니다. 단순히 풍수지리설에 근거하여 정치적인 목적에서 수도 이전을 주장한 묘청의 난을 민족사 천 년 래 제1대 사건이라고 극찬한 신채호는 몽상가라 하지 않을 수 없다. 그가 민족사의 영웅들을 소환한 것은 정신 승리의 독립을 추구한 데 지나지 않는 것이다. 현실에서는 가능하지 않으니 환상의 세계로 도피한 것이라고 할 수 있다.

신채호는 민족사를 연구한 역사가로서는 성가가 높지만 독립운동가로서는 비현실적이라는 명확한 한계를 갖고 있었다. 또한 그는 전근대에서 탈피하지 못했을 뿐 아니라 가부장적 봉건사상에서도 벗어나지 못하고 있었다. 그가 여성의 교육을 중시했지만 그건 역사의 주인공인 남성의 어머니로서의 역할을 전제로 한 것이기 때문이다.

물론 솔직히 말해 신채호의 세계를 함부로 평가하는 것은 내 능력을 벗어난 일이다. 그의 『조선상고사』를 보면 신채호가 역사 사실 하나를 규명하기 위해 수많은 사료를 뒤지는 등 얼마나 많은 노력을 기울였는지, 그리고 그의 문자와 언어에 대한 이해와 해석이 얼마나 대단한지 실감할 수 있다. 그리고 그의 노력으로 조선상고사의 무대가 좁은 한반도에서 대륙으로 확장되었다는 점에서 그에 공감하게 되는 것도 사실이다. 물론 그 시대에 민족의식이 있었는지는 의문이지만 신채호의 민족정신을 일깨우기 위한 노력만큼은 높이 사지 않을 수 없다.

그럼에도 불구하고 내가 신채호를 비판하는 것은, 그의 역사연구자로서의 성취 및 성가와는 달리 불문곡직하고 이승만을 '매국노'로 몰아붙인 것은 자기 세계에 매몰된 탓이라고 보기 때문이다.

김용옥은 역사연구와 독립운동의 차이를 구분하지 않은 채 이상론자 신채호를 우상으로 떠받들며 대중을 선동했다. 신채호가 민족사의 영웅들을 소환하여 자신의 이상을 추구했다면, 김용옥은 신채호를 소환하여 자기주장에 정당성을 부여하고자 했다. 그의 무책임하고도 단순무식한 선동은 우중(愚衆)에 통했다. 김용옥의 이승만에 대한 비난과 저주에 청중이 열광하는 모습에서 나는 참을 수 없는 분노와 비애를 느꼈다.

그런데 지금도 이승만의 위임통치안에 대한 이해가 부족하다. 김용옥이 그걸 대변한다. 김용옥은 진정 이승만의 위임통치론을 제대로 이해하고 있는지 의문이다. 그 내용을 보면 그것이 얼마나 선진적이고 국제정치학적으로 현실적인지를 알 수 있기 때문이다. 다음은 위임통치 청원의 한 대목이다.

> … 동봉한 청원서를 각하께서 평화회의에서 제출해주시고 평화회의에 모인 연합군 측이 장래 **한국의 완전한 독립을 보장하는 조건 하에** (강조는 인용자) 한국을 국제연맹의 위임통치하에 두고 현 일본의 통치하에서 해방하는 조치를 취할 수 있도록 우리들의 자유를 위한 소망과 평화회의의 탁상에서 지지하여 주시기를 간절히 청원합니다. 이것이 성취되면 한반도는 중립적인 상업지역으로 변하고, 모든 나라가 혜택을 받을 것입니다. 이것은 또한 극동의 하나의 완충국을 창립하는 곳이 되어 어떤 특수국가의 확장을 방지하고 동양에 있어서의 평화를 유지할 것으로 알고 있습니다….

거짓의 역사와 위선의 한국 사회

이 얼마나 논리 정연하고 합리적이며 현실적인가. "한국의 완전한 독립을 보장하는 조건 하에서" 국제연맹의 위임통치는 당시 정세에서 가장 빠른 독립의 길이었다. 주목할 것은, 이승만이 무조건 독립을 애원한 게 아니라는 점이다. 이승만은 한국이 독립하면 한반도가 중립적인 상업지역으로 변하여 모든 나라가 혜택을 받을 수 있다고 설명했다.

그 당시 독립운동가들 중 이런 논리를 전개해낼 수 있는 사람이 있었을까. 존재와 세계의 한 면만을 보고 그에 의지하고 있던 신채호가 이러한 세계관, 혹은 국제정치학적인 측면을 이해할 수 있었을까. '아(我)'와 '비아(非我)'의 투쟁이라는 배타적이고 편협한 세계관에 머물러 있는 신채호로서는 국제정치라는 개념조차 없었을지 모른다. 그러니 이해를 기대하는 것 자체가 난센스일지 모른다.

신채호는 '중립적인 상업지역'의 의미나 알고 있었을까. 아니 신채호가 위임통치 청원의 구체적인 내용을 알고나 있었을까. 그는 단지 위임통치 청원이라는 언어의 외피에 매몰되어 그 내용은 알려고 조차 하지 않은 것은 아니었을까.

나는 상해 임시정부가 분열과 갈등을 거듭한 끝에 지리멸렬한 데 대해 신채호에게 상당한 책임이 있다고 생각한다. 물론 완고한 민족주의자 신채호로서는 이승만의 위임통치 청원이 용서할 수 없는 일이라 생각할 수 있다. 하지만 민족지도자들이 단결하여 어렵게 성립한 임시정부를 지켜 독립의 방책을 논의하고 추진했어야 할 시기에 '이미 지난 일'이기도 하거니와 그 의도가 민족을 배신하기 위한 것이 아니라 독립을 위한 고민의 산물임을 전혀 고려치 않은 채 이승만을 공격하고, 임시정부 해체 주장까지 제기한 것은 납득하기 어렵다.

'아(我)'와 '비아(非我)'의 투쟁이라는 세계관이 필연적으로 가질 수밖에 없는 한계가 아니면 설명하기 어렵다.

무장투쟁도 임시정부가 국제정세에 대한 면밀한 분석 및 외교를 함께 아우를 때 비로소 의미를 가질 수 있었던 게 아닌가. 따라서 임시정부를 분열시키는 결과를 낳은 이승만에 대한 공격은 명백하게 독립운동을 방해한 것이라 할 수 있으며, 신채호 등 비현실적 사고의 소유자들의 단세포적인 발상은 큰 문제라 하지 않을 수 없다. 이렇게 말한다고 해서 내가 신채호를 존경하지 않는다고 오해하지는 마시길 바란다. 다만 위임통치에 대한 이해에 있어서 신채호의 한계를 지적하고자 할 뿐이다.

상해 임시정부가 허구한 날 갈등과 파벌싸움만 거듭하자 이승만은 상해에 있을 이유가 없어졌다. 아무것도 하지 않은 채 탁상공론만 일삼는 임시정부에서 대통령 자리만 지키고 앉아 있어봤자 독립을 위해 할 일이 없었다. 때마침 미국 워싱턴에서 열강들이 모여 군축회의(태평양회의)를 한다는 소식이 전해지자 이승만은 이 회의에서 한국 독립을 호소하기 위해서라는 명분으로 상해를 떠나 미국으로 향한다.

여기서 '호소'라고 했지만 이승만은 외교독립론에 의한 독립운동 활동을 하면서 단순히 한국 독립을 호소하지 않았다. 그는 자신의 학문적 성과인 '미국의 영향을 받은 중립론'을 바탕으로 한국 독립의 정당성과 그것이 국제사회에 어떻게 기여할 것인지를 논리적으로 주장했다. 이 점이 다른 독립운동가들과 가장 큰 차이였고, 당시 어떤 한국인도 '이승만의 세계'에 근접한 사람이 없었다.

이승만은 이 회의에 한국 문제가 상정되도록 하기 위해 노력했지만 실패로 귀결되고 말았다. 이에 상해 임시정부에서 이승만에 대한 도전은 더욱 거세졌고, 1924년 6월 임시의정원은 '대통령 사고안'을 통과시켜 이동녕을 대통령 대리로 지명한다. '사고(事故)'의 내용은 대통령이 오랫동안 임지를 떠나 있다는 것이었다. 그리고는 기어이 1925년 3월 임시의정원은 대통령 이승만 탄핵안을 통과시킨다.

이렇듯 이승만은 배타적 민족주의자 신채호와 공산주의자 이동휘의 격렬한 비난과 비판으로 상해 임시정부에서 이렇다 할 희망도 찾지 못한 채 미국으로 되돌아 왔다. 그리고 이승만에 대한 비난과 저주는 김용옥과 같은 선동가들에 의해 지금도 이어지고 있다. 나아가 밑도 끝도 없이 이승만을 비난하는 데 대중은 익숙해져 있으며, 한국 현대사에 대한 올바른 이해는 찾아보기 어려운 게 현실이다.

이승만, 美·日 충돌을 내다보다

이승만을 이야기할 때 빠뜨릴 수 없는 게 있다. 바로 『일본 내막기(Japan Inside Out)』의 저술이다. 1941

년 초 미국의 한 출판사에서 출간한『일본 내막기』는 이승만이 태평양 전쟁을 예언한 것으로 유명하다. 물론 연구자들이나 일부 식자를 빼고 대다수 국민은 이에 대해 알지 못한다. 그러한 책이 존재한다는 사실조차 모른다.

또 연구자들도 이승만에 비판적인 입장에 서있는 사람들은 애써 이를 외면한다. 다시 말해 많은 연구자들이 정치적이거나 이념적인 이유로 이승만의 성과나 업적을 인정하고 싶어 하지 않는다는 것이다. 하다못해 이 책에 대해 비판적인 견해를 피력하려 하지도 않는다. 물론 비판할 소지도 없지만, 그보다도 아예 거론 자체를 꺼린다. 왜? 오직 비난과 저주의 대상이어야 하는 이승만의 긍정적인 측면을 드러내고 싶지 않은 것이다.

1941년 출간 당시에는 미국인들을 대상으로 영문판으로 출간하였다.『일본 내막기』라는 제목으로 한국어로 나온 최초 판은 1954년 박마리아의 번역본이었다. 이후 이승만이 대통령직에서 하야한 뒤 부정적인 여론 때문에 한동안 후속 판이 나오지 않다가 1987년 이종익이『일본군국주의 실상』으로, 2007년 대한언론인회가『일본, 그 가면의 실체』로, 2015년 비봉출판사에서『일본의 가면을 벗긴다』라는 제목으로 출간하였다. 여기서는『일본의 가면을 벗긴다』를 바탕으로『일본 내막기』를 들여다본다.

1930년대 중반 이후 이승만의 외교적 노력이 뚜렷한 성과를 내지 못하고 있는 가운데 안창호의 국민회는 이승만을 강하게 몰아붙였고, 이에 이승만을 따르는 동지회 회원들이 이승만에게 독립운동사 집필을 건의했다. 이승만도 이에 공감하고 집필 생각을 굳혔으나 독립운동사를 써서 미국 사회에 영향을 줄 것 같지 않았고, 그래서 방향을 바꾸어 일본의 실체를 미국인들에게 정확히 알리는 책을 쓰기로 한다. 그래서 나온 게 바로 『일본 내막기』다.

이승만은 1939년 겨울부터 1941년 봄까지 집필에 몰두한다. 그는 일본에 우호적이었던 미국 사회의 인식을 바꾸기 위해 합리성과 논리적 타당성을 바탕으로 하면서도 매우 문학적인 필치로 '일본의 야욕'을 경고하는 데 초점을 맞춘다. 이승만은 정부 수립 후 발간된 한국어판 서문에서 이렇게 밝히고 있다.

> 1895년에 처음으로 신세계 형편을 알게 된 이후로 일인들이 발행한 책 두 권을 구경하였는데, 하나는 『일·로전쟁 미래기』요, 또 하나는 『일·미전쟁 미래기』이다. 이 두 책을 구경한 이후에는 일본의 야심이 어떠한 것인지를 짐작하게 되었으므로 우리나라가 위급하게 된 것을 깨닫게 되어서, 하루바삐 정부를 권고하여 국권보호에 힘쓰게 하려고 하였으나, 궁궐과 정부에서 해가는 일은 점점 어두움 속으로 들어가므로, 혁명운동을 시작해서 백방으로 모험 분투하다가 끝내 감옥에 투옥되었다. … 그때 미국의 형편을 보니, 일인이 미국의 신문과 잡지를 다 연락하여 매년 백만 달러 이상을 미국에 선전비로 쓰면서 미국 전체의 눈을 가리고 저희 말만 가져다 보이고 들려주는데, 내가 그 책(『일·미전쟁 미래기』, 인용자)을 말하면 모두 비웃고 일미(日美) 간에 악감을 자아내어 한국에 도움이 되게 하려고 한다는 지목을 받고 지냈던 것이다. 1940년 전후에는 일인의 전쟁준비가 거의 끝나서 전쟁이 곧 터질 것 같아, 미국인들은 꿈속같이 모르고 잠들어 있는데 이것

을 알려주어야 되겠다는 각오로 이 책을 쓰기 시작하였는데 ….

이승만은 최초 발간된 영문판 서문에서는 다음과 같이 밝히고
있다.

> … 여기에서 과거의 고통스런 경험을 상기시키는 것은 미국에게 일
> 본을 감시해야 한다는 경종을 울려주기 위해서이다. 따라서 나는 미
> 국인들은 모두 그들이 현재 직면하고 있는 상황에 대해 알고 있어야
> 한다고 믿는다. … 이 문제는 반드시 해결되어야 하며, 조속히 해결
> 될수록 좋다. 연기하는 것은 해결책이 될 수 없다. 산불은 저절로 꺼
> 지지 않는다. 불길은 하루하루 점점 더 가까이 오고 있다….

이승만은 전쟁이 점점 가까워지고 있음을 경고하고 있다. 그리고
문제의 해결은 빠를수록 좋다고 강조한다. 그는 연기하는 것은 해
결책이 될 수 없다고 말한다. 이승만의 이와 같은 지적은 정말 무서
운 일이다. 당시 미국인들 중 누가 일본을 경계해야 한다고 경고하
며 일깨웠는가. 이승만은 서문에서 자신의 예측에 대해 이처럼 확
신하고 있었다.

이 책 제1장 「일본의 "성전사명(聖戰使命)"과 전쟁심리」는 집단으
로서의 일본인들의 내면을 파헤치고 있다. 이승만은 천황(天皇)숭배
사상에 포획된 일본인들의 실상을 언급한다. "일본인들의 통치자를
황제라고 부르는 것은 잘못된 호칭이다. 일본인들은 그를 황제라
부르지 않고 '텐노', 즉 하늘의 왕, 천황이라고 부르고 있다. 그들은

이 '텐노'라는 말을 언급할 때마다 머리를 숙이거나 모자를 벗는다"고 일본인들의 의식세계를 지적했다.

나아가 일본의 열렬한 애국자들은 신성의 기원을 일본의 개국신화로까지 올라가 찾고 있다며 일본 민족의 성서, 즉『고사기(古事記)』에 기술된 일본열도의 탄생설화를 소개한다. 그러면서 "지금은 그들(일본인) 모두가 그들의 천황과 그들의 국토와 그들의 국민이 신성을 갖고 있다고 믿고 있다"며 "이러한 믿음이 배후에서 일본 민족을 단결토록 하고 추동시키는 커다란 힘이 되고 있음은 의심의 여지가 없다. 즉, '개개인의 힘은 미약하지만 전체가 단결하면 전능한 위력을 발휘한다는 것'"이라고 설명하고 있다. 이에 더해 이승만은 "일본은 7천 만의 신(神)들로 이루어진 전쟁도구"라고 일본인들의 내면과 일본의 실체를 폭로했다.

중요한 것은 이승만이 "일본은 '아시아의 신질서' 확립은 하늘로부터 위임받은 사명으로 인식하고 있으며, 머지않아 '세계의 신질서'로 확대시켜 나갈 것"이라고 주장했다는 점이다. 이는 일본의 세력 확장이 필연적으로 서구 열강과의 충돌이 초래될 것임을 말하고 있는 것이다.

제2장에서 이승만은 한국의 일본 병합과 관련하여 미국의 책임을 묻고 있다. 미국이 1882년 맺은 조·미수호조약을 지키지 않았기 때문에 "이것이 세계의 큰 분쟁의 도화선이 되었다"고 주장하고 있다. 일본의 한국 병합을 미국이 방치한 것이 2차 대전의 도화선이 되었다는 주장은 놀랍다. "제1차 세계대전 중 독일정부가 국제조약을 '휴지조각'이라고 불렀다고 해서 세계적인 규탄을 받았으나, 독

일은 다만 미국이 그보다 9년 전에 했던 일을 실천했을 뿐"이라고 미국이 조선과의 조약을 지키지 않은 것을 비판한 것이다. 이어 "지구상의 먼 구석에서 발생한 그토록 작은 불씨였던 국제적 불의(不義)의 불꽃이 급속하게 퍼져나가 동양은 물론 서양의 여러 나라들이 파멸되었으며, 그 외의 국가들도 같은 운명에 처해질 위협을 받고 있다"는 게 이승만의 논리다.

더 놀라운 건 제3장 「침략야욕의 가면을 벗으려 하는 일본」에서 "그들은 장막 뒤에서 모든 계획을 완성시킨 다음 행동으로 옮길 준비가 다 되었을 때 기습을 감행하여 세계를 놀라게 할 것"이라고 예언한 것이다. 그야말로 혜안(慧眼)이라 하지 않을 수 없다.

일본은 암암리에 해군력을 강화하는 등 전쟁 준비를 하면서도 이를 지적하는 말이 미국에서 한 마디만 나와도 이를 부인하는 성명을 내며 오히려 반대여론을 부추기는 선전전을 펴 사실상 목적을 달성하고 있었는데, 이승만은 그런 일본의 내심을 꿰뚫어 보고 있었던 것이다. 그것도 막연한 주장이 아니라 있었던 사실에 기초하여 논리적으로 '일본의 겉과 속(Japan Inside Out)'을 파헤치고 있는 것이다. 겉으로만 보면 일본은 평화주의 나라인 듯 보이지만 그 내막은 정반대라는 것이다.

이승만은 제5장에서 일본이 중국 점령지에서 기자들을 쫓아내기 위해 벌인 만행을, 제6장에서는 선교사들에 대한 탄압을 실례를 들어가며 강조한다. 그건 미국인들에게 가장 민감한 부분을 건드리는 것이다. 언론의 자유와 종교의 자유는 미국 사회에서 보편적 가치인 만큼 군국주의 일본의 선교사와 기자에 대한 탄압과 만행은 미

거짓의 역사와 위선의 한국 사회

국 여론에 호소하는 유효한 방법이라 할 수 있고, 이승만도 그걸 의식했을 것으로 보인다.

　제13장 「미국의 평화주의자들」은 맹목적 평화주의자들을 신랄하게 비판한 것이다. 다음은 그중 한 대목이다.

> … 그 남자는 자신이 창간한 '평화'를 주제로 하는 잡지의 주간이었다. 내가 앉자마자 그는 다음과 같은 질문으로 나를 놀라게 했다. "이 박사님, 만약 적국이 박사님의 나라를 침범한다면, 무기를 들고 그들과 싸우러 나가겠습니까?" 나는 한 치의 주저함도 없이 "예, 나는 싸우러 나갈 것입니다." 그러자 그는 몸을 굽혀서 마치 나의 반응을 살펴보려는 듯이 정면으로 바라보며 "그렇다면 당신은 군국주의자입니다"라고 말했다. … 나는 미국의 광신적 평화주의자들의 참으로 한심한 면모를 볼 수 있었다….

　이승만은 이와 같은 평화주의자들과 관련, "미 국민이 과거에 겪었던 모든 전쟁이 다 악한 것이라면 워싱턴 기념비나 링컨 기념관도 다 부숴버려야 할 것이고, 전쟁의 결과로 쟁취한 고귀한 유산인 모든 자유와 정의도 폐기해야 한다"고 격하게 비판했다.

　여기서 이승만은 다시 미국의 조·미수호조약 불이행을 맹비판한다. 이승만은 구한말 주한 미국 공사 모건(E. V. Morgan)과 함께 보도기자 겸 옵서버로 한국에 파견되었던 윌라드 스트레이트(Willard Straight)가 그의 일기장에서 "어리석게도 고뇌에 찬 한국의 위정자들은 그들을 도와줄 유일한 국가의 대표인 서울 주재 미국 외교관들에게 호소했다. 그러나 도와준다는 말은 의심할 여지없이 어리석은 빈약속이었다"고 쓴 것을 소개하며, "그것이 진정으로 어리석은 짓이었다면 그것은 한국인들만 책임질 일이 아니었다"고 질타했다. 이승만은 "그 조약은 미국의 국무성은 물론 상원과 대통령이 모두 승인하고 조약문서에 서명하여 미국의 법령이 되었다"는 점을 지적하며 '미국의 배반'에 대한 '배반감'을 토로했다.

제14장의 제목은 「평화주의자는 간첩과 같다」이다. 이승만은 이장 서두에서 "나는 전쟁이라면 목적과 상관없이 무조건 반대하는 평화주의자들은 제5열(fifth columnist, 간첩)처럼 위험하고 파괴적이라고 말하는데, 내가 이렇게 말하는 데에는 나름의 이유가 있다"고 썼다.

> 나치스, 파시스트, 공산당과 기타 사회를 파괴하려는 분자들은 미국식 정부 형태를 전복하고 그 자리에 이들 중에서 가장 강력한 파당의 강령을 따라서 새로운 정치체계를 수립하려고 한다. … 물론 평화주의자들의 목적은 이것이 아니다. … 그러나 전쟁 문제가 나오면 그들의 의견은 모두 하나로 일치된다. 미국이 전쟁준비를 해서는 안 된다고 주장하는 점에 있어서는 그들은 하나가 되어 있다. 사실상 그들은 "우리는 전쟁을 원치 않는다. 우리는 평화를 원한다. 무슨 대가를 치르더라도 평화를 원한다"고 말하고 있다. 그러나 만약 미국이 이 단체들의 요구를 들어주며 국방계획을 없앤다면 무슨 일이 일어날 것인가? ….

이승만은 맹목적 평화주의에 여론이 흔들리면 국가가 위태롭게 된다는 점을 지적하며, 중국에서 미국인들에게 가해진 일본의 만행에 대해 미국 정부가 구두(口頭)로만 공격하는 것조차 너무 심하다고 생각하는 사람들을 비판한다.

이승만은 제15장 「민주주의 대 전체주의」에서 대결구도를 설명하며 국제사회에 대해 미국이 리더십을 발휘할 것을 역설한다. 그것이 전체주의로부터 미국 등의 민주주의 나라들을 지키는 길이라는 것이다.

이승만은 이 책 「결론」에서 "솔직히 말하면, 나는 미국과 일본의 충돌을 피하거나 또는 장기간 연기하는 것은 불가능하다고 본다"고 단언하고 있다. 그리고 이승만의 예언은 현실로 나타났다.

『일본 내막기』는 한 마디로 명저(名著)다. 그리고 이 책은 과거의 결과물이 아니다. 지금 읽어도 인간과 세계에 대한 깊은 통찰력을 얻을 수 있는 것이어서 가급적 많은 사람들이 한번 읽어보기를 권해 마지않는다. 『대지』의 작가 펄 벅(Pearl Buck)의 다음과 같은 서평은 이 책의 가치를 웅변한다.

> 이것은 무서운 책이다. 나는 이것이 진실이 아니라고 말할 수 있었으면 좋겠으나 오직 너무 진실인 것이 두렵다. … 나는 이 박사가 대부분의 미국 사람들이 알지 못하는 사실, 곧 미합중국이 수치스럽게도 조·미수호조약을 파기하고, 그럼으로써 일본의 한국 약탈을 허용했다는걸 말해준 것을 기쁘게 생각한다. 이 박사는 '이것이 큰불이 시작되는 불씨였다'고 말하고 있는데, 나는 이 말에 정말로 두려움을 느낀다….

『일본 내막기』가 출간되었을 때 미국인들의 반응은 냉담했다. 당시 일본에 우호적이었던 미국 사회는 이승만이 한국 독립을 위해 일본과의 전쟁을 부추기는 게 아니냐는 의문을 제기했다. 그러던 것이 1941년 12월 8일 일본의 진주만 기습 폭격으로 상황이 반전되었다. 때문에 이 책은 미국의 모든 서점에서 불티나게 팔려나가면서 일약 베스트셀러가 되었다. 미국의 정부나 군에서는 일본 군국주의의 실체를 이해하기 위한 교과서가 될 정도였다. 덕분에 이승만의 성가가 더욱 크게 높아졌다.

독립운동의 상징 이승만

이야기는 다시 해방정국으로 돌아간다. 해방정국은 독립운동의 마지막 무대라고 할 수 있다. 특히 진정한 의미에 있어서 이승만의 독립운동은 해방정국에서 절정을 맞는다. 한국 현대사에 있어 해방정국은 가장 핵심적인 시기다. 분단의 원인을 놓고 지금까지도 논란이 거듭되고 있다는 점에서도 매우 중요한 시기라 할 수 있다.

해방정국에서 최고의 명망가는 단연 이승만이었다. 특히 지식인 사회에서는 더욱 그러했다. 그건 미군이 진주하기 이전 여운형이 중심이 되어 서둘러 선포한 '조선인민공화국'에서 이승만을 주석으로 추대했다는 사실로도 알 수 있다. 공산당이 중심세력으로 참여했고, 실질적 기획자가 박헌영이었다는 점에 비추어 이승만의 위상을 짐작하고도 남음이 있다. 이승만이 환국하여 만든 독립촉성중앙

협의회에 모든 정당 및 단체, 심지어 공산당까지 참여했다는 사실도 마찬가지다.

이승만은 독립운동의 상징적 존재였다. 해방 당시 그는 어떤 독립운동가도 갖지 못한 신화적 이미지까지 지니고 있었다. 여기에는 몇 가지 배경이 있다. 앞에서도 언급했지만, 그가 미국 명문대 출신 한국인 최초의 박사로서 우드로 윌슨 미 대통령과 사제관계이면서 동시에 개인적 친분을 갖고 있었다는 점이 그 하나다. 여러 경로를 통해 미주 한인사회는 물론 국내에까지 그 명성이 알려졌음은 이미 언급한 바와 같다.

3·1운동 직후 여러 지역에서 생겨난 임시정부의 수반 내지는 그에 준하는 직책으로 추대된 데 이어 상해 통합임시정부 초대 대통령이었다는 사실도 일정 정도 영향을 주었을 것으로 생각된다. 물론 상해 임시정부 대통령으로서는 명암이 엇갈린다. 그렇다 하더라도 그의 명성을 높이는 한 배경이 되었다고 보는 건 무리가 아니라고 생각한다.

그런데 결정적인 배경이 있다. 그건 해방이 멀지 않았음을 알리며 단결하여 '왜적'에 대항하여 싸울 것을 촉구하는 이승만의 목소리가 단파방송인 '미국의 소리(Voice of America)'를 통해 방송된 일이었다. 1942년 6월 몇 주간에 걸쳐 매일 방송된 이승만의 이 메시지는 그 특유의 떨리는 목소리로 인해 더욱 울림을 주는 것이었다.

"나는 이승만입니다. 미국 워싱턴에서 해내(海內)·해외(海外)에 산재한 우리 2,300만 동포에게 말합니다. … 다른 동포들에게 일일이

전하시오. … 나 이승만이 지금 말하는 것은 우리 2,300만의 생명의 소식이요, 자유의 소식입니다. 저 포악무도한 왜적의 철망, 쇠사슬에서 호흡을 자유로 못하는 우리 민족에게 이 자유의 소식을 일일이 전하시오. 독립의 소식이니 곧 생명의 소식입니다…."

당시 국내에서 이 방송을 들은 사람은 얼마 되지 않았다. 그러나 입에서 입으로 전해지며 이승만에게는 '신화'가 덧입혀진다. 국내 독립운동가들도 여러 경로를 통해 이 방송 소식을 알게 되었으며, 이승만은 해방정국 최고의 거인으로 등장하는 것이다.

여기서 다시 KBS 연출, 김용옥 주연의 KBS 강연을 얘기하지 않을 수 없다. 수많은 사람들이 김용옥의 사실과 다른 비방에 오염되었을 것으로 보기 때문이다. 김용옥은 한국 현대사와 관련한 여러 강연을 했는데 그때마다 번번이 이승만을 격하게 비방했으며, 저주했다.

김용옥은 어느 강연에선가 '김구가 개인 자격이 아닌 임정 승인을 통한 귀국을 위해 지체하고 있을 때 이승만은 "잽싸게" 귀국하며 먼저 일본에 있는 맥아더를 만났다'는 요지의 발언을 하는 걸 보았다. 글이 아닌 말이라 해도 '잽싸게'라니 그 천박함에 어이가 없었다. '잽싸다'는 말의 사전적 의미는 '동작이 매우 빠르고 날래다'는 뜻이지만 일상적인 사용에 있어서는 부정적인 의미가 배어있는 말이다. 이런 천박함도 문제지만 더 중요한 것은 김용옥의 말은 사실 관계부터 잘못된 것이라는 점이다.

거짓의 역사와 위선의 한국 사회

김용옥의 말과는 달리 이승만은 미 국무성의 방해로 귀국에 어려움을 겪었다. 이승만은 일본의 항복 소식을 라디오 방송을 통해 듣고 바로 귀국을 서둘렀다. 김용옥은 '잽싸게'라고 비꼬았지만 하루속히 귀국하고자 한 것은 당연한 일 아닌가. 그런데 한국은 일본의 한 부분이었으므로 당시 여전히 연합국에 의한 항복절차가 남아 있었고, 미군이 진주하기 이전이어서 기다려야 했다. 이승만이 미 국무성에 출국을 위한 여권 신청을 해 국무장관의 재가를 받은 건 9월 5일이었다. 그리고 아직 한국은 군 작전지역이므로 군의 허가도 받아야 했는데, 이승만에 우호적인 태평양 사령관 맥아더에게 허가도 받았다. 그리하여 국방부 스와니 대령이 임시정부 고등판무관의 자격으로 이승만이 귀국할 수 있도록 허가서를 발급해주었다.

여기까지는 잘 풀렸다. 그런데 미 국무장관실에서 갑자기 이승만에게 고등판무관 직함을 부여하는 것은 안 된다며 여권 발급 취소 명령을 내렸다. 이에 이승만은 여권과장을 찾아가 직함은 필요 없으니 여권만 내달라고 요청했다. 그리하여 다시 군 당국으로부터 직함이 없는 허가서를 발급받아 미 국무성에 제출했는데, 무슨 까닭인지 미 국무성은 이승만의 귀국에 협조할 수 없다는 통고를 해온다. 그렇게 시간이 지체되다가 맥아더 사령관의 도움으로 이승만은 비로소 귀국 길에 오르게 된다.

여기서 미 국무성 관리들이 왜 이승만의 귀국에 방해하거나, 혹은 비협조적이었는지 살펴볼 필요가 있다. 이승만은 일본의 패망을 내다보며 1942년 1월 미 국무성을 찾아가 전쟁이 끝나면 소련이 한반도에 위성국을 세우려는 야심을 갖고 있는데, 이를 막기 위해서는 중경 임시정부를 승인하는 게 필요하다고 설득한다.

만일 당시 미국이 중경 임시정부를 승인했었다면 해방 후 한국의 운명은 달라졌을 것이다. 중경 임시정부를 승인했다면 미·소의 분할점령도 없었을 것이고, 따라서 분단의 비극이 없었을 것이며 6·25전쟁도 없을 수 있었다. 허망한 가정이지만 이승만의 노력은 올바르게 평가되어야 한다.

이승만의 그러한 설득은 먹히지 않는다. 국무성 관리들은 소련이 연합국의 일원이라며 이승만의 주장을 외면한다. 그리고 이러한 배경에는 엘저 히스라는 소련 간첩의 작용이 컸다. 엘저 히스는 자발적으로 소련의 간첩 활동을 했던 인물로 루스벨트 미 대통령을 따라 1945년 얄타회담에도 참석할 정도로 국무성에서 영향력을 가졌던 핵심 인물이었다.

여기서 확인할 수 있듯이 이승만은 이미 전쟁 이후를 내다보고 있었다. 물론 우리 임시정부가 승인받도록 하기 위한 목적에서 그러한 주장을 펼친 것이라고 볼 수도 있을 것이다. 하지만 이승만의 주장은 『일본 내막기』에서 보듯 치밀한 논리와 정세판단을 바탕으로 한 것이기 때문에 임정 승인이라는 목적만을 위해 국무성을 찾았다고 보기보다는 실제로 소련이 한반도에 영향력을 갖는 상황을 우려했다고 보는 게 더 설득력을 가질 수 있을 것이다.

김용옥이 이승만에 대해 '잽싸다'고 한 것은 그 자신의 천박함에서 나온 것일 수도 있지만 어쩌면 한국 좌파의 우상이 되어 있는 브루스 커밍스의 말을 본뜬 것인지도 모른다. 브루스 커밍스는 한국 좌파 수정주의 사관에 의한 저작물의 원조라 할 수 있는 『한국전쟁의 기원』에서 "해방된 한국에서 투쟁의 승리는 '민첩하고 날쌘' 사람들에게 돌아갔다"며 "독불장군이었던 이승만은 이 두 가지를 충분히 지녔다"고 주장했다. 브루스 커밍스는 이 책에서 이 대목 외에도 이승만에 대해서 여러 가지 부정적인 주장을 하면서 아무런 근거도 제시하지 않았다. 아마도 김용옥은 브루스 커밍스와 마찬가지로 이승만에 대한 선입견 또는 '주어진 인식'을 바탕으로 천박한 비난을 마다하지 않았나 생각된다.

김용옥의 허황한 가정

김용옥은 '귀국하기 전 먼저 동경에 내려 맥아더를 만났다'며 마치 이승만이 무슨 간계라도 갖고 있었던 것 같은 뉘앙스로 말했다. 어처구니가 없다. 맥아더가 당시 만나고 싶다고 아무나 만날 수 있는 인물이었던가. 독립운동가 중 그 누구도 따로 맥아더를 만난 사람은 없다. 따라서 맥아더를 만났다는 사실을 이승만의 위상을 말해주는 것으로 설명하면 모를까 이승만을 부정적으로 말하기 위해 언급하는 건 적절치 않다.

그리고 이승만이 맥아더를 만나고자 한 것도 있지만 맥아더가 이승만을 만나기를 원해 회동이 이루어진 것이기도 하다. 맥아더가 이승만과의 회동을 위해 이승만과의 약속 날짜에 맞춰 서울에 있던 하지를 부른 것만 보아도 미루어 짐작할 수 있다. 맥아더는 그만큼 이승만을 높이 평가하고 있었던 것이다. 맥아더가 이승만을 위해 선용기를 미국의 엉토로 보낸 것이나, 이승만이 일본에서 귀국

할 때 역시 전용기를 제공한 것은 그가 이승만을 얼마나 높이 평가하며 예우했는지 알 수 있다. 내가 볼 때 맥아더는 이승만과의 오랜 우정 외에도 이승만의 철학과 신념을 높이 사며 존경하지 않았나 생각한다.

맥아더가 이승만을 얼마나 높이 평가하고 존경했는지를 짐작케 할 수 있는 사실이 있다. 맥아더는 일본 점령 당시 일본 천황을 만날 일이 있을 때 그 자신이 찾아가지 않고 일본 천황이 자신을 찾아오도록 했다. 맥아더는 전쟁영웅이라는 찬사도 받았지만 매우 오만하다는 비난도 받았던 인물이다. 그런 맥아더가 6·25전쟁 당시 인천 상륙작전에 이어 서울을 수복하여 입성할 때는 자신보다 이승만 대통령을 앞세웠다. 이러한 사실이 의미하는 바는 맥아더가 이승만을 매우 높이 평가하며 예우했다는 점이다.

김용옥은 KBS의 다른 방송 강연에서 이승만을 미국의 괴뢰라고 말한 바가 있다. 그리고 '괴뢰'의 배경으로 이승만과 맥아더의 동경 만남을 들었다. 심지어 그는 '국립묘지에서 이승만을 파내야 한다'는 막말도 서슴지 않았다. 무지도 이런 무지가 없으며, 속된 말로 '막가파'도 이런 막가파가 없다. 그는 마치 자신이 대단한 역사의 비밀을 아는 듯 거침없이 막말을 쏟아내곤 했는데, 그때마다 그 천박함과 경박함에 경악하지 않을 수 없었다. 나아가 그의 교활한 세 치 혀에 역겨움을 느끼지 않을 수 없었다.

김용옥의 말처럼 이승만은 미국의 괴뢰였는가. 앞에서 말한 바 있지만 미 국무성은 이승만의 출국을 돕기는커녕 방해했다. 맥아더의 도움이 미국 정부의 지침에 의한 것이었는가. 전혀 아니다. 맥아

거짓의 역사와 위선의 한국 사회

더 자신이 이승만을 높이 평가한 것일 뿐이다. 그런데 괴뢰라니. 이 건 주관적이라고 하기도 어렵고, 안하무인이란 말도 부족하고 뭐라 말로 표현할 수가 없는 저급함의 극치이자 극단의 분노로 피가 끓 게 하는 말이다. 내가 이렇듯 과격하게 김용옥을 비난하는 것은 그 자신이 자초한 것임을 분명히 해둔다.

물론 김용옥은 김일성도 마찬가지 괴뢰라 하였다. 김일성이 괴뢰 인 것은 분명하고도 움직일 수 없는 사실이다. 앞에서 보았듯이 해 방 후 북한에서 벌어진 일은 전부 슈티코프와 나아가 소련 공산당, 스탈린의 지령에 의한 것이었다는 점에서 그렇다. 김일성의 연설부 터 인민위원회의 구성, 정부 각료 구성에 이르기까지 소련이 직접 만들어주지 않은 것이 없다. 이런 게 괴뢰가 아니고 뭔가.

하지만 이승만의 경우는 얘기가 전혀 다르다. 이승만은 귀국 초 기 독립촉성중앙협의회를 구성할 때만 해도 하지와 긴밀한 관계를 갖고 있었지만 나중에는 사사건건 부딪치고 급기야 서로 비난을 마 다하지 않을 정도로 사이가 틀어졌다. 또, 이승만과 미 국무성 사이 도 서로 껄끄러운 관계였다.

미 국무성은 연합국의 일원인 소련과 협상을 통해 한반도 문제를 풀어가려한 반면 이승만은 반소반공의 일관된 입장에 서 있었다. 미 국무성 관리들은 이승만을 골치 아픈 노인쯤으로 여겼다. 이승 만이 미국의 괴뢰였다면 어떻게 이런 일이 가능하겠는가. 김용옥은 늘 그렇듯 거두절미한 채 마치 자신이 역사를 꿰뚫어 보고 있는 듯 단정적으로 말했다.

김용옥은 또 '김구의 치명적인 실수는 하루라도 빨리 귀국을 해서 여운형과 손을 잡아야 했는데, 그러지 못한 것'이라고 몹시 아쉬운 듯 말했다. 임시정부의 승인을 위해 시간을 지체함으로써 '잽싸게' 귀국한 이승만에게 정국의 주도권을 빼앗겼다는 의미일 것이다. 또한 좌우합작을 추진했어야 한다는 얘기였을 것이다.

김구가 이승만보다 일찍 귀국했다면 해방정국이 다른 방향으로 흐를 수 있었을까. 다시 말해 좌우합작이 이루어지고 분단도 막을 수 있었을까. 또한 김구가 이승만을 제치고 해방정국을 주도할 수 있었을까. 이에 대해 말하기 전에 먼저 이야기할 게 있다.

김용옥은 우선 이승만과 김구의 관계를 잘 알지 못하는 것 같다. 아니면 모를 리 없는데 애써 외면한 게 아닌가 한다. 이승만은 해방 당시까지도 임시정부에 대한 국제적 승인, 특히 미국의 승인을 위해 노력했던 인물이다. 그는 임시정부 대통령직에서 탄핵으로 물러난 후에도 임시정부의 정통성을 인정하며 김구와 긴밀히 연락을 취하고 있었고, 1933년 1월 제네바 국제연맹 회의에 갈 때도 김구에게 연락해서 임시정부 전권대사 자격으로 갔다. 비록 한국 문제를 상정하고자 한 목적은 달성하지 못했지만 만주국이 괴뢰국이 아니라는 일본의 주장을 정연한 논리로 반박하는 글을 국제연맹 사무국에 제출해 언론이 대서특필하게 만드는 성과를 올리기는 했다.

그리고 김구와 이승만은 호형호제하는 사이였다. 김구는 이승만이 자신보다 한 살 밖에 차이가 나지 않지만 늘 깍듯이 이승만을 형님으로 예우했다. 둘이 이렇게 가까워진 건 이승만이 대통령으로 상해에 있을 때 김구가 대통령을 경호해야 하는 경무국장이었던 데서 시작된 인연 때문이었을 것이다.

거짓의 역사와 위선의 한국 사회

그럼 김용옥의 가정, 곧 '김구가 즉시 귀국하여 여운형과 손잡았어야 했다'는 주장에 대해 생각해 보자. 그랬다면 좌우합작이 가능했을까? 나아가 분단을 막을 수 있었을까? 결론부터 말하면, 절대로 그렇게 되지 못했을 거라는 것이다. 아니 좌우합작 자체가 시도되기 어려웠을 것이다.

김구와 여운형이 손을 잡는다는 것은 곧 중경 임시정부와 조선인민공화국의 합작을 의미한다. 그게 가능했을까. 조선인민공화국이 급조한 종이정부(Paper Nation)임에 반해 중경 임시정부는 고난의 역경을 헤쳐 온 정통성을 가진 독립운동의 구심체였다. 그런데 양자가 결합할 수 있었을까. 여운형이 인공을 완전히 포기하고 임정을 봉대했다면 그럴 수는 있었을 것이다. 그렇다면 임정이 귀국했을 때 여운형은 왜 그러지 않았는가.

김구는 귀국 초기 임정이 과도정부의 역할을 맡아야 한다고 생각했다. 그래서 모든 정당·사회단체가 참여한 독립촉성중앙협의회에 참여하지 않은 채 임정 독자적인 노선을 추구했다. 그런 점에서 볼 때 김구가 설혹 이승만에 앞서 귀국했다 하더라도 여운형과 좌우합작을 추진하기보다는 임정 중심의 정국운영을 추구했을 가능성이 매우 높다.

김구가 임정의 정통성과 임정의 과도정부 역할에 얼마나 집착했는지는, 그가 미군정에 대한 쿠데타를 시도했었다는 사실을 통해서도 확인된다. 미군정은 조선인민공화국도 인정하지 않았을 뿐 아니라 임정 요인들의 환국도 개인 자격으로만 허용했다. 그런데 미군정이 한국에서 유일한 정부임을 분명히 한 상황에서 김구가 쿠데타를 기도했다는 것은 무모하기 짝이 없는 일이었다.

김구가 여운형과 좌우합작을 추진했다 하더라도 문제는 남는다. 앞에서 언급한 바와 같이 좌우합작이 성과를 거두려면 조선인민공화국은 해체하고 임정으로 통합, 재구성해야 한다. 이 경우 박헌영의 공산당이 동의할 것인가, 그리고 한민당이 어떤 태도를 취할 것인가의 문제가 남는다. 여운형과 박헌영은 한민당을 배제하려 들 것이고, 김구 자신을 포함한 임정 요인들도 한민당에 우호적이지 않았던 점을 감안한다면 한민당은 배제될 가능성이 높다. 이 경우 한민당은 이승만이 없는 가운데(이승만이 귀국하지 않은 상황을 전제한 것이므로) 민족의 중대사가 결정되는 것은 있을 수 없다며 반발할 것은 명약관화하다.

무엇보다도 미군정이 임정을 인정하지 않은 채 김구 등이 개인 자격으로 귀국했는데, 임정과 인공이 합친다 해서 미군정이 이를 인정하겠느냐는 결정적인 문제가 남는다. 미군정이 통합 임정을 미군정 산하의 행정위원회 또는 자문기구로 삼으려 했을 수는 있다. 그리고 그건 미군정의 구상과도 맞는다. 하지만 이때는 김구가 그걸 받아들일 것인가의 문제에 봉착할 수밖에 없다.

김용옥의 '가정'이 갖는 결정적인 결점은 이승만을 배제한 채 해방정국을 논하는 것이 순조로운 결과를 낳을 수 있겠느냐는 것이다. 나아가 설혹 남한에서 좌우합작이 가능했다 해도 남북 좌우합작까지 이어지는 건 사실상 불가능할 거라는 점이다. 소련군은 북한에 진주하기가 무섭게 소련체제 이식을 시작했고, 따라서 남북합작은 소련의 의도에 따라가는 것이 아닌 한 성립될 수 없는 것이었

거짓의 역사와 위선의 한국 사회

다. 어떤 가정을 한다 해도 모스크바 3상회의의 결과가 달라질 것은 없으며, 이 경우 통합 임정은 찬탁과 반탁으로 분열될 수밖에 없었을 것이다.

정체불명의 학자 김용옥의 허황한 '가정'을 검토하는 것 자체가 난센스지만 해방정국의 복잡한 상황에 대한 이해를 돕기 위해 한번 살펴본 것이다. 그런데 이러한 가정이 무리인 또 하나의 이유는 여운형 암살 배후에 김구가 있을 거라는 의심이 아직까지도 남아 있다는 사실이다. 해방정국의 3대 암살 사건, 곧 김구 자신을 뺀 송진우·장덕수·여운형 암살사건에 모두 김구가 연루되어 있다는 의혹이 제기되었다는 점은 당시 남한에서 김구 중심의 좌우합작이 가능하지 않음을 말해준다.

마지막 중요한 한 가지. 김용옥의 말처럼 김구가 이승만보다 먼저 귀국했을 경우 보다 좋은 결과를 낳았다는 가정이 성립하려면 아예 국내에 있던 여운형이 정국을 주도할 수 있었어야 한다. 여운형이 서둘러 인공을 선포한 것이 한 예다. 이처럼 여운형이 기민하게 움직였지만 이승만이 귀국하자 정국 주도권은 바로 이승만에게 넘어갔다. 이것이 시사하는 바는 누가 먼저 귀국했느냐 하는 것보다 해방정국에서 누가 가장 중심적인 인물이었느냐가 중요하다는 점이다.

김용옥은 아직 귀국도 하지 않은 이승만보다 국내에 있던 여운형이 주도권을 쥘 수 있었음에도 결과는 다르게 나타났다는 점은 간과하고 있다. 그런 점에서도 김용옥의 '가정'은 한국 현대사에 무지한 선동가의 허황한 주장에 지나지 않는다 할 수 있다.

전설을 보려 운집한 군중

대다수 국민은 물론 좌파 연구자들은 우리나라 분단의 출발점을 이른바 '이승만의 정읍 발언'이라고 생각하고 있다. 정읍 발언은 남한만의 총선거를 주장한 것이었으니 '분단'의 공식화라고 보아도 무방하다. 남한만의 총선거는 당시 정국에서 최고 최대의 쟁점이었다. 이승만은 그 한가운데 있었을 뿐 아니라 당사자였다. 정읍 발언은 다음과 같다.

> "이제 우리는 무기 휴회된 공위(共委)가 재개될 기색도 보이지 않으며 통일정부를 고대하나 여의케 되지 않으니 우리는 남방만이라도 임시정부 혹은 위원회 같은 것을 조직하여 38 이북에서 소련이 철퇴하도록 세계 공론에 호소하여야 될 것이니 여러분도 결심하여야 될 것이다. 그리고 민족통일기관 설치에 대하여 지금까지 노력하여 왔으나 이번에는 우리 민족의 대표적 통일기관을 귀경한 후 즉시 설치하게 되었으니 각 지방에 있어서도 중앙의 지시에 순응하여 조직적으로 활동하여 주기 바란다."

정읍 발언은 이승만의 지방 순회 중 이루어진 일이었다. 이승만은 1946년 4월 15일부터 남한의 각 지방을 순회하며 국민 대중과 직접 만나 연설을 행하였다. 이승만은 그동안 중앙 정치 무대에서는 명성과 성가를 높였지만 지방의 일반 대중과의 만남은 없었다. 그러나 대한독립촉성중앙협의회(독촉)가 명실상부한 남한 정치세력의 결집체로 나서는 데 성과를 얻지 못하는 등 중앙 정치에서의 한

거짓의 역사와 위선의 한국 사회

계가 뚜렷하게 노정되자 이승만은 지방을 돌며 직접 대중과 접촉을 시도했던 것이다. 그건 독촉의 지방조직 건설을 위한 것이었다.

주지하듯 지방에서 주도권은 인민위원회 시절부터 좌익이 잡고 있었고, 정보의 부족으로 대중은 그 영향 하에 있었다. 이승만의 지방 순회는 각 지역에서 좌우익의 주도권 역전을 위한 것이었고, 결과적으로 그 목적은 달성되었다. 그리고 그것은 순전히 이승만의 명망과 카리스마에 의한 것이었다.

이승만의 지방 순회에 대한 대중의 반응은 열광적이었다. 그에 힘입어 가는 곳마다 지방 우익세력이 독촉 지부를 결성했다. 지방의 유지들이나 명망가들의 입장에서 이승만을 앞세우는 게 대중의 지지를 얻는 가장 유리한 방편이었기 때문이다.

이승만에 대한 대중의 열기가 어느 정도였는지는 해방 당시 어린 시절을 보낸 사람들의 기억에도 남아 있다. 한 지인의 말을 들으면 그게 실감난다. 그는 어린 시절 부친을 따라 이승만의 연설이 있었던 어느 곳에 간 기억을 갖고 있는데, 그의 부친은 "저게 이 박사여!"라고 손가락으로 가리키며 이야기한 적이 있다고 했다. '저게'라는 표현은 대상을 낮추어 부르는 말이 아니라 충청남도나 전라북도에서 통상적으로 쓰는 말로 '저 양반이'쯤 되는 표현이다. 암튼 그만큼 '이 박사'는 당시 전설과 같은 이름이었다. 정병준의 『우남 이승만 연구』에 따르면 이승만 연설에 운집한 군중의 수는 다음과 같이 보도되었다.

4월 17일 천안: 3만여 명, 4월 18일 대전: 4만여 명, 4월 22일 김천: 1

만여 명, 4월 24일 대구: 10만여 명, 4월 26일 경주: 5만여 명, 4월 27일 울산: 1만여 명, 4월 29일 부산: 2만 5천~3만 명, 4월 30일 동래: 1만여 명, 5월 1일 마산: 4만여 명, 5월 2일 함안: 2만여 명, 5월 3일 진주: 10만여 명, 5월 5일 순천: 3만여 명, 5월 6일 보성: 1만여 명, 5월 8일 목포: 3만여 명, 5월 9일 광주: 5만여 명

이를 보면 이승만에 대한 대중의 열광이 어느 정도인지 알 수 있다. 그는 그야말로 우상이었다. 그 시절 연설회 혹은 시국강연회에 천여 명만 모여도 대단한데 최소 1만여 명에서 최대 10만여 명이 몰려들었다는 것은 이승만의 당시 위상을 보여주고도 남음이 있다.

이승만의 메시지는 당시 정세와 관련한 대동단결 등이었는데, 메시지가 무엇인지는 중요치 않았다. 군중은 먼발치서라도 '이 박사'를 보기 위해, 그리고 그의 육성을 듣기 위해 몰려들었기 때문이다.

당시 그 누구도 이렇듯 군중을 몰고 다닌 사람은 없었다. 연설회 장소 외에도 이승만이 가는 길마다 연도에 사람들이 구름처럼 모여들어 손을 흔들었다는 사실을 감안하면 실제 모였던 사람 수는 언론 보도보다 훨씬 많았을 것이다. 정병준도 이와 관련, "좌우를 막론하고 단일 기간에 단일 정치인이 동원한 최대의 군중 수였다"고 적었다. 또, "이승만의 남선 순행(남조선 순회, 인용자)은 그 자체로 이승만의 남한 내 정치적 위상을 반영하는 것이었다"고도 했다. 정확한 평가다.

이승만의 지방 순회는 일단 광주에서 멈추었다. 미소공동위원회의 무기한 휴회로 이승만은 순회를 일시 멈추고 대책을 마련하기

거짓의 역사와 위선의 한국 사회

위해 서울로 돌아온 것이다. 이승만은 서울에서 반탁시위에 이어 5월 19일 독촉 인천지부 주최 독립전취인천시민대회에 참석했는데 이때 모인 사람이 6만여 명이었다. 그리고 다시 지방 순회에 나섰는데, 그 첫 번째가 바로 정읍이었다. 이때 6만여 명이 모였고, 6월 4일 전주에 5만여 명, 6월 5일 이리에 8천여 명, 6월 6일 군산에 7만여 명이 운집했다.

정읍에서 이승만은 미소공동위원회가 재개될 기색도 보이지 않으니 남한만이라도 임시정부 같은 것을 조직해야 한다고 주창했는데, 사실 이승만은 미소공위의 결렬을 기다려 오기도 했으며, 미소공위를 깨뜨리기 위해 노력해 왔던 터다. 이승만이 미소공위를 깨뜨리려 한 것은, 그가 보기에 미소협상에 의한 한국 임시정부 수립은 한반도의 공산화를 불러올 위험이 있다고 판단하고 있었기 때문이다. 이에 대한 이해를 위해 일월서각 출판사가 1983년 펴낸 『분단전후의 현대사』에 실린 이호재의 「민족통일을 위한 내적 노력과 좌절과정」이라는 논문을 인용한다. 참고로 이 책은 수정주의 사관을 갖고 있는 브루스 커밍스의 논문도 실려 있는 책이다.

> … 이승만은 이렇게까지 미국이 아주 싫어할 정도로 미군정을 공박하고, 정책면에서 미국의 대 소련협상정책을 근본적으로 반대하였을 뿐 아니라 … 미군정과 미국 정부의 반응에 별로 개의치 않고 국내외에서 소련 및 공산주의자들과의 협상을 주장하는 사람을 비난, 공격하면서 그의 반공노선을 너욱 분명히 하고 있다. … 그는 철저히

믿기를 소련은 전 한반도를 얻게 될 기회가 보장되지 않는 한 38선을 철폐할 의도가 전연 없다. 그래서 어떤 형태라도 소련이 남한에 발을 붙이게 하면 그것은 결국엔 전 국토를 소련에게 넘겨주는 결과를 가져온다는 것이다. 그의 반소·반공 정책과 남한 단독정부 수립안은 그런 것을 두려워하며 크게 경계하는 데서 나온 것이다. … 당시 이승만의 시급한 눈앞의 목적은 수단방법을 가리지 않고 우선 소련이 남한에 들어오지 못하게 하여 남한만이라도 소련 세력권으로부터 지키려고 한 데 있었다고 해도 결코 무리는 아닐 것 같다. 그래서 당시 이승만의 목적은 적어도 남한만이라도 지키는 데 있었던 것이며 그는 소련과의 협상이, 그리고 공산당과의 연립정부 추구가 결코 한국의 통일방법이 될 수 없다고 믿었다. 한반도는 미·소 양군에 이미 분할 점령되어 미·소 양 세력권이 남과 북에 각각 형성되어 있는 이상 그들과의 협상이나 타협으로 한국의 통일문제가 해결될 수 있을 것이라고 생각지 않았다….

이승만은 미국과 소련의 협상에 의한 통일정부 수립은 곧 한반도 전체의 공산화를 뜻하는 것으로 믿고 있었다. 이승만에 있어서 공산주의자들과의 협상이란 가능하지 않은 일이었다. 내 생각으로는 이승만은 이미 공산주의자들의 통일전선전술을 간파하고 있었던 것 같다. 실제로 좌우합작에 의해 정부가 수립된 나라 중 공산화가 되지 않은 나라는 없다는 점에서 미소공위를 깨뜨리려는 이승만의 집요한 노력은 올바른 선택이었다.

거짓의 역사와 위선의 한국 사회

이승만이 아니면
할 수 없었던 결단

좌파 연구자들이나 운동가들은 '통일' 그 자체를 중시하며 이승만에 대해 노골적인 적대감을 드러내는데, 통일만 된다면 나라의 이념적 지향이 자유민주주의가 아니어도 상관없다는 것인가. 소련의 영향력 아래 공산화가 되어도 좋다고 생각한다면 모르거니와 그렇지 않다면 통일지상주의는 옳지 않다.

물론 그들은 절대로 공산화에 대한 언급은 하지 않는다. 단지 분단의 책임만 물을 뿐이다. 그러나 그들의 속내는 빤히 들여다보인다. 뿐만 아니라 당시 대세는 김일성의 북쪽에 있었음을 은연 중 강조한다. 브루스 커밍스가 대표적이다. 다음은 그의 저서 『한국전쟁의 기원』 중 「북풍이 남으로 불다」의 한 대목이다.

> … 해방 후 첫해 동안의 북한에서의 변화가 급격했던 것은 남부에 대한 '전시적 효과'를 노렸기 때문이기도 하다. 식민 잔재의 능률적이며 철저한 청산의 인상은 남부의 정체와 폭력에 대한 대조를 이루고자 했기 때문이며, 실제로 대조가 되었던 것이다. 북측 바람은 계속 남하하는 난민들에 의하여 실려 왔으며 이들은 더 이상의 불안을 야기하는 효과를 지녔기 때문에 남부에 있어서 북한 측의 트로이 목마 역할을 하였다.
>
> 1945년 가을부터 남한의 신문들은 자주 북한의 변화에 관해 보도하였다. 좌익뿐만 아니라 온건파 신문들도 각종 개혁을 찬양했으며,

일반적으로 우익 신문들이 게재한 만행과 약탈의 보도를 일소에 붙였다….

소제목 「북풍이 남으로 불다」부터 저자의 의도가 확연히 드러난다. '북한에서의 변화'가 남한 사회에 영향을 미쳤으며 대세였다는 암시를 주고 있는데, 이것은 논리적으로 성립하지 않는 주장이다. 브루스 커밍스는 심지어 월남한 북한 주민들이 '트로이의 목마' 역할을 했다고까지 주장하고 있는데, 그들이 북한에서 벌어진 일들을 긍정적으로 보았다면 애써 월남할 까닭이 없지 않은가. 북한 주민의 월남은 역으로 북한에서 벌어진 일들이 사람들이 보기에 긍정적이지 않았음을 말해준다. 아니 확실히 부정적이었기에 굳이 살던 곳을 떠나 남으로 내려온 것이다. 그런 점에서 브루스 커밍스의 주장은 모순을 안고 있다고 하지 않을 수 없다.

브루스 커밍스는 또 '남부의 정체와 폭력'이 북과 대조를 이루었다고 주장하고 있다. 여기서 커밍스가 '정체(停滯)'라고 한 것은 북한에서는 변화가 진행되고 있는 데 반해 남한에서는 그렇지 않았다는 것인데, 그렇다면 소련이 북한을 점령하기가 무섭게 그들의 체제를 이식하는 작업을 한 것이 정당했다는 뜻인가? 그게 아니라면 정체라고 말할 수 있을까. 아마 그는 소련군이 진행한 일련의 공산화 작업을 역사의 순리라고 보았던 게 아닐까 한다.

'폭력'의 문제도 그렇다. 브루스 커밍스가 말하는 남한에서의 폭력이 무얼 의미하는지, 즉 공산당이 불법화되기 이전(브루스 커밍스가 해방 후 첫해라고 했으므로) 미군정이 어떤 폭력을 행사했다는 것인지 모르지만 해방 후 첫해의 폭력이라면 당연히 신의주 학생 의거를 무력 진압한 소련군의 폭거가 대표적인 것 아닌가. 너무 유명한 사건이어서 설명이 필요 없지만 상기시키는 목적에서 간략히 소개한다.

1945년 11월 18일 신의주에서 학생과 주민들의 반공 궐기가 일어나자 공산당 보안대가 이를 진압하는 과정에서 1명이 사망하고 11명이 부상을 당했다. 이에 23일 신의주의 모든 중등학교 학생이 나서서 항의시위를 벌이자 소련군은 따발총, 권총 등으로 학생들에게 발포하고 전차와 비행기까지 동원하여 기총소사를 자행하였다. 그 결과 피살자 23명, 부상자 700여 명의 희생자가 발생하였으며, 수많은 학생들이 체포·구속되었다. 이후 시위를 배후조종하거나 교사했다는 죄목으로 많은 민족진영의 간부 및 종교인들이 체포·구금되었으며, 시베리아로 끌려가기도 하였다. 1945년 당시 한반도 전체에서 이 정도의 '폭력'이 있었던가.

브루스 커밍스는 역시 「북풍 남으로 불다」에서 토지개혁에 대해서도 다음과 같이 주장했다.

 … 1946년 3월의 북한 토지개혁은 남부에서 특히 강한 충격을 주었다. 발표가 있은 후, 남한의 신문들은 이를 톱기사로 보도했으며, 사설들은 남부에서도 유사한 개혁을 할 것을 주장했고 비판은 거의 없었다. … 당시 남한 신문들을 숙독하면 한국의 추진력은 북으로부터 나오고 있다는 남부인들의 생각이 얼마나 강했는가를 알 수 있다….

잘 알려져 있다시피 북한에서의 토지개혁은 이른바 무성몰수 무상분배 방식이었다. 하지만 토지는 국유화된 것일 뿐 개인이 소유할 수는 없었다. 즉, 다른 사람에게 팔 수 없었고, 경작만 할 수 있었던 것이다. 그리고 과거 지주에게 바치는 소작료 이상의 수확물을 국가에 빼앗겼다.

농민들은 지주의 소작농에서 국가의 소작농으로 바뀐 것일 뿐이었다. 저명한 경제사학자 이영훈 전 서울대 교수는 이에 대해 북한 농민들을 국가에 귀속된 '농노'라고 혹평하고 있다. 나중에 남한에서는 보다 원만하고 합리적이며 이념적으로 정확한 길의 토지개혁이 이루어졌다. 좌파 연구자들은 남한에서의 토지개혁을 지나칠 정도로 저평가하며 농민들의 불만이 매우 높았다고 평가하고 있지만 이 역시 사실과 다르다.

문제는 브루스 커밍스가 북한의 '개혁'을 대세, 혹은 시대의 요구로 인식하고 있다는 점이다. 사유재산이 인정되지 않는 개혁이 시대적 요구였던가. 브루스 커밍스뿐만 아니라 80년대 한국의 좌파 수정주의자들은 한결같이 커밍스의 주장에 동조하는 논문을 썼다.

지금에 와서 보면 좌파 수정주의 사관은 반동의 사관이라 하지 않을 수 없다. 한반도 전체가 공산화되는 것은 설혹 그것이 '통일'이라는 '신성한' 가치를 앞세운다 해도 있어서는 안 될 일이었고, 남한만이라도 소련의 수중에 들어가지 않은 것은 천만다행이라 하지 않을 수 없다. 그런 점에서 이승만의 '결단'은 올바로 평가되어야 한다.

중요하게 보아야 할 점은 이승만이 아니었다면 감히 '단선단정'을 누가 주장할 수 있었겠느냐 하는 점이다. 이승만이었기에 가능한 일

　　　　　　　　　　　　거짓의 역사와 위선의 한국 사회

아니었을까. 누구도 함부로 '통일정부'라는 신성한 가치에 반기를 들 수 없었을 것이라고 나는 확신한다. 이승만이 아니고는 설혹 그런 생각을 갖고 있었다 하더라도 공개적으로 주장하기는 어려웠을 것이다. 이승만은 대중의 인기에 영합하려 하기보다는 자신의 신념을 대중에게 설득했다. 그건 누구도 흉내 낼 수 없는 것이었고, 강력한 카리스마로 대중적 지지를 받고 있던 이승만이었기에 가능했다.

이승만의 카리스마가 얼마나 위력적인 것이었는지는, 유엔 한국 임시위원단의 의장 메논이 1948년 2월 19일 열린 유엔 소총회 보고에서 한국의 정치상황과 관련, 이승만에 대해 다음과 같이 언급한 것을 보면 실감할 수 있다.

> … 유엔에 의하여 한국의 국민정부로서 승인될 경우 남한에서 즉시 수립할 것을 주장하는 정당은 두 개다. 그것은 이승만 박사가 영도하는 독촉국민회의와 김성수 씨가 영도하는 한국민주당이다. 이점에 관하여 그들이 남한 인민 대다수의 의견을 반영하는가의 여부를 확실하게 말하기는 곤란하다. 그러나 그들이 남한에서 조직된 여론의 주요 부분을 대표한다는 것은 확실히 말할 수 있을 것이다.
>
> 이 두 정당은 하나의 도저히 측량할 수 없는 재산을 가지고 있다. 그 재산이라는 것은 곧 이승만 박사의 성가이다. 이승만 박사의 이름은 남한에서 마술적 위력을 가진 이름이다. 그의 연륜과 학식과 사교적 매력과 윌슨 대통령과의 친분과 한국의 자유에 대한 생애를 통한 일관된 옹호로 말미암아 네루가 인도의 국민적 지도자인 것과 같은 의미에서 그는 한국의 국민적 지도자가 될 수 있을 것이다….

그렇다. 해방정국에서 이승만은 남한에서 '마술적 위력'을 가진 이름이었다. 메논이 네루와 비교하면서 '이승만이 국민적 지도자가 될 수 있을 것'이라고 한 것은 그가 인도인이었기 때문이었을 것이다. 하지만 이승만과 네루를 동렬에 놓고 비교한 것은 동의하기 어렵다. 학식과 지성, 국제정치와 인간 사회에 대한 이해, 철학적 사유의 깊이 등에 있어서 네루는 이승만에 미치지 못한다.

이승만은 철저하게 자신의 철학과 신념에 따라 움직였다. 그는 미군정은 물론 미국을 리드해나갔다. 미 국무성과 하지 중장이 자신의 뜻과는 달리 좌우합작과 소련과의 협상에 매달리자 이승만은 미국으로 날아가 미국 조야를 상대로 설득하기까지 한다. 그렇게 해서 한반도 남쪽이나마 공산화로부터 구할 수 있었고, 그건 이승만이 아니면 할 수 없었던 결단 덕분이었다. 그런 점에서 한국인들은 이승만에게 큰 빚을 지고 있다. 그런데도 한국인들 대다수는 그런 생각조차 하지 못하는 가운데 이승만을 저주하며 급기야는 그를 스러지게 하고 있다.

거짓의 역사와 위선의 한국 사회

3장

반동의
80년대

그는 전쟁 발발에 대해 "6월 25일 북한 정규군의 남하가 전면적 남침이 아닌 제한적 무력동원을 통한 통일정부 수립의 몸부림"이라고 썼다. 전면 남침을 부인하는 것도 터무니없지만, 남침을 통일정부 수립을 위한 몸부림이라니, 이는 왜곡을 넘어 남침의 '미화(美化)'라 할 수 있다.

수정주의 사관의 등장

80년대는 한국 학생 운동권에 좌익 이념이 자리를 잡는 시기다. 특히 80년대 중반을 넘어서며 이념적 색채가 뚜렷해지고, 80년대 중반에서 90년대에 걸쳐 사회주의 내지는 반미주체사상이 확연하게 그 모습을 드러낸다. 동시에 좌파 수정주의 사관에 의한 한국 현대사의 왜곡이 본격화된다.

보는 이에 따라 생각이 다르겠지만, 그 배경에 대해 80년 광주 5·18과 전두환 정권의 반작용으로 인한 게 아닌가 생각한다. 그런 점에서 전두환의 등장은 대한민국의 최근사(最近史)에서 참으로 '뼈아픈' 대목이다. 물론 이미 70년대에 해방신학과 종속이론이 한국 사회에 유입되었고, 79년 이란에서 벌어진 호메이니의 이슬람 혁명도 일정 부분 운동권에 영향을 미쳤지만 가장 직접적인 원인과 배경이 된 것은 아무래도 80년 광주와 전두환 정권이라고 생각한다.

배경이 무엇이었든 간에 80년대는 '반동의 시대'라고 나는 생각한다. 시대의 흐름을 역류하는 마르크스·레닌주의, 나아가 김일성의 주체사상이 운동권의 주류를 이루는 가운데 수정주의 사관이 한국 현대사를 지배했기 때문이다. 그리고 그 반동의 파장은 지금까지 이어지고 있다.

수정주의 사관의 대표적인 책은 『해방전후사의 인식』 시리즈 6권이다. 물론 시리즈에 게재된 논문이 다 수정주의 사관에 의한 것은 아니다. 그러나 핵심적인 주제가 좌파 수정주의를 기초로 한 것이기에 『해방전후사의 인식』을 대표적인 저술이라고 보는 것이다. 물론 원조랄 수 있는 책은 브루스 커밍스의 『한국전쟁의 기원』이다.

학생들을 필두로 한 젊은이들은 물론 재야 운동권, 심지어 일반 지식인들에 있어서도 『해방전후사의 인식』은 필독서로 인식되었고, 『해방전후사의 인식』이 담고 있는 한국 현대사에 대한 인식을 공유하지 않으면 시대에 뒤떨어진 사람인 양 생각되었다. 『해방전후사의 인식』은 마치 그간 잘못 알고 있던 한국 현대사를 바로잡아 교정시켜주며 새로운 역사인식의 지평을 열어준 것으로 인식되었다.

『해방전후사의 인식』 제1권이 나온 것은 1979년이었다. 이때만 해도 후에 나온 것들에 비해 그다지 급진적인 것은 아니었다. 그러나 80년대 들어 출간된 저술들은 전혀 다른 것으로, 대부분 확고한 좌익사관으로 무장한 것들이었다. 『해방전후사의 인식』에 실린 가장 결정적인 논문은 제4권 최장집·정해구의 「해방 8년사의 총체적 인식」과 제6권 박명림의 「해방, 분단, 한국전쟁의 총체적 인식」인데 내용은 별반 다를 게 없다. 다만 박명림의 논문이 후에 나온 것인 만큼 조금 더 치밀하고 '혁명적'인 시각을 보여준다 할 수 있다. 여기서는 『해방전후사의 인식』에서 가장 결정적이며 반동적인 박명림의 논문을 집중하여 들여다보자.

박명림은 논문의 머리말에서 "한국 현대사 연구는 사실상 80년대 들어서야 비로소 진정한 의미의 '연구' 단계에 들어섰다…. 한 사회의 역사적 진행이 그 사회를 근거 짓고 있는 내적·외적 모순의 발현 정도에 따라 이루어진다고 할 때 최종적으로 그것은 대립하는 제세력간의 갈등으로 표출되며, 그에 대한 과학적 연구는 철저한 당파성을 견지할 때만 가능하기 때문"이라고 했다. 이를 보면 그는 확실히 마르크스주의에 기초해 있음을 알 수 있다. 사실 그는 해방정국의 역사를 '혁명 대 반혁명'의 구도로 파악하고 있다. 심지어 6·25전쟁까지도 '혁명 대 반혁명'의 연장이자 결과로 설명하고 있다.

박명림은 해방정국의 대립구조와 관련하여 "두 주요 대립 축은 미국 대 소련 및 미국 대 한국 민중으로 드러나며 후자는 미국의 현지 지배기구인 미군정 대 한국 민중의 전위인 사회주의 민족해방투쟁 세력의 대립으로 현재화되었다"고 설명하고 있다. 이는 곧 소련 및 한국 공산주의자들과 한국 민중이 미국에 대립하여 한 축을 이루고 있었다는 뜻이다. 그 자신이 말한 '당파성'에 매우 충실한 설명이다. 쉽게 말하면 어느 일방, 즉 소련 및 한국 공산주의자들의 입장에 선 편파적인 시각이라고 할 수 있다. 이는 당시 '혁명'이 당위성을 갖는 것이라는 입장이 필연적으로 드러낼 수밖에 없는 결과다.

소련과 한국 공산주의자들이야 미국과 대립관계라 하여 이상할게 없지만, 과연 한국 민중은 미국과 모순관계, 곧 대립관계에 있었는가. 그가 마르크스주의적 입장이 아니라면 한국 민중이 미국에 대해, 또는 미국이 한국 민중에 대해 대립적이었다고 할 수 있는가. 내가 보기에 박명림 등 좌파 학자, 혹은 연구자들은 역사적 사실과 상관없이 마르크스주의적 모순에 의한 대립구조를 설정해 놓고 설명을 그 틀에 꿰어 맞추는 식으로 한 것이 아닌가 한다.

다음은 박명림의 논문 중 「북한의 정세」 관련 부분이다.

> … 이 시기 북한에서는 남한과는 달리 북한 민중과 사회주의 민족해방투쟁세력의 반제반봉건민주주의혁명 요구를 소련군의 협조하에 순조롭게 진행시키고 있었다. 즉 해방 이후 민중들의 밑으로부터의 변혁 요구를 철저히 억압했던 미군과는 달리 북한에서는 소련군이 민중들의 자발적 권력기구인 인민위원회를 적극 지지하고 제반 민주개혁을 후원하였다. 북한 민중과 혁명세력은 소련군의 지원으로 식민 잔재와 반봉건적 경제관계를 청산하고 민주개혁을 실시, 반제반봉건민주주의혁명을 수행해 나갔다. … 그러나 소련군의 역할은 단지 지원 이상은 아니었다….

앞에서 보았듯 소련군이 점령한 후 북한에서 있었던 모든 정치사회적 결정은 물론 사소한 부분까지도 슈티코프의 손을 거치지 않은 것이 없었다. 그런데 박명림은 소련군이 지원만 했을 뿐 모든 것은 북한 민중의 자치에 의해 이루어진 것이라고 말하고 있다. 물론 박명림이 이 논문을 쓸 때는 소련의 비밀문서가 공개되기 이전이었고, '슈티코프 일기'나 '레베데프 일기'도 접하기 이전이었다. 그러나 소련 자료를 접하기 전이라 하더라도 소련군은 지원만 했을 뿐이라고 단정하는 데는 어떤 근거가 제시되어야 마땅했다. 하지만 그런 것은 없다. 그냥 그렇게 단정해버린 것이다.

그런데 문제는 소련의 자료가 공개된 이후 박명림 등 좌파 학자나 연구자들이 자신들의 기존 연구를 수정한 논문이나 저술이 없었을 뿐 아니라 여전히 대중은 『해방전후사의 인식』의 연구물들을 진실이라고 믿고 있다는 점이다. 때문에 대한민국의 정통성은 여전히 국민에 의해 온전히 인정되지 못하고 있는 실정이다. 북한의 처참한 현실이 역설적으로 대한민국의 정당성을 말해주고 있을 뿐이다.

또 한 가지, 노무현 전 대통령은 대한민국의 역사를 '반칙이 승리한 역사'라고 말한 것을 상기할 필요가 있다. 그가 그렇게 인식한 것도 『해방전후사의 인식』 등 수정주의 사관에 오염되었기 때문이 아닌가 한다. 하기야 김대중 전 대통령도 집권하면서 '제2의 건국'이라고 언급한 바 있다. 이러한 일들은 한국 현대사에 대한 왜곡이나 그에 따른 편견의 소산이다.

박명림은 그의 논문 소제목 '북한에서의 혁명 전개'에서 스스로 모순을 범하는 내용을 다음과 같이 서술하고 있다.

조선민주주의임시정부 수립을 결정한 모스크바 3상회의는 북한지역의 정세에도 커다란 영향을 끼쳤다. 이를 계기로 북한지역의 모든 정치세력들은 모스크바 3상회의의 결정을 지지했다. 그러나 조만식 계열만은 이에 반대하며 반탁운동을 전개했다. 그 결과 조만식 계열은 미국과의 모스크바 3상회의 결정에 충실함으로써 조선민주주의 임시정부 수립을 후원하려는 소련에 의해 북한의 주요 정치세력에서 탈락하게 되었다.

여기서 박명림은 조만식 계열 외에 북한지역의 모든 정치세력은 모스크바 3상회의의 결정을 지지했다고 했는데, 북한에 소련 지배하의 공산세력 말고 다른 세력이 있었다는 말인가. 김일성이야 소련의 충실한 괴뢰였으니 말할 것도 없고, 그 밖에 어떤 정치세력이 존재했는지 나는 알지 못한다. 더욱이 소련군의 역할은 단지 지원 이상은 아니었다면서 소련에 의해 조만식 계열이 주요 정치세력에서 탈락했다는 건 앞뒤가 맞지 않는다. 도대체 소련군의 지원이나 후원이 뜻하는 바가 무엇인가. 이쯤 되면 단순한 왜곡을 넘어 거짓이자 날조에 가깝다 하지 않을 수 없다.

이어지는 소제목 '제3국면 : 통일정부 수립 투쟁기'를 보자.

… 미국의 대소공세·반혁명 총노선이 최소한의 유화 제스처조차 전면적으로 폐기할 정도로 강화됨으로써 미·소 협조에 의한 한반도 문제의 해결, 즉 통일정부 수립 가능성은 완전히 봉쇄되었다. 따라서 이시기에는 미국의 제국주의의 의도가 전면적으로 노골화된 시기였다. 그 결과 한국민중과 남북한 혁명세력으로서는 미국과의 직접적인 대결을 통해 통일정부를 수립하든지 아니면 그들이 강요하는 지배질서(분단 고착화)를 수용하든지의 선택을 강요받게 되었다. 통일운동세력과 분단국가 형성세력, 이제까지 혼재돼오던 전선은 명확해졌다. 따라서 이 시기 통일운동세력에게 있어 통일투쟁은 또 다른 제국주의

국가를 대상으로 하는 민족해방투쟁의 연속을 의미했으며 국내 수준
에서 그것은 분단국가를 형성하여 미국의 계속된 지원 하에 정치적으
로 생존하려는 세력과의 계급투쟁·내전을 의미했다.

박명림은 여기서 미소공위의 결렬로 한국 문제가 유엔으로 이관
되자 통일정부 수립 가능성은 완전히 봉쇄되었다고 했다. 이런 주
장은 비단 박명림 혼자만의 논리가 아니다. 좌파 세력은 어김없이
이 논리를 편다. 하지만 이건 억지다. 왜 통일정부 수립이 완전 봉쇄
됐다고 하는가. 남북한에서 유엔 감시하 총선거를 통해 정부를 수
립할 수 있는 길이 열려 있었는데, 왜 아니라고 하는가.

혁명 대 반혁명의 구도라는 인식하에서는 통일정부 수립이 물 건
너갔다고 볼 수밖에 없을 것이다. 다시 말해 공산당이 주도하는 통
일정부 수립이 역사의 순리라고 믿는다면 좌파세력의 주장은 일리
가 있다. 하지만 그 반대의 인식에서라면 얘기가 전혀 달라진다.

소련이 유엔 한국임시위원단의 입북을 막지 않고 남북한 총선거
에 응했다면 그 역시 한국 민중의 의사에 따른 통일정부 수립 아닌
가. 왜 인민위원회만을 한국 민중의 의사를 대변하는 자치기구라
고집하는가. 박헌영의 공산당이 주도한 인민위원회가 전국적인 수
준의 기준과 법률에 의한 선거를 통해서 구성된 것도 아니다. 따라
서 인민위원회가 대표성을 갖는다고 할 수 없다.

물론 이후 북한에서 북한정권을 위한 선거는 있었지만(사실 그것도
공개적 흑백투표였다) 해방정국에서의 인민위원회는 선거에 의해 구성
된 게 아니다. 따라서 진징한 의미에서의 한국 민중 또는 국민의 의

사를 반영한 통일정부는 남북한 동시선거로 구성되어야만 가능하다. 그런 점에서 좌파의 주장에 동의하기 어렵다.

이들은 소련이 주장한 바와 같이 미소 양군이 철수한 뒤 한국인들에게 스스로 정부를 수립하도록 했어야 한다고 주장한다. 소련은 점령 초기부터 북한에서 군 간부를 양성하고 있었으며, 이어 수많은 무기를 제공했다. 남한에서는 공산주의자들이 합법·반합법 조직을 건설하고 있는 가운데 미소 양군이 철수하면 그 혼란을 이용해 공산세력이 정권을 잡을 수 있을 거라는 예상은 어려운 일이 아니다.

그걸 원하는 입장이라면 소련의 주장이 전적으로 옳다고 하여 이상할 게 없다. 그리고 소련이 원한 바도 그것이었다. 하지만 그게 아니라면 미소 양군이 질서를 잡고 있는 가운데 유엔 감시하의 남북한 총선거를 통한 정부 수립만이 유일한 해결책이었다.

박명림은 전선이 명확해졌다며 반민족세력과 '미제국주의'에 대항하는 통일운동세력 간 민족해방투쟁이자 계급투쟁, 나아가 내전을 이야기하고 있다. 분단은 필연적으로 6·25전쟁을 초래한다는 주장이다. 모택동의 지원 약속과 스탈린의 승인 및 소련공군 지원에 의한 김일성의 남침임이 문서로 확인되기 이전에 쓴 것이지만, 그렇다고 해도 남침이 필연일 수는 없다. 결국 공산혁명은 이루어졌어야 하고, 그것이 한국 민중의 의사였으며, 반혁명이 승리(공산화 실패)함으로써 남침이 불가피했다는 주장은 소련과 중국 공산당, 김일성의 범죄에 면죄부를 준 데 지나지 않는 것이다.

박명림은 "유엔의 결정에 따라 전 한반도에서 선거를 실시·감독

하기 위해 유엔 임시위원단이 1948년 입국하였으나 이 선거에 참여하기로 한 세력은 오직 이승만·한민당 그리고 친일파·민족반역자들 뿐이었다. 김구·임정·한독당 계열 및 김규식·민족자주연맹 계열조차도 단선 참여를 거부했다"며 "남북한의 많은 정치세력 가운데 극히 일부만이 참여하여 단독선거를 강행했다는 사실은 그 선거를 통하여 구축될 지배질서가 결코 정상적일 수 없을 것이라는 것, 따라서 그것은 반드시 어떤 역사적 대가를 치를 것이라는 점을 예견케 했다"고 주장했다.

여기서 김구·김규식의 남북회담 결행이 결국 소련 및 김일성 일파에게 이용만 당했다는 사실을 확인케 된다. 박명림의 주장처럼 '극히 일부'만이 참여한 선거도 아니었을 뿐 아니라 그것이 6·25전쟁의 필연을 의미할 수도 없는 것인데도, 이러한 주장처럼 김구는 분명 이용당했고, 지금까지도 이용당하고 있다.

누구나 아는 사실

박명림의 어처구니없는 주장은 '한반도에서의 정치갈등의 전개'라는 소제목 하의 글에서 절정을 이룬다.

1948년 분단에서 1950년 한국전쟁에 이르기까지 한반도는 끊임없는 갈등과 위기의 연속이었다. 이러한 위기의 연원은 기본적으로 남한정권의 정통성 부재에서 기인했다. 북한정권이 상대적으로 안정된 국내적 기반을 확보하고 있었음에 비해 남한정권은 남한민중·통일운동세력과의 대립 속에 미국의 일방적 지원에 의해 수립됨으로써 출발부터 구조적 위기에 직면하지 않을 수 없었다. 보다 직접적으로 말해 미국의 지원 감소 내지 철회 시 남한정권의 붕괴는 예견키 어렵지 않았다. 여순민군봉기와 한국전쟁 시 미군의 지원으로 남한정권이 구출되었던 사례는 이러한 추론의 극적인 반증에 다름 아니다.

박명림은 남한 정권의 정통성 부재를 직접적으로 언급하고 있다. 그렇다면 정통성은 북한 정권에 있다는 말인가. 북한 정권이 상대적으로 안정된 국내적 기반을 확보한 게 북한 민중의 지지 때문인가, 아니면 소련군의 통제 때문인가. 남한에서의 혼란은 누구 때문이었나. 슈티코프의 지령과 자금지원을 받는 남로당 및 산하 전평(조선노동조합전국평의회) 등의 조직적 폭력투쟁과 반란이 아니었어도 남한이 혼란에 휩싸였을까.

더욱이 6·25 남침마저 남한 정권의 정통성 부재에서 연원을 찾고 있다는 것은 놀라운 일이다. 지금도 박명림의 생각은 바뀌지 않고 있을지 궁금하다. 박명림의 이후 저술『한국 1950 : 전쟁과 평화』를 보면『해방전후사의 인식』에서 다룬 해방정국의 인식을 수정하는 작업은 없고 새로운 자료에 의해 한국전쟁을 서술하고 있다. 이를 보면 기존의 인식이 바뀌지 않았을 것임을 짐작케 한다.

6·25전쟁에 대한 박명림의 서술은 이미 짐작하겠지만 더욱 놀라운 것이다. 그는『해방전후사의 인식』제6권에서「한국전쟁사의 쟁점」이라는 또다른 논문을 싣고 있지만「서론 : 해방, 분단, 한국

전쟁의 총체적 인식」의 마지막 부분에서 소제목 '전쟁과 분단 : 한국전쟁의 총체적 인식'의 글에서 6·25에 대해 압축적으로 기술하고 있다.

> 한국전쟁은 한국 현대사 최대의 결절점이자 오늘의 우리 사회가 안고 있는 고통과 모순을 배태시킨 가장 결정적인 역사가 되는 계기이다. 민족사의 측면에서 그것은 8·15해방으로 제기된 반제반봉건민주변혁의 과제가 제국주의의 점령으로 저지되면서 구조화된 계급모순과 민족모순, 그리고 체제모순을 둘러싼 갈등이 민중의 치열한 투쟁에도 불구하고 분단으로 이어진 결과 필연적으로 폭발할 수밖에 없었던 해방 5년사의 귀결로….

여기서 소련의 점령은 언급되지 않고 있다. '미제국주의'의 점령만 있을 뿐이다. 소련군이 북한에 진주해 왔을 때 '해방군'이라고 선전하고 김일성 일파를 내세웠다고 해서 소련군은 점령군이 아니라고 할 수 있는가. 그럼에도 소련군의 북한 점령과 단계적 공산혁명 수행은 논외로 한 채 미제국주의의 점령으로 인하여 반제반봉건민주변혁이 좌절되면서 계급모순이 구조화되고 민족모순, 그리고 체제모순이 중첩되면서 전쟁은 폭발할 수밖에 없었다고 주장한다. 브루스 커밍스의 『한국전쟁의 기원』을 빼다 박았다. 사실 커밍스의 책 제목은 한국전쟁이 필연이었음을 암시하고 있는 것이다.

이와 같은 설명이라면 스탈린의 승인과 모택동의 지원에 의한 남침이라는 엄연한 역사적 사실도 무력해질 수 있다. 제국주의 미국에 의해 분단이 이루어지는 순간 한국전쟁은 배태되었다고 한다면, 남침은 필연이며 스탈린이나 모택동 그리고 김일성은 한낱 종속변수일 뿐이라 할 수 있기 때문이다.

그러나 앞에서 지적한 바와 같이 남침이 '필연'일 수는 없다. 그 엄청난 비극이 필연이라면 모든 전쟁이 정당화될 수 있을 것이다. 침략은 구체적 행위이자 의지의 결과이지 모순의 폭발일 수 없다. 구조적 설명이라고 주장할 수 있겠지만 그건 마르크스주의에 기초했을 때의 이야기일 뿐이다.

박명림은 이 논문 6·25에 대한 서술에서 의심의 여지가 없는 역사적 사실마저 왜곡하고 있다. 그는 "1950년 6월 25일의 사건에서 최초의 총성이 어느 쪽으로부터 울렸느냐는 것은 중요하지도 않지만 알 수도 없다"고 썼다. 그러면서도 바로 '의심의 여지가 없는 역사적 사실'을 전면 부인하거나 외면할 수는 없었는지 "최초의 총성이 어느 쪽으로부터 나왔든지 간에, 또 공격과 반공격의 주체가 누구였든지 간에 어쨌든 '전쟁'이라는 형태를 띠게 된 것은 북한 정규군의 남하에 의한 것임은 부인할 수 없는 사실로 보인다"고 부연했다.

최초의 총성이 어느 쪽으로부터 나왔느냐는 중요하지도 않지만 알 수도 없다는 것은 전쟁이 구조적 모순에 의한 필연적인 폭발이라고 보기 때문일 것이다. 그런데 중요하지 않다는 것은 구조적 모순의 폭발이라는 관점에서 그렇게 말할 수도 있다고 치자. 하지만 '알 수도 없다'는 것은 명백한 사실의 왜곡이다. 당시를 살았던 사람이라면 남침은 누구나 아는 사실이다. 그건 소련의 비밀문서가 공개되지 않았어도 부인할 수 없는 역사 사실이다.

그나마도 그는 북한 정규군의 '남하'라고 표현했다. 남침이 아니라 남하라는 것은 무력도발의 의미를 희석시킴과 동시에 전쟁을 일으킨 책임을 애써 외면한 것이라 할 수 있다.

더욱이 그는 전쟁 발발에 대해 "6월 25일 북한 정규군의 남하가 전면적 남침이 아닌 제한적 무력동원을 통한 통일정부 수립의 몸부림"이라고 썼다. 전면 남침을 부인하는 것도 터무니없지만, 남침을 통일정부 수립을 위한 몸부림이라니 이는 왜곡을 넘어 남침의 '미화(美化)'라 할 수 있다. 때문에 나는 분노하지 않을 수 없었다. 그는 학술논문이라는 형식을 빌어서 공산 침략세력을 옹호하는 선전물을 창작해 냈다고 나는 생각한다.

박명림이 해방정국의 모순구조를 '혁명 대 반혁명'이라고 주장했음은 앞에서 언급했다. 나는 그 내용은 다르지만 형식에 있어서는 '혁명 대 반혁명' 구조에 동의한다. 이때 혁명은 자유주의이고 반혁명은 전체주의다.

대한민국 이전 한국인들은 역사 이래 한 번도 자유민주주의를 경험한 적이 없다. 해방 당시나 80년대나 좌파는 해방 당시의 당면과제로 반제반봉건을 내세웠다. 그런데 일본이 물러갔으므로 반제는 당면과제일 수 없다. 그럼에도 반제를 앞세운 것은 반미의 다른 말일 뿐이다.

좌파가 앞세우는 반봉건이 당시 시대적 과제였음은 맞는 말이다. 봉건적 지주사회는 시급히 개혁되어야 했다. 그런데 그게 전체주의로 귀결되어야 했는가. 사실상 좌파의 주장은 그렇게밖에는 이해할 수 없다. 왜냐하면 공산당 일당 독재체제는 바로 전체주의이기 때문이다. 그런 점에서 좌파는 중대한 과오를 범했다고 보아야 한다. 이에 대해서는 뒤에 다시 논한다.

그들은 미국을 제국주의로 규정하는 반면 소련에 대해서는 한국 민중의 이해를 옹호하는 세력으로 규정했다. 소련이야말로 히틀러의 독일 이상 무서운 전체주의 국가 아니었던가. 그들이 그토록 중시하는 민중의 이해가 관철되는 나라가 소련이었던가. 소련은 해체되었지만 오늘날까지도 공산당 일당 지배체제인 중국을 보아도, 그리고 형식뿐인 민주주의 러시아를 보아도 이들 나라가 민중의 이해가 관철될 수 있는 나라가 아님은 누구나 알고 있다.

한편 미국은 그야말로 민중의 의사와 의지가 관철되는 나라다. 그런 미국을 제국주의로 규정하는 건 그들만의 인식체계로 인한 소산이다. 미국이 한국을 식민지로 삼기 위해 진주했다는 말인가. 해방공간에서 소련 및 공산주의자들이 그렇게 선전했던 것은 소련 및 좌익의 목적 때문이라고 할 수 있지만 80년대 이후 연구자들이나 학자들이 그런 선전선동을 되풀이한 것은 어떻게 이해해야 할지 알 수 없다. 도식적인 구조와 틀에 박힌 인식의 포로라고밖에는 달리 설명하기 어렵다.

식민지에서 벗어난 한국의 통일 정부가 전체주의 체제로 가야 하는 것이 아니라면(당연히 그건 아니다) 좌파 수정주의 사관이 판을 쳤던 80~90년대는 반동의 시대이며, 그러한 역사는 반동의 역사라 할 수 있다. 이승만이 추구했던 미국식 '자유의 나라'야말로 가야 할 길이었고, 그걸 성취하기 위한 이승만의 노력이야말로 진정한 의미에서의 혁명이었다고 나는 단언한다.

해방정국에서 전체주의에 무지했던, 그리고 공산주의에 대한 막연한 환상을 갖고 있던 사람들이 반동의 역사를 지향한 것은 그럴 수 있다 하자. 하지만 대한민국 건국 후 40년 이상 지난 80~90년대라는 시점에서 해방 당시 좌익의 입장을 옹호한 것은 이해할 수 없는 반동의 역사다. 물론 80년대라는 시공간에서 새로운 모색으로의 사회주의 혁명 추구는 이해할 수 있는 측면이 없지 않다. 그러나 그렇다고 해도 주체사상으로까지 흐른 것은 납득하기 어렵다. 당연히 수정주의 사관도 마찬가지다. 그러한 세력이 지금까지도 우리 사회에 유의미한 존재로 남아 있으며, 대중에게 가장 강력한 영향을 미치고 있다는 사실은 불가사의하기까지 하다.

너무 달랐던
南과 北의 사정

마르크스주의에 기초한 수정주의 사관의 저술들은 해방정국에서 남한은 갈등과 사회적 불안정을 겪었던 데 반해 북한은 사회적 안정 속에서 민주개혁이 이루어진 것으로 서술하고 있다. 당시 북한이 사회적으로 안정적이었음은 사실이라 할 수 있다. 신의주 사건 이후 북한지역에서 남한과 같이 대규모 폭동이나 무장봉기가 있었다는 기록은 보지 못했다. 그렇다면 무엇이 남과 북 사이에 이런 차이를 만들었을까.

사실 그건 애써 자료를 찾고 연구를 통해서 밝혀낼 일도 아니다.

그럴 수밖에 없었기 때문이다. 생각해 보라. 남한에서는 박헌영 주도로 1946년 11월 조선공산당과 남조선신민당, 조선인민당이 모여 만든 남로당(남조선노동당)과 그 외곽조직인 전평(노동조합전국평의회) 및 전농(전국농민조합총연맹), 민청(조선민주청년연맹)이 끊임없이 도발함으로써 대혼란이 빚어졌지만 북한지역에서는 공산주의자들이 공산주의 조국 소련에 대항할 이유가 없었으니 안정된 사회가 유지될 수 있었던 것은 당연한 일 아닌가. 그리고 공산주의에 반대하는 세력은 존재 자체가 불가능했으니 사회적 혼란이 빚어질 수 없었다. 이런 것을 안정이라고 해야 하는지조차 의문이지만 말이다. 억압에 의한 '조용함'을 진정한 의미에서의 안정이라 할 수 있을까.

수정주의 사관 저술들은 북에서는 소련군이 친일파 처단과 자치기구로서의 인민위원회를 인정했음을 강조한다. 반대로 남에서는 미군이 인민위원회를 인정하지 않고 친일파를 처단하지도 않았으며 일제 치하의 관리를 그대로 기용했음을 문제의 원인으로 강조한다. 이러한 주장이 옳은 것일까. 이에 대해서는 조목조목 따져보지 않으면 안 된다.

먼저 친일파 처단에 대해 생각해 보자. 소련군이 친일파를 어떻게 처단했는지는 분명치 않다. 암튼 처단했다면 그것은 정당한 것일까. 그건 정부 수립 후 우리 정부가 법률에 의한 재판으로 해결할 문제이지 일시적 점령군이 수행해야 할 일은 아니었다. 그럼에도 불구하고 북한에서 소련군이 친일파를 처단했다면 그건 공산주의 소련이었기에 가능했다고 하지 않을 수 없다. 자유민주주의와 법치주의 가치를 가진 나라라면 그런 식의 처단은 불가능한 일이다.

거짓의 역사와 위선의 한국 사회

일제의 관리기용 문제도 그렇다. 미국인들의 가치와 사고방식에서 보면 그건 기능적인 행정의 문제였을 뿐이다. 한국의 정부가 수립되면 재기용을 하든 숙청을 하든 그건 한국에 맡길 문제일 뿐이고 미군정으로서는 뒤늦게 진주한 상황에서 행정의 공백을 우려하지 않을 수 없었을 것이다.

사실 이 문제는 인민위원회를 인정하느냐와 깊은 관련이 있다. 소련으로서는 자기들의 통치에 유리한 인민위원회를 해체시킬 필요가 없었던 반면, 미국(미군정)으로서는 공산주의 좌익이 주도하고 있다고 믿어지는 인민위원회를 인정하는 게 간단한 문제가 아니다. 무엇보다도 인민위원회가 인민을 대표한다는 점이 증명되지 않은 가운데 그 인민위원회를 기반으로 하며 정부를 표방한 조선인민공화국을 인정할 수는 없는 노릇이었다. 미국인들 사고방식으로는 점령군으로 진주한 이상 한시적인 군정은 불가피한 것이었으며, 때문에 중경 임시정부도 불인정하지 않았던가.

점령 방식도 미군과 소련군은 판이하게 달랐다. 미국은 인천항을 통해 진주해 왔다. 내용은 점령이지만 점령방식은 평화롭게 시민들의 열렬한 환영을 받으며 들어와 1945년 9월 9일 일본군과 조선총독부의 항복문서 조인식을 통해 이루어진 것이었다.

소련군은 달랐다. 치스차코프 대장이 지휘한 소련군 제25군은 8월 11일에서 20일까지 웅기, 나진, 청진과 나남을 점령했다. 8월 21일 상륙부대는 군항 원산을 점령했으며, 8월 24일과 25일 소련군 공수부대는 함흥과 평양에 낙하산으로 투하되어 일본군 수비대의 항복을 받아냈다. 제25군 일부는 일본군과 헌병대, 경찰의 무상을 해제시키면서 계속 남쪽으로 진격해, 9월 초에 38선 이북을 완전히 점령했다. 8월 15일 이후 이미 패망한 일본군의 저항이 있을 리 없었으나 소련군은 군사작전 방식으로 북한 전 지역을 접수한 것이다.

이어 8월 26일 평양에 총사령부를 설치하고, 연해주군관구 군사평의회의 명령에 따라 6개 도, 85개 군, 7개 시(평양, 진남포, 청진, 함흥, 신의주, 해주, 원산)에 경무사령부를 각각 설치했다. 이들은 일본군에게 항복을 받고 무기를 접수했으며, 행정기관, 경찰서, 법원은 물론 일본인 소유 대기업, 철도, 통신수단, 은행 등을 관리했다.

이것이 뜻하는 바는 소련군은 해방 초기에 이미 북한 전 지역을 완전 장악함으로써 소련체제 이식(형식적으로는 아니었지만 내용적으로는 그렇다) 또는 소련에 우호적인 정권 수립의 기초를 다졌다는 것이다. 또, 대리통치기구로서의 인민위원회를 그들의 수중에 넣었다. 인민위원회도 온전히 인민 스스로 구성한 게 아니라 소련군의 지침에 따라 재구성한 것이다. 인민위원회에 민족주의자들과 사회주의자들이 동등한 비율로 참여토록 한 것이다.

얼핏 보기에 민족주의자들과 사회주의자들의 참여를 같은 비율로 한 것은 긍정적인 것으로 생각하기 쉽지만 그건 고도의 정치적 계산에 따른 것이었다. 첫째, 그렇게 함으로써 소련은 자신들의 소비에트 체제 이식 의혹을 불식시킬 수 있었으며 둘째, 상대적으로 민족주의 세력이 강한 지역에서의 사회주의 세력의 강화를 도모할 수 있었고 셋째, 소련이 추구한 2단계 혁명, 즉 부르주아 혁명을 거쳐 프롤레타리아 혁명으로 가는 데 부합하였다는 것이다.

거짓의 역사와 위선의 한국 사회

소련군은 북한지역에서 조만식을 중심으로 한 민족주의 세력만 제압하면 그만이었다. 그리고 소련에 협조하지 않은 조만식은 결국 감금되고 한국전쟁에서 유엔군에 밀려 북한 지도부가 평양을 탈출하면서 많은 반공 민족주의자들과 함께 끝내 총살되었다.

미국인들이라면 이런 방식의 제거가 용인될 수 있었을까. 미군정이라면 저명한 민족주의 독립운동가를 단지 미군정에 협조하지 않는다는 이유로 재판도 없이 감금하고 제거할 수 있었을까. 있을 수 없는 일이다. 소련군은 그들에 협조하는, 아니 절대복종하는 공산 사회주의 세력이 아니면 그냥 제거해버리면 그것으로 끝일뿐이었으니 북한지역에서의 혼란은 상정하기 어려운 일이다.

이렇듯 해방정국에서 북한지역은 사회적 안정이 유지된 데 반해 남한지역은 혼란 그 자체였다. 앞에서 언급한 바와 같이 조선공산당과 그를 이은 남로당, 그 전위조직인 전평 및 전농, 민청의 조직적 폭력투쟁 및 무장봉기는 남한지역을 혼란의 도가니로 몰아넣었고, 급기야 피로 얼룩지게 했다. 남로당은 대부분 익히 알고 있을 터이니 전평과 전농, 민청이 어떤 조직이었는지만 살펴본다.

전평(조선노동조합전국평의회) 결성대회는 1945년 11월 5~6일, 양일간에 걸쳐 서울 중앙극장에서 전국 노동자대표 505명이 참가한 가운데 열렸다. 위원장으로 허성택이 선출되었는데 이에 앞서 박헌영, 김일성, 모택동과 미·소·영·불 4개국 노동조합 대표들을 명예의장으로 추대했다.

이 회의에서 4개 항의 결의를 채택했는데, △이 회의를 가져오게 한 '조선 무산계급의 수령이요 애국자인 박헌영 동무'에게 감사의 메시지를 전할 것, △소·미·중·영 등 연합국 노동자 대중에게 감사의 메시지를 보낼 것, △조선 무산계급 운동의 교란자 이영 일파를 단호히 박멸할 것, △조선 민족통일운동전선에 대한 박헌영 동무의 노선을 절대 지지할 것 등이다.

이를 보면 전평의 성격을 확실하게 알 수 있다. 전평은 단순히 노동조합의 전국조직이 아니라 박헌영의 공산당(당시는 남로당 결성 이전임)의 전위조직이었던 것이다. 김일성도 명예의장에 추대되었지만 그때까지만 해도 공산당 중앙은 박헌영이었고, 이영 등 공산주의의 다른 파당인 장안파를 공격한 것도 박헌영에 대한 충성의 표시였다.

1945년 12월 8일부터 3일간 결성대회를 거쳐 출범한 전농(전국농민조합총연맹) 역시 마찬가지로 공산당의 전위조직이다. 전농 결성대회는 '지도자 박헌영 동무에게 보내는 메시지'를 채택했는데 다음은 그 일부다.

> 존경하는 동무, 가시덤불을 개척하며 모진 풍랑을 돌파함이 그 어찌 쉬운 일이겠습니까마는 우리도 이 개척과 돌파가 동무의 지도를 따라 행동하는 한 그다지 어려울 것이 없을 것임을 확인하여 동요가 있을 때 엄격한 꾸지람을 주고 미혹이 있을 때 친절한 가르침이 있어 우리 농민 대중으로 하여금, 나아가서는 전 조선인민으로 하여금 하루속히 해방과 자유를 갖게 하기 바라나이다…

이 메시지는 박헌영에 대한 개인숭배의 특징까지 보이며 그를 우상화하고 있다. 농민뿐 아니라 조선 전체 인민의 '수령'으로 떠받드는 것을 보면 훗날 북한에서 벌어진 김일성 개인숭배를 떠올리지 않을 수 없다. 어느 나라에서나 공산주의자들에게 있어 당 중앙은 개인숭배의 대상이라는 점을 생각하면 이해하지 못할 바는 아니다. 하지만 인민을 그토록 강조하면서 개인숭배로서의 당 중앙에 대한 절대 충성과 복종이 당연시된 것은 그들의 허위와 기만 외에는 달리 설명하기 어렵다.

민청의 전신인 청총(전국청년단체총연맹)은 1945년 12월 11일부터 3일간 대회를 거쳐 결성된 조직이다. 여기에 참여한 좌익단체는 '학병동맹', '조선학도대', '조선근로청년동맹', '여자청년동맹', '건청회', '청년돌격대', '전국 부녀동맹' 청년부, 그리고 각 산별노조 청년부 등 44개 단체에 이른다. 청총은 '인공' 절대지지 및 김일성과 박헌영에게 보내는 메시지를 결의했다. 그런데 신탁통치 문제가 떠오르자 일부가 이탈해 나가면서 공산세력을 중심으로 하여 '민청(조선민주주의 청년동맹)'으로 다시 출발한다.

이렇게 보면 당시 남한에서 공산당이 광범위한 지지를 기반으로 하고 있었던 게 아닌가 하는 생각이 들 수 있다. 하지만 그건 아니다. 스칼라피노·이정식의 『한국 공산주의 운동사』는 "1945년 말에 공산당이 지도하는 좌익은 전위조직 사업에서 중간파나 우익을 훨씬 능가했다"며 "공산당의 실제 당원 수는 당시로서는 소수였지만 공산당의 목적을 위해 동원될 수 있는 인원은 수십만, 어쩌면 수백만에 달했다"고 쓰고 있다. 그러면서도 "물론 외곽단체의 인원수를 기계적으로 합하여 공산당 전체세력의 지표로 삼지 않도록 조심해야 한다"며 "사실상 당원 명부는 종이조각일 뿐이었고 수동적인 무수한 당원 속을 헤치고 다니는 열성분자는 소수였다"고 지적했다. "농민들이 새로운 정치의 와중에 휩쓸려 들었을 때 보통은 그 의미를 거의 이해하지 못했고 또한 외부의 조종에 의한 것일 때가 많았는데, 그 결과는 비참할 수밖에 없었다"고도 했다. 결국 대중은 그 의미도 정확히 이해하지 못한 채 공산당의 선전선동에 휘말렸다는 얘기다.

그 의미를 이해하지 못했다 하더라도, 아니 어떤 면에서 의미를 이해하지 못했기 때문에 공산당의 선전선동은 더 위력적일 수 있었고, 폭력을 수반한 대혼란이 발생했다고 생각된다. 1946년 7월 조선공산당이 이른바 '신전술'의 기치를 든 이후 9월 총파업이 그 신호탄이었다고 볼 수 있다. 물론 '신전술'은 소련군의 지령에 의한 것이었다. 그리고 전평이 주도한 9월 총파업은 정치적으로뿐 아니라 경제적으로도 남한의 미군정을 약화시키려는 것이었다. 철도와 전기, 통신이 주 파업 대상이었다는 점은 의심의 여지없이 소련의 의도가 무엇인지를 보여준 것이었다.

이렇듯 남과 북의 사정이 너무도 달랐던 당시 현실, 그리고 그것이 소련 및 공산주의자들의 의도되고 기획된 폭력으로 인한 것이었다는 점을 도외시한 채 공산혁명적 관점에서 일방적으로 역사를 이해하고 설명하는 게 객관성을 확보할 수 있을까. 해방정국을 혁명 대 반혁명의 구도로 보는 것은 공산혁명이 한국 민중의 요구였다는 일방적인 관점의 소산일 뿐이다. 거듭 말하지만 당시 시대적 요청은 자유혁명이었고, 공산주의 곧 전체주의는 시대를 역행하는 것이었다.

여기서 한 가지 짚고 넘어갈 것은 수정주의 사관이 해방된 조국의 과제를 '반제반봉건민주혁명'이라고 한 것에 문제가 있다는 점이다. 일제 치하에서 반제국주의 혁명은 물론 가장 중요한 과제였다. 하지만 해방으로 일제가 물러난 상황에서 여전히 '반제'를 강조하는 것은 미국을 제국주의로 본다는 의미일 것이다. 80~90년대 주사파가 민족해방을 외쳤다는 점도 미국을 제국주의로 보고 한국을 그 식민지로 규정했음을 의미한다. 한마디로 시대착오적이다.

그런 점에서 나는 80년대 좌파 운동권 내에서 벌어진 사회구성체논쟁(사구체 논쟁)을, 허상을 설정해 놓고 벌인 관념적 유희 정도로 평가한다. 사구체 논쟁이란 한국 사회를 어떻게 성격지울 것인가를 놓고 벌인 좌파 운동권 내의 논쟁을 말한다.

이를테면 주사파의 경우 한국을 미 제국주의의 식민지이자 봉건질서에서 벗어나지 못한 상태로 보았다. 따라서 미 제국주의에서 벗어남과 동시에 봉건 질서를 무너뜨린다는 뜻에서 반제반봉건혁명, 다시 말해 민족해방민중민주혁명을 과제로 내세운 것이다.

반봉건 혁명을 주장한 것도 순리가 아니다. 반봉건이라면 토지문제와 그에 따른 계급모순을 해결하자는 의미다. 그러나 한시적인 미군정이나 소련군정이 일본인들 소유를 몰수한 것은 당연하지만 민간의 토지(농지)를 몰수할 수는 없는 노릇이다. 그건 어디까지나 군정기가 끝나고 새로 수립된 정부가 실행해야 하는 과제다. 왜냐하면 농지개혁의 문제는 곧 이념과 체제의 문제와 직결된 사안이기 때문이다.

결국 반제반봉건혁명을 내세운 것은 마르크스주의에 기초한 입장을 드러낸 것에 지나지 않는 것이다. 그건 어디까지나 마르크스주의의 관점에서 설정한 과제일 뿐이었으며, 해방정국에서나 80년대 이후에서나 실제에 있어서 관념에 매몰된 것이었을 뿐이라고 나는 생각한다.

해방정국에서 공산주의자들이 그렇게 인식하고 주장한 것은 그럴 수 있다 치자. 하지만 세계적으로 자본주의·시장경제가 고도로 발전해가던 80년대에 그런 인식을 갖고 주장했다는 점은 시대에 역행하는 것일 뿐이다. 거듭 말하지만 그런 점에서 80년대는 반동의 시대였다.

좌파 문화투쟁의 단면

좌익에게 있어 문화투쟁은 대단히 큰 의미를 갖는다. 대중에게 새로운 인식과 의식을 심어주는 데 가장 유효하기 때문이다. 연구서나 정치·사회학을 기초로 한 저술들은 대중에 쉽게 접근하기 어려울 뿐 아니라 거기엔 '감동'이 자리하기 어렵다.

하지만 시와 소설, 그림이나 영화, 연극, 공연 등은 감동이라는 강력한 무기를 갖고 있어서 사람의 의식을 바꾸는 데 아주 효과적이다. 이른바 노동시인으로 유명한 박노해(본명 박기평)의 『노동의 새벽』이나 집회 현장에서의 걸개그림이 미친 영향을 생각해 보면 금방 이해할 수 있을 것이다.

80년대(90년대도 80년대의 연장이라 할 수 있다)는 좌파 문화투쟁의 전성

기였다. 그리고 그건 21세기까지 이어오고 있다. 1992년 중반기에 출간되어 나온『통일문학 통일예술』창간호를 보면 문화투쟁의 목적 혹은 저변에 깔린 의식을 엿볼 수 있다. 이른바 진보진영의 각계 인사 233명이 참여하여 만든 '통일문학 통일예술 연대회의'라는 단체의 이름으로 출간된 이 무크(magazine과 book의 합성어) 형식의 출간물에 게재된 '통일문학 통일예술 어떻게 할 것인가' 제하의 좌담회 중 '통일문학 통일예술 새로운 지평을 위하여'는 서슴지 않고 노골적인 목적을 드러내고 있다. 주목되는 대목만 인용한다.

> … 예컨대 젊은이들이 나라를 지킨다는 미명으로 북녘 동포들에 대해서 총질하고 칼질하는 일에 3년간이나 시간을 낭비하고 있단 말예요. … 3년 동안 자기가 좋아하는 기술을 배웠더라면 자기의 생활 향상을 위해서 크게 도움이 될 수가 있단 말예요. 그런 측면도 있고, 분단유지비용, 말하자면 국방비라고 할까요, 이렇게 세금 내는 게 엄청나거든요….

군 의무복무 기간을 '북녘 동포들에 대해서 총질하고 칼질하는 일'에 낭비하는 시간이라고 말하다니. 어떻게 이런 발상이 가능할까. 나라를 지킨다는 미명이라는 말도 충격적이지만, 군사훈련이 북한 동포를 겨냥하고 있다는 말도 대단히 악의적인 왜곡일 뿐 아니라 시간 낭비라는 인식을 독자, 곧 대중에게 심어주려는 데 경악하지 않을 수 없다.

거기다가 통일을 이루어 분단유지비용이 들지 않으면 임청난 비용을 국방비로 쓰지 않아도 된다는 의미의 말은 혀를 차게 한다. 남북통일이 되면 군대가 없어도 된다는 식이다. 군대가 존재하는 건 분단 때문이고 통일만 되면 엄청난 세금을 들여 군대를 유지하고 젊은이들의 시간을 빼앗지 않아도 된다는 논리다.

이런 단세포적인 사고와 논리에 누가 동의할까 싶지만 현실은 그렇지도 않다. 더욱이 같은 책에 실린 감성적인 시나 소설을 함께 읽는다면 대중은 거기에 넘어갈 수 있다. 이를테면 "누구를 위하여 휴전선 철책을 사수하나? … 그대 손가락 방아쇠에 걸렸구려… 당겨봐라 탄환이 네 심장을 파산시키리라…"와 같은 시가 함께 실려 있다. 젊은이들, 특히 기존 질서와 인식에 반역하고픈 젊은이 특유의 독자라면 어떠할까.

미군의 잔학상, 미군이 갖고 있는 문제점, 이런 것들을 문학 예술적으로 드러내 주는 게 필요하겠지요. … 미군들이 얼마나 잔악했는지에 대한 구체적인 사실은 생활 속에서 느낄 수 있도록 하는 것이 분단을 극복하고 통일을 향해 나아가는 데 필요한 통일문학 통일예술의 사명….

이건 주체사상이 녹아 있는 대목이라 할 수 있다. 미국의 식민지라는 인식, 따라서 미군의 잔악성을 작품으로 전달하여 '대중을 각성시키는 것'이 분단을 극복하고 통일을 향해 나아가는 길이라는 것이다. 우리의 적은 북한군이 아니라 미군이라는 얘기다.

이러한 인식은 80~90년대 운동권 젊은이들에게 광범위하게 퍼

졌으며 오늘날 급기야 주체사상세력이 정권까지 잡았다. 오랜 시간이 흐르고 북한의 실상을 온 세상이 알고 있어도 주체사상은 사라지지 않고 내면화되었다. 그들은 여전히 '우리 민족'을 앞세운다. 그건 주체사상의 다른 표출이라고 나는 생각한다.

북한에서 김일성 주석을 찬양하는 음악이라도 대중음악일 수가 있다. 노래의 가사, 그 내용은 김일성 주석에 대한 찬양이지만 그 노래 자체는 그들의 생활 속에서 즐기는 노래가 될 수 있는 것이지요.
무슨 째즈풍이 들어와 있다라든지 이러한 대중음악을 어떻게 취급할 것이냐? 그것이 미국 식민지 지배정책의 일환으로 들어와서 우리 국민 전체를 세뇌시키는 하나의 지배도구로 사용했기 때문에 나쁜 것이지.

김일성을 찬양하는 음악이라도 대중음악일 수 있다고 하면서도 재즈는 미국의 식민지 지배 도구라 한다. 그것도 국민 전체를 세뇌시키는 지배도구로 사용했으니 나쁜 것이라 하고 있다. 거꾸로 말하고 있다. 김일성을 찬양하는 노래야말로 북한 주민을 세뇌시키는 지배 도구 아닌가. 그런데도 그건 생활 속에서 즐기는 노래가 될 수 있다고 버젓이 말하고 있다. 이게 가능하려면 화자(話者) 자신이 그렇게 믿고 있어야 한다. 80년대와 그 연장으로서의 90년대 반미민족해방세력의 의식을 지배한 인식이다.

민중의 통일정서를 회복하기 위해서 우리는 첫째로 지금까지 지배

이념의 굴레로 씌워진 반공 이념의 극복에서 출발해야 한다. … 반공 이념은 외세의 침략이념(일제 침략기에는 천황 이데올로기)이며 이 땅의 민중을 지배하려는 외세에 영합한 국내 지배세력의 지배수단이다. 외세의 식민 이념이자 국내의 민중 지배 이념인 반공 이데올로기는 북녘땅 동포들을 원수처럼 여겨 왔고, 인간을 살해해도 죄가 되지 않은 반인류적 이념이다. 이러한 반공 이념에 영합해 온 자본주의 자유민주주의, 학술, 종교, 문학, 예술 등이….

반공이 지배 이념이었던가. 그런 측면이 없다 할 수는 없다. 하지만 그건 의도적인 것이라기보다는 자연발생적인 것이었다. 해방에서 6·25전쟁에 이르기까지, 그리고 이후에 계속된 공산주의자들의 도발과 폭거에 따른 반작용으로 나타난 것이기 때문이다.

해방정국에서 공산당은 분명 합법적인 지위에 있었다. 그러던 것이 3당 합당에 의한 남로당이 자신의 헤게모니 장악을 위해 지속적으로 혼란을 유발함에 따라 불법화된 것일 뿐이다. 나아가 무장폭동과 반란까지 일으킨데다가 북한군의 무력남침에 의해 대한민국의 존립을 위협하는 지경에 이르렀으니 반공이 지배적인 사회의식으로 자리한 것이다.

반공이 외세, 곧 미국의 식민 이념이었다는 것도, 반공이 북한 동포를 원수처럼 여기게 한 것이라 한 말도 터무니없기는 마찬가지다. 1948년 건국 시기는 물론 6·25전쟁 이후 한국이 미국의 식민지도 아니었을 뿐 아니라 미국의 군사, 경제에 있어서의 도움이 절실한 것은 대한민국이었다. 냉전체제하 미국으로서도 세계 공산주의 팽창을 저지해야 했지만 그것이 자유민주주의 국가들을 식민지화를 추구한 것은 아니었다.

반공으로 인하여 한국 국민이 북한 동포를 원수처럼 여긴 것도 사실과 정반대의 주장이다. 대한민국과 그 국민이 원수로 대한 것은 우리 헌법상 불법단체인 김일성 세습 정권이지 북한 주민들이 아니었음은 굳이 설명이 필요치 않을 것이다. 오히려 북한 동포들은 구원의 대상이지 적대의 대상이 아니었다. 그건 지금도 마찬가지다.

> 반역 원흉 이승만의 무덤이 국립묘지 한가운데 왕릉처럼 꾸며져 있는데도 모두가 당연시하고 있는 것 같다.

주사파 입장에서는 이승만은 통일(물론 공산통일이다)을 무산시킨 최대의 원흉일 것이다. 그들의 입장에서 보면 이승만이 아니었다면 통일이 가능했을 거라고 믿을 수도 있을 것이다. 이승만이 적극 남한만의 총선거를 주창하지 않았다면 국내 어느 지도자도 그런 주장을 하지 못했을 것이고, 결국 미국은 소련에 말려 들어갈 가능성이 있었다.

앞에서도 언급했지만 단선단정은 이승만이 아니고는 감히 누구도 할 수 없는 주장이었다. 그러니 그들의 눈에 이승만 묘소가 국립묘지에 자리하고 있다는 사실 자체가 거슬릴 수밖에 없을 것이다. 하기야 김용옥도 이승만의 무덤을 파내야 한다고 목소리를 높였으니 80~90년대 당시에는 오죽했을까.

『통일문학 통일예술』은 좌익 문화투쟁의 극히 일부분일 뿐이다. 당시 이 외에도 월간지, 계간지. 주간지, 무크, 학교 신문 등이 월 100여 종 가까이 쏟아져 나온 것으로 추산되었다. 그것들이 대중에게 얼마나 큰 영향을 미쳤는지는 가늠하기 어렵다.

거짓의 역사와 위선의 한국 사회

반동의 소설
『태백산맥』

빨치산들은 노인은 노인대로, 부녀자들은 부녀자들대로, 아이
들은 아이들대로 분류하여 다섯 명씩 세 줄로 세웠다. 그리고
는 모두 앞사람을 끌어안으라고 한 뒤 맨 앞사람 가슴에 총구
를 대고 방아쇠를 당겼다. 총알을 아끼기 위한 것이었다.

외눈박이 역사인식

『해방전후사의 인식』과 함께 한국 현대사 왜곡에 영향을 끼친 책이 전 10권으로 구성된 조정래의 대하소설 『태백산맥』이다. 아니 영향력에 관한 한 『해방전후사의 인식』은 이 소설에 비할 바가 못 된다. 『해방전후사의 인식』은 지식인 중심으로 읽히며, 그 인식이 주변으로 확산되어 나갔다면 『태백산맥』은 대중에게 직접 다가갔기 때문이다.

대중에게 있어서 논문은 접하는 데 한계가 있지만 소설은 쉽게 다가갈 수 있을 뿐 아니라 재미라는 요소가 있어서 그 영향력이 훨씬 더 클 수밖에 없다. 나아가 논문이나 역사기술서와 달리 소설에 등장하는 인물은 박제화된 인물이 아니라 실제 살아 움직이는 생동감을 주기 때문에 독자들로서는 감동을 갖지 않을 수 없고, 따라서 영향력은 비교할 수 없이 커지게 되는 것이다.

무려 천만 명 가까이가 이 소설을 읽었다는 점에서, 무엇보다도 독자들이 소설에 그려진 여순반란사건에서 6·25전쟁까지의 상황을 역사적 사실로 인식하고 있다는 점에서 내용의 실제 여부를 반드시 따져보지 않으면 안 된다. 특히 작가 조정래는 『태백산맥』 8권 '작가의 말'에서 다음과 같이 밝히고 있기 때문에 더욱 그렇다.

> 소설 『태백산맥』에서 다루고 있는 시대를 흔히들 '민족사의 매몰시대', '현대사의 실종시대'라고들 한다. 그것은 곧 그 시대가 그만큼 치열했고 격랑이 심했으며, 분단사 속에서 또 그만큼 왜곡과 굴절이 심했음을 의미한다. 그 시대의 진실과 참모습을 얼마나 객관적으로 복원하고 되살리느냐가 바로 분단극복이고 통일지향일 것이다. 그 시대의 복원은 바로 오늘을 푸는 열쇠이기 때문이다. 나는 그 작업을 위하여 수많은 사람들을 만났고, 여러 현장을 찾아다녔다. 소설은 단순히 상상력의 산물일 수 없으며, 엄격한 역사적 사실 앞에서 소설을 쓰는 사람은 제멋대로일 수 없는 것이다. 『태백산맥』에 나오는 수많은 이야기들은 그렇게 증언을 토대로 하고, 확인을 거친 것들이다.

조정래는 "수많은 사람들을 만났고, 여러 현장을 찾아다녔다"며 "『태백산맥』에 나오는 수많은 이야기들은 그렇게 증언을 토대로 하고, 확인을 거친 것들"이라고 쓰고 있다. 때문에 당시를 살았던 사람들이 아니면 소설의 내용을 사실로 생각하기 십상이다. 증언을 토대로 확인을 거쳤다고 하니 실제 일어났던 사건들을 바탕으로 썼다고 생각할 수밖에 없지 않은가.

거짓의 역사와 위선의 한국 사회

그런데 실은 전혀 그렇지 않다. 그는 한쪽 눈을 감고 한쪽 귀를 막아버린 채 한쪽 눈으로만 보고 한쪽 귀로만 증언을 들었을 뿐 온전히 두 눈으로 있는 그대로의 사실을 보지 않았다. 확인을 거쳤다고 한 것도 신뢰할 수 없다.

『태백산맥』은 한 마디로『해방전후사의 인식』의 한국 현대사 인식을 소설로 형상화한 것이라 할 수 있다. 이 소설은 과거 반공영화와 그 구조가 똑같다. 다만 역할이 서로 바뀌어 있다는 점이 다르다. 말하자면 반공영화와는 달리『태백산맥』에 등장하는 인물들 중 좌익은 순수하고 정의로우며 진정성 있는 인물로 그려지고 있는 반면 우익은 극히 예외적인 경우 외에는 대부분 음험하고 사악한 인물로 형상화되어 있다.

사실 처음『태백산맥』을 읽었을 때 나는 전율했다. 그간 배우고 알아왔던 역사와는 너무 다른, 아니 정반대의 '역사'가 펼쳐져 있었기 때문이다.『태백산맥』이 일관되게 말하고 있는 것은, 김일성의 조선인민민주주의공화국이 도덕적으로나 역사적으로 정통성을 갖고 있고, 이승만의 대한민국은 비도덕적임은 물론 반민족적인 정권이라는 것이다. 책을 읽으며 수없이 생각했던 것은 '대한민국은 태어나지 말아야 했던 게 아닌가' 하는 것이었다. 당시만 해도 한국 현대사에 대해 특별히 관심을 갖지 못했었고, 따라서 대부분 그러하듯 학교에서 배운 게 전부였기에 내가 받은 충격은 컸다.

그때부터 나는 한국 현대사를 파고들기 시작했다. 그리고 이어 소설『태백산맥』의 주무대인 전남 보성군 벌교읍을 중심으로 한 일대를 찾아다니며 증언을 채록하고, 다시『태백산맥』을 들여다보았다. 그리고 비로소 작가 조정래가 외눈박이의 역사인식을 갖고 이 소설을 썼다는 사실을 깨닫게 된다.

그때 쓴 게 『소설 태백산맥, 그 현장을 찾아서』인데, 당시 나를 후원해주셨던 김종오(金鐘伍, 작고) 선생과 의견이 맞지 않아 그분의 원고 수정에 의해 그분의 이름으로 출간할 수밖에 없었다(사실 그분은 소설 속 등장인물을 실제 현실에 있었던 인물과 구분하지 못했고, 그런 의견을 책 속에 담아야 한다고 요구하여 부득이 그분의 이름으로 출간한 것이다).

다행스러웠던 것은 벌교에서 해방정국과 여순반란사건 당시 벌어졌던 일을 생생하게 증언할 수 있는 사람들을 꽤 만날 수 있다는 점이었다. 그중에는 조정래에게 증언한 사람들도 있었다. 그런데 작가 조정래는 증언 중 좌익에 불리한 증언은 취하지 않고 묻어버렸다는 사실을 알게 되었다. 여러 증언자들이 조정래에 대해 불만을 드러내기도 했다. 조정래는 '그 시대의 진실을 객관적으로 복원'하기보다는 자신의 인식의 틀, 또는 주어진 인식의 틀에 맞게 사실 또는 상상력으로 역사를 재구성했다. 그는 자신이 말한 '현대사의 실종시기'의 진실과 참모습을 복원시키기보다는 오히려 '왜곡과 굴절의 역사'를 만들어낸 것이다.

『태백산맥』은 당시 공산혁명이 역사의 순리였다는 인식을 심어주고 있다. 다음은 제1권의 한 대목이다.

> 오 만을 헤아리는 읍민들 중에 팔 할이 농민이고, 그 농민들 중에서 구 할이 넘게 소작인인 그들이 인민위원회에 바라는 것이 무엇인가는 너무나 분명하고 확실했다. 신속한 토지문제의 해결이었다. 그 요

구와 공산주의혁명과는 한 치의 빈틈도 없이 맞아 떨어졌다. 해방된 땅의 전체 분위기는 똑같았고, 그건 곧 혁명으로 치달아가는 길이었다. 인민은 곧 혁명이데올로기의 거대한 연료로서 불꽃이 당겨지기만을 고대하고 있었다.

이 대목은 작중 안창민이라는 인물의 인식이다. 토지개혁이 시대적 요구인 것은 분명하다. 그런데 그게 공산주의 혁명과 정확히 일치하는 토지개혁이었을까. 문제는 안창민이 냉철한 판단력과 합리적 이성의 지식인으로 묘사되고 있는 인물이라는 점에서 독자들에게 설득력을 지니게 된다는 점이다.

과연 이것이 실제 상황이었을까. 전국적 상황이 아니라 벌교읍에 한정된 이야기라서 이를 통계적으로 확인하지는 못했다. 하지만 벌교에서 만난 사람들로부터 해방 당시의 상황에 대한 그 지역 사람들의 일반적인 생각에 대해서는 들을 수 있었다.

증언을 해준 사람들은 대개 '그건 공산당의 선전일 뿐 농민들은 별 대수롭게 여기지도 않았고, 무상분배를 크게 기대하지도 않았다'는 요지의 증언을 했다. 심지어 무상분배 기대를 당시 사람들은 비양심적이라고 생각하고 있었다고까지 말했다. 대한민국 정부 수립 후 이루어진 토지개혁에 대해서도 농민들의 반응은 긍정적이었다고 한다. 그런데 『태백산맥』은 소작인들의 분노를 그리고 있다. 다음은 제5권의 한 대목이다.

"에리기 순 개자석딜아. 고런 드런 눔에 법 맹그니라고 사년씩이나

그리 뻬대고 개지랄쳤냐! 지미 붙어묵을 눔덜.""싹 다 호로 개아덜눔
덜이다. 요것이 지주눔덜 땅장사 시켜주자는 것이제 농지개혁은 무
신 빌어묵을 농지개혁이냔 말여. 씨부랄눔덜이 사람을 워칫게 보고
하는 잡지랄덜여, 시방.""워칫게 보기넌 멀 워칫게 바. 소작이나 부쳐
묵고 사는 것들이야 보나마나 썩은 홍어좆이고 똥통에 구데기제. 눈
꼽쨍이만치라도 사람으로 여겼음사 요런 가당찮은 짓거리 혔겄어?"
"참말로 요기 속에서 천불이 솟아 더는 못참을 일이시, …""…이북서
헌 것보담 더 나은 방도는 아니드라도 같은 방도는 써야제." … 남자
들이 거침없이 토해내는 분노였다.

이 대목은 유상몰수 유상분배 방식의 농지개혁에 대한 농민들의
분노를 묘사한 것이다. 앞에서 보았듯, 브루스 커밍스가 '바람이 북
에서 남으로 불다'라고 서술한 것을 상기시키고 있다. 내가 들은 증
언과는 상반된다.

여기서 생각해 볼 게 있다. 북한에서야 공산주의자들의 농지개혁
이니 무상몰수 무상분배(이미 지적한 바와 같이 사실은 국가의 몰수이며 사유농
지가 아니지만)가 당연하다 할 수 있어도 남한, 곧 대한민국은 사유재
산이 인정되는 자본주의·시장경제 체제인데 무상몰수가 가능한가
하는 것이다. 있을 수 없는 일이다. 결국 작가의 의도 내지는 인식에
맞추어 위와 같은 상황을 상상해낸 것이라고 볼 수밖에 없다. 공산
혁명이 인민의 요구였고, 인민은 불꽃이 당겨지기만을 고대하는 거
대한 연료라는 인식을 독자들이 당위로 받아들이도록 강제하기 위
한 것이었을 뿐이다.

거짓의 역사와 위선의 한국 사회

벌교에서 만난 사람들은 당시 유상몰수 유상분배도 사실상 '거저 먹기'였다고 증언했다. 그럴 수밖에 없는 게 농지가의 1.5배를 5년에 걸쳐 분할 상환하는 것이었으니 그 이전 사실상 농지를 소유할 수 없었던 소작농들이 자가 경작을 할 수 있게 되었고, 상환기간 연장도 가능하도록 하였으니 거저먹기라고 생각할 수 있었을 것이다.

사실 곤란했던 사람들은 지주들이었다. 유상몰수 유상분배라는 것은 호당 3*ha* 이상의 농지를 정부가 사들여 소작농에게 분배하는 방식이었는데, 지주에게는 지가증권(地價證券)을 발급했다. 정부의 의도는 지주들로 하여금 지가증권으로 기업에 투자토록 하기 위한 것이었지만 지가증권의 가치는 인플레이션으로 인하여 액면가의 50% 수준으로 떨어졌으니 그럴 만도 했다. 그러다 보니 변칙도 벌어졌다. 일부 지주들의 경우 소작인들과 직접거래를 통해 손실을 피하려 했던 것이다. 그렇다 해도 소작인들이 농지개혁법 이전의 경우 비싸게 사는 경우가 있었지만 농지개혁법 입법 후에는 기준가가 형성될 수밖에 없기 때문에 소작인들이 손해를 보는 일은 없었다.

농지개혁이 늦어진 건 지주 출신 국회의원들 탓도 있지만 북한의 남침도 농지개혁의 실질적 이행을 늦추게 했다. 전쟁이 아니었다면 보다 신속하게 소작농의 자작농화가 이루어졌을 것이다. 그러고 보면 『태백산맥』에 묘사되고 있는 농민들의 분노는 오히려 공산주의자들에게 돌려져야 하는 게 아닌지 모르겠다.

아무튼 위 대목은 소작인들의 불만이라기보다는 공산당의 선전선동이라고 보는 게 더 사실과 가깝지 않을까 생각된다.

실제와 너무 먼 상황설정

『태백산맥』에는 벌교에서 유달리 지주와 소작인들 간 갈등이 많이 등장한다. 그런데 지주는 하나같이 비인간적인데다가 탐욕에 젖은 사람들이고, 소작인들은 천대받고 수탈당하면서도 어쩔 수 없이 목숨줄을 이어가는 사람들로 묘사된다. 그리고 급기야는 끓어오르는 분노로 지주를 죽이는 사태까지 그려진다. 다음은 제4권에 그려지고 있는 장면이다.

"못들어오게 허는 말 전해들었으면 순순허니 돌아슬 일이제, 요런 쌍것들이 누구 마당서 난리굿이여, 난리굿이." … "그렇제라, 우리야 가난혀서 쌍것잉께 쌍것 소리 듣는 것이이야 당연지사고요, 논얼 폴아 넘기셨다는디, 그 경우 우리 소작권도 항꾼에 넘게주십사 헌 부탁언 워찌 되었는가 허고" … "복장 긁자는 거이 아니라 우리덜 목심이 붙은 중대사구만이라." "벌거지 겉은 것덜 죽으나 사나 알 일 아니다. 머 하고 있냐! 물 찌끄러 내몰아라." "머시여, 벌거지!" 강동기가 소리치는가 싶더니 담쪽으로 내달았다. 삽을 집어든 그는 이쪽으로 달려오고 있었다. … 눈에 파랗게 불을 단 강동기는 동료들의 외침도 아랑곳없이 서운상을 향해 내달았다. 돌발한 위험을 피하려고 허둥거리며 방문을 열어젖히던 서운상은 비명을 토하며 나뒹굴어졌다. 강동기는 한번에 그치지 않고 또 삽을 치켜올렸다. 뒤따라 쫓아온 김복동과 마삼수가 강동기의 팔을 붙들었다. "냅두씨요. 요런 인종덜언 삭 다 때려쥑여뿌러야 쓰요."

이 대목은 농지개혁에 앞서 '논 빼돌리기' 뒷거래에 분개해 찾아간 소작인들이 자기들의 소작권도 함께 넘겨달라는 호소를 하자 지주 서운상이 "벌거지 같은 것들 죽으나 사나 내 알 바 아니다"라고 한 데서 빚어진 사건이다.

제6권에도 비슷한 사건이 그려지고 있다. 정현동이라는 지주가 유상몰수도 손해라고 생각해 발동기를 이용해 멀쩡한 논에 바닷물을 채워 염전을 만들려 하자 소작인들이 "여그 논에 딸린 목심이 수백인디요, 그 목심 불쌍허니 생각허셔서 생각을 고쳐주시제라, 지발 적선헌다고" 하며 염전화를 거둬들여달라고 호소하지만 지주는 냉정하게 거절하며 소작인 한 사람을 밀쳐버려 바닷물이 차오르고 있던 논에 나뒹굴자 다른 소작인이 "아이 씨부랄놈아, 니만 사람이냐아!"고 격노하여 낫으로 살해하는 장면이 나오는 것이다.

제5권에서는 소작인들 수백 명이 "우리 땅 내놔라!", "악질 지주 처단하라!"는 구호를 외치며 시위하다가 계엄군과 경찰, 청년단에 무자비하게 짓밟히는 장면도 등장한다. 이렇듯 『태백산맥』에는 농지개혁을 앞둔 상황에서 탐욕스러운 지주들이 온갖 수단을 동원해 '논 빼돌리기'에 나서자 소작인들이 반발하는 장면이 많이 묘사된다.

당시 벌교 일대에서 그런 일이 실제 벌어졌을까. 작가는 "엄연한 역사 사실 앞에서 소설을 쓰는 자는 제멋대로일 수가 없는 것"이라고 했다. 따라서 위와 같은 장면을 설정했다는 것은 실제에 있어서 유사한 사건이 빈발했으리라고 독자들은 믿을 수밖에 없을 것이다. 과연 그랬을까.

벌교에서 만난 분들 중 김○○ 씨라는 분의 증언은 전혀 다르다. "소작쟁의는 1930년 전후 전국 여러 곳에서 일어났다는 말을 들은 적은 있으나 직접 목격하지는 못했어요. 일제 말기에는 소작쟁의는 없었다고 봐야 될 겁니다. 소작쟁의를 일으키면 일본인 경찰이 잡으러 다니고 식민지 기간이 길어지면서 사실상 쟁의가 어려워졌어요."

그는 소작쟁의라는 것도 기껏해야 소작료를 안내고 버티는 정도인데, 이 경우 소작회와 지주 간 조정심의를 거쳐 해결했다고 한다. 그는 해방 후에도 소작쟁의는 없었다고 했다. 일제시대에는 소작료가 50%였는데 해방 후에는 3·7제로 바뀌었기 때문에, 즉 소작료가 30%로 낮아졌기 때문에 소작인들의 입장에서는 한결 여건이 좋아져 쟁의도 없었거니와 더구나 난동 같은 것은 일체 없었다고 증언했다. 다른 사람들도 똑같은 증언을 했다.

여러 증인들의 말을 종합해 보면 난동이나 시위 같은 것은 없었다는 결론을 얻을 수 있다. 요컨대 『태백산맥』에 묘사된 많은 장면은 '역사 사실'이 아니라 작가의 창작물이라는 것이다. 물론 소설은 허구다. 그러나 『태백산맥』의 경우 단순한 허구로 받아들일 수 없게 되어 있다. '작가의 말' 때문이다.

작가 조정래는 해방공간에서 기득권 세력의 대표격이라고 할 수 있는 지주들의 탐욕과 그로 인한 소작인들의 수난을 그려냄으로써 '공산혁명'의 당위와 대중적 지지를 말하고자 했으리라 짐작된다. 그는 그것이 역사의 순리이자 진실이라고 스스로 믿은 것일까. 아니면 작품의 극적 요소를 위해 상상력을 발휘한 것일까.

앞에서 『태백산맥』은 인물 설정에서의 구조가 반공영화와 같다는 점, 다른 게 있다면 역할이 바뀌었다는 점을 지적한 바 있다. 인물의 성격이 정형화되어 있다는 얘기다. 지주와 경찰, 청년단 등 우익세력은 극히 예외적인 경우 외에는 하나같이 부정적으로 그려져 있다. 극히 예외적인 인물 설정은 정형화로 인하여 역설적으로 독자들의 신뢰를 잃을까 우려해서이거나 아니면 우익의 악마화를 위한 수단으로 우익과 우익을 대비한 것 아닌가 한다.

이에 비해 좌익, 특히 빨치산들은 대단히 긍정적인 이미지를 갖는다. 신념이 확고하고 인간적이며, 고결하기까지 한 인물로 형상화되고 있다. 이는 비단 인물 설정에서 끝나는 문제가 아니다. 그들이 추구한 가치에 대한 정당성 및 당위성과 연결되기 때문이다. 적어도 독자들은 그렇게 인식할 것이다. 나부터가 처음엔 그랬다.

한번 생각해보자. 어떤 이념에 의해 한 인간이 달리 규정될 수 있을까. 그럴 수는 있다. 그만큼 이데올로기는 무서운 것이다. 앞에서도 언급한 바 있지만 핏줄의 조국보다 사상의 조국을 더 중시한 사람들이 있었다는 점에서 한 인간이 이념에 의해 성격지워질 수 있다고는 본다. 그러나 모든 인간이 그럴 수는 없다. 추구하는 이념에 의해 천편일률적으로 정형화될 수는 없다는 말이다. 그러나 『태백산맥』의 인간 군상은 천편일률적으로 정형화된 사람들이다. 이런 것을 역사의 진실이라 할 수 있을까.

한 가지 매우 중요한 사실이 있다. 그건 『태백산맥』 제1권 1986년의 초판과 1988년 개정판의 내용이 다르다는 것이다. 다시 말해 개정판에서 고쳐 쓴 것이다. 이야기의 흐름과 아무 상관도 없는데 왜 굳이 고쳐 썼을까. 다음은 제1권의 1986년 초판의 내용이다.

> 그녀를 확실하게 믿을 수 있는 근거를 마련해야 한다. 그녀를 세뇌시
> 킬 수만 있다면 앞으로 두고두고 이용할 수가 있을 것이었다.
> "여자를 세포로 삼는 데 가장 빠른 방법은 몸을 섞는 일이다. 일단 몸
> 을 섞게 되면 여자는 약해지게 마련이고, 정이 생기게 된다. 그게 여
> 자들의 속성이다. 그러나 더러 예외적인 경우도 있다. 그렇지만 염려
> 할 게 없다. 처녀든 유부녀든 우리나라에선 몸 버린 소문에 떨지 않
> 을 여자가 없다. 그걸 미끼로 한 두 번은 확실히 이용할 수 있다. 그러
> 니까 필요하다고 판단되는 여자는 주저하지 말고 몸을 섞어야 한다."
> 서울에서 세뇌교육을 받을 때 임철수라는 중간 간부가 전혀 감정이
> 섞이지 않은 낮고도 일정한 음향의 목소리로 한 말이었다.

이 같은 내용이 1988년 개정판에서는 다음과 같이 바뀐다.

> 그녀를 확실하게 믿을 수 있는 근거를 마련해야 했다. 그녀를 세뇌시
> 킬 수만 있다면 앞으로도 두고두고 이용할 수도 있는 일이었다.
> "임무수행 중 특히 경계해야 할 것은 두 가지가 있소. 술과 여자요. 그
> 건 둘 다 독이오. 철저히 경계하라. 단, 냉철한 당원의 이성으로 판단
> 했을 때 사업에 절대이익을 줄 수 있는 여자까지 포함시키는 것은 아
> 니오. 그 판단기준은 당원의 이성에 맡기겠소."
> 서울에서 세뇌교육을 받을 때 임철수라는 중간 간부가 전혀 감정이
> 섞이지 않은 낮고도 일정한 음향의 목소리로 한 말이었다.

이는 작가가 좌익의 진정성 또는 순수성을 훼손시키지 않으려는 데 얼마나 신경 썼는지를 보여준다. 초판에서는 목적을 위해서라면 여자를 이용하는 것과 같이 비정하고도 냉혹한 공산주의자들의 모습을 보여준다. 이 대목은 『태백산맥』에서 유일한 '의외'다. 혁명세력의 순결함을 초지일관 유지하던 작가가 이러한 대목을 설정했다는 것은 정말 뜻밖이었다.

그래서인지 개정판은 완전히 바뀌었다. '여자를 세포로 삼는 데 가장 빠른 방법은 몸을 섞는 일'이라거나 '여자의 약점을 미끼로 삼는 것' 등의 저급한 방법 대신 '술과 여자는 독'이라는 내용으로 바뀐 것이다. 왜 그랬을까. 아마 좌익, 공산주의자들의 순결함을 손상시켰다고 뒤늦게 후회한 게 아니었을까.

해방구에서 있었던 일

작가 조정래의 공산주의자들에 대한 미화는 작품에서 '해방구'로 그려진 지역에서 있었던 역사 사실 왜곡에서 적나라하게 드러난다. 전라남도 보성군 율어면이 그곳인데, 작품에서 율어는 공산 빨치산이 장악한 해방구다. 해방구란 인민을 착취로부터, 그리고 계급구조에서 해방시킨 지역이라는 의미다. 다시 말해 공산주의자들이 장악한 지역이라는 걸 뜻한다.

작품에서 해방구 율어는 단순히 좌익이 지배하는 지역 이상의 의미를 가진다. 작가는 거의 이상향 수준으로 묘사하고 있다. 더 나아가 빨치산 대장은 저녁 무렵 혹시 연기가 피어오르지 않는 집이 없는지, 다시 말해 끼닛거리가 없어 굶는 집이 없는지 확인하는 등 매우 세심하게 인민 삶을 신경 쓰는 인물로 그려진다. 우익 지배의 벌교지역이 인민에 대한 착취와 천대, 그리고 우익 모리배들의 음모가 판을 치는 세계라면, 율어는 해방구로서 하나의 유토피아다.

하지만 그건 작가의 완전한 상상력의 산물이었을 뿐 실제의 현실은 전혀 달랐다. 우선 공산 빨치산의 장악 기간부터가 너무 차이가 났다. 작품에서는 두 번에 걸쳐 추수를 한 것으로 되어 있다. 2년 정도의 기간을 빨치산이 장악하고 있었다는 의미다.

"글쎄 정확히는 기억하지 못하지만 한 열흘 정도 될거요."

한 주민의 증언이다. 어떤 사람은 보름 정도로 기억했고, 또 다른 사람은 사나흘 밖에 안 된다고도 했다. 분명한 것은 빨치산이 장악 것은 매우 짧은 기간에 지나지 않았다는 사실이다. 그런데도 왜 작가는 두 번에 걸쳐 추수를 한 것으로 설정했을까. 아마도 작가는 혁명이 달성된 북한지역에서의 세상을 해방구 율어를 통해 보여주려한 게 아닐까. 작품에서 벌교가 이승만 정권 치하라면 율어는 조선민주주의인민공화국의 세상이다. 두 세계를 대비시키기 위해서는 빨치산의 세상이 상당 기간 유지되도록 설정하지 않으면 안 될 것이었다고 생각된다.

작가에게 있어서 해방구 율어는 그 어떤 불미스러운 일이 있어서는 안 되는 이상향이어야 했을 것이다. 때문에 작품에서도 그렇게 그리고 있다. 하지만 실상에 있어서는 끔찍한 일이 벌어졌었다. 이른바 '자맥이 사건'이다. 보성군 율어면과 겸백면 사이에 자맥이 부락 있다. 바로 이 마을에서 주민 16명이 빨치산에 의해 무참하게 살해당했다.

사건이 나던 날 낮 율어초등학교 운동장에서 무슨 궐기대회가 열렸다. 젊은 사람들은 이 궐기대회에 참석하느라 마을엔 노약자들만 남아 있었다. 그 무렵 마을에서 약간 떨어진 외딴 주막집에 빨치산 몇 명이 나타나 밥을 지어먹고 있었는데, 자맥이 부락 한 주민이 마침 이것을 보고 지서에 신고했다.

이에 율어 및 겸백 지서 경찰이 즉시 출동, 합동작전 끝에 빨치산 일부를 생포하고 일부는 사살하였다. 당시 경찰과 주민들 간 신고 체계가 잘 갖추어져 있었기 때문에 빨치산들이 벌건 대낮에 민가에 나타나는 건 위험한 일이었다.

그날 밤 역시 마을에 젊은 사람들은 없었다. 전신주 지키는 일에 동원되었거나 가까운 산으로 피해 있었기 때문이다. 경찰이 주민들까지 동원해 전신주를 지키도록 한 것은 통신두절을 막기 위한 것이었다. 빨치산들은 경찰의 통신 교란을 위헤 전선을 자르곤 했기에 젊은 사람들로 하여금 전선주 지킴이를 시킨 것이었다.

밤이 이슥해지고 마을엔 정적이 감돌고 있었는데 갑자기 인○○ 씨네 집으로 모이라는 소리가 시끄럽게 들렸다. 인○○ 씨 집은 마을에서 가장 큰 집이어서 사람들을 모이기에 안성맞춤이었다. 마을 사람들은 경찰이 모이라고 하는 걸로 알았다. 하지만 아니었다.

인○○ 씨 집 마당에 모인 마을 사람들은 누군가가 앞으로 나서 "내가 겸백 사는 김○○이다"라고 소리치는데 바짝 긴장했다. 그는 좌익의 보성군당위원장이었다. 마을 사람들은 긴장하면서도 설마 무슨 일이야 있겠나 싶었다. 젊은 사람들은 한 명도 없고 노약자들만 있었기 때문이다. 그러나 상황이 불안하게 돌아갔다.

빨치산들은 노인은 노인대로, 부녀자들은 부녀자들대로, 아이들은 아이들대로 분류하여 다섯 명씩 세 줄로 세웠다. 그리고는 모두 앞사람을 끌어안으라고 한 뒤 맨 앞사람 가슴에 총구를 대고 방아쇠를 당겼다. 총알을 아끼기 위한 것이었다.

빨치산들은 죽어 나자빠진 사람들에게 죽창으로 찔러 죽었는지를 확인하고 아직 죽지 않은 사람의 숨통을 끊었다. 그리고는 집집마다 뒤져 식량을 턴 다음 마을에 불을 질렀다.

그때 한 사람이 허벅지에 총알을 맞아 살았으나 총알을 맞은 자리의 통증을 견디지 못해 꿈틀거렸는데, 누군가 "이 새끼 안죽고 움직인다. 일어나" 하고 소리쳤다. 그는 빨치산의 재사격에 그대로 절명했다.

이날 기적적으로 살아난 사람이 있다. 송○○(당시 14세) 씨가 그 주인공이다. 그는 다섯 명 씩 섰을 때 맨 뒤에 선 덕분에 살았다. 하지만 죽은 척 쓰러져 있었다. 앞에서 말한 죽지 않았던 사람이 꿈틀거리다가 다시 사살되어 송○○ 씨 위로 털썩 쓰러지는 바람에 빨치산들이 정확히 상황을 파악하지 못해 살아남을 수 있었던 것이다.

이때가 1949년 음력 7월 27일이다.『태백산맥』의 내용 중 율어가 해방구이던 바로 그 시기다. 자맥이 부락에서 여러 집의 제삿날이 한 날인 까닭이 이 사건 때문이다.

작가 조정래는 '자맥이 사건'에 관해 아는 바가 없었을까. 그럴 리 없다. 그는 '증언'과 '확인'을 위해 현장을 찾아다녔다고 했다. 그는 벌교, 율어 등지를 25회나 오가며 조사를 했다고 했다. 그런 그가 몰랐다고 할 수 있을까. 그런데도 왜『태백산맥』에는 이 사건이 전혀 반영되어 있지 않았을까.

이유는 간단하다고 생각된다. 빨치산은 순결하고 정의로우며 인민에 헌신하는 인물로 그려져야 하기 때문 아닐까. 나아가 해방구가 빨치산에 의해 이와 같은 만행이 저질러진 곳일 수는 없는 것 아니었을까.

사정이 이러하다면 작가는 '역사적 진실'이니 '소설 쓰는 자는 역사 사실 앞에 제멋대로일 수 없다'느니 따위의 말을 해서는 안 된다. 하지만 그는 증언과 확인을 거쳤다며『태백산맥』이 역사 사실을 담고 있다고 당당하게 말하고 있다. 그 당당함은 어디서 오는 것일까.

역사적 진실을 담으려면 어느 한 면만 보아서는 안 된다. 그러나 조정래는 한 면만을 담고 다른 면은 외면했다. 그는 증언 중 빨치산의 영웅화에 도움 되는 증언(그런 게 있었는지도 의문이지만)만을 채용하고 빨치산의 영웅화를 저해하는 증언은 애써 배제했다. 그래서 외눈박이라고 비판하는 것이다. 아니 좀 심하게 말하자면 사실상 역사적 '사기'요 기만이다.

아마 많은 독자들이『태백산맥』에 묘사되고 있는 여러 상황이나 사건을 14연대 반란과 그에 이은 빨치산 투쟁 당시의 실제 모습으로 오인했을 걸로 짐작된다. 많은 독자들은 작가가 이끄는 대로 따라갈 뿐 작품의 역사적 진실 여부를 가려낼 분별력을 갖기 어렵다. 『소설 태백산맥, 그 현장을 찾아서』도 당시의 시대상황을 몸소 겪고 『태백산맥』에 그려진 상황이 왜곡되었다는 확신을 가졌던 고(故) 김종오 선생의 의지에 따라 집필하게 된 것이다. 그는 전남 보성군 출신으로, 짐작키로는 그의 부모 등 가족이 빨치산들에 의해 변을 당하지 않았나 싶다.

『태백산맥』에 좌익의 잔혹함이나 잘못을 묘사한 장면은 단 한 곳도 없다. 시종일관 우익의 추악함과 이승만 정권의 반민족적이며 반민중적인 행태, 그리고 그에 대비되는 공산주의자들의 진정성과 고결함으로 채워져 있다. 그건 작가 자신이 갖고 있는 인식(나는 이것을 주어진 인식이라고 생각한다)을 토대로 형상화하고 구성하려는 의지의 반영이라 할 수 있다.

해방구 율어, 그 이상향은 애당초 존재하지도 않았고, 빨치산이 순결한 존재도 아니었으며, 빨치산에 의해 벌어진 잔인한 민간인 학살도 엄연한 역사적 사실이다.

빨치산에 끌려가
빨치산이 된 사람들

『태백산맥』에 그려진 빨치산은 순결하고 고귀하며 인민 해방을 위해 투쟁하는 존재다. 그들은 절대 인민을 괴롭히거나 약탈과 같은 행위는 상상할 수조차 없는 신성한 투사들이어야 했다. 그러나 앞에서 보았듯 실제에 있어서 그들은 한 마을 주민을 몰살시킨 만행을 저질렀다. 민간인들이 입은 피해는 그 외에도 많았다. 빨치산들도 별수 없는 인간이었기 때문이다. 토벌대를 피해 산으로 들어간 그들이 살기 위해서는 식량이며 의복 등의 물자가 필요했고, 그것을 구하기 위해선 민가를 털어야 했던 것이다. 『태백산맥』에서 해방구로 설정되었던 율어에 살며 당시 청년단원으로 경찰 토벌작전에 동원된 적이 있었던 정○○ 씨의 증언이다.

"빨치산 토벌작전에 동원되어 빨치산 아지트에 가보니 소를 잡아먹다가 급한 나머지 머리와 몸통은 놔둔 채 다리만 갖고 도주했더군요. 시골에서는 쇠고기를 1년에 한 번 먹을까 말까 하는 판인데…."

빨치산들이 농가의 소를 끌고 갔다는 얘기다. 소는 당시 아주 귀한 재산이었다. 그런 것을 약탈해 갔으니 다른 것은 말할 것도 없다. 훔쳤든 강제로 빼앗든 주민들의 입장에서는 차이가 없었다. 빨치산에게 대항하는 것은 죽기로 작정하지 않는 이상 할 수 없는 일이었다.

당시 경찰은 빨치산을 공비(공산 비적)라 불렀다. 그러나 주민들은 '밤손님' 혹은 '산손님'이라고 했다. 함부로 공비라 잘못 말했다가는 자칫 목숨을 부지할 수 없었기 때문이다. 그런 처지에서 빨치산들에게 대들 수는 없었다.

빨치산들은 식량이나 의복, 기타 필요한 물자를 구하는 것을 보급투쟁이라 했다. 보급투쟁은 곧 그들에게 있어 생존을 위한 투쟁이었다. 따라서 좌우를 떠나 물자를 훔치거나 심지어 약탈조차도 이해할 수 있는 측면이 있다. 그들도 인간 아닌가.

그런데도 『태백산맥』에 묘사되는 빨치산은 현실에서는 가능하지 않은 인간상으로 나타난다. 보급투쟁에서만이 아니다. 지리산으로 몰린 빨치산의 최후는 영웅적으로 그려진다. 누구 한 사람 고결하지 않은 인물이 없다.

작품에서 빨치산들은 악덕 지주가 아닌 경우 인명을 살상하면서까지 약탈을 하는 것은 물론 절대로 억지로 빼앗거나 훔치는 것조차 하지 않는 것으로 묘사되고 있다. 그들은 철저하게 '인민의 자발적인 협조'에 의해서만 물자를 확보하는, 그야말로 '인민의 보호자이자 인민의 편'으로 그려지고 있다.

그런데 그 어려운 시기에 자발적으로 식량을 내줄 사람이 어디 있었을까. "당장 나 먹기도 모자란 판에 자발적으로 식량을 줄 사람이 어디 있겠느냐"는 게 당시를 살았던 주민들의 증언이다. 그러나 작품에서 빨치산들은 심지어 빈 집의 닭을 잡으면서도 주인의 양해가 없이는 인민의 재산을 함부로 손댈 수 없다는 점 때문에 몹시 망설이는 대목까지 나온다.

『태백산맥』에 묘사된 보급투쟁은 실제와는 전혀 다른 작가의 상상력에 의한 것이다. 작가는 빨치산의 진정성과 순결함을 위해 그렇게 묘사했지만 사실성(reality)은 떨어질 수밖에 없다. 아니 떨어지는 정도가 아니라 사실성은 없다고 보아야 한다. 문제는 독자들이 소설에 그려진 상황을 실제 있었던 사실로 인식할 것이라는 점이다. 누가 그런 걸 신경이나 쓰겠는가.

보급투쟁으로 인한 주민들의 고통은 재산상의 손실로만 그친 게 아니다. 재물 손실 정도는 그나마 다행이었다. 초모병(草募兵)으로 끌려가는 건 가장 두려운 일이었다. 초모병이란 빨치산들이 약탈한 물자를 지고 직접 산으로 올라가 원치 않게 빨치산이 된 사람을 말한다. '자맥이 사건' 당시 전신주 지킴이로 나간 사람 외의 젊은 사

람들이 집에 있지 않고 산으로 숨었던 것도 실은 초모병으로 끌려
가지 않으려는 것이었다.

빨치산이 약탈한 물자를 지고 산으로 올라가는 것은 주민들에게
운명의 갈림길이었다. 일단 물자를 지고 산으로 올라가면 젊고 이
용 가치가 있는 사람들은 돌려보내지 않고 빨치산의 보충병, 즉 초
모병으로 삼았던 것이다.

물론 식량 등을 지고 간 모든 사람들이 초모병이 된 것은 아니다.
빨치산 입장에서는 식량만 축내는 사람은 쓸모가 없기 때문이다.
때문에 젊은 사람들은 한사코 끌려가지 않으려고 날이 어두워지면
숲속으로 들어가 숨어 지냈던 것이다.

자, 여기서 질문을 던지지 않을 수 없다. 빨치산은 인민의 편이었
는가? 그들은 순백의 고결한 전사들이었는가? 공산혁명은 역사의
순리였는가? 한국 민중과 미국은 서로 모순관계에 있었는가? 그 답
은 자명하다. 사실상『태백산맥』에 그려진 상황이나 인물 설정은 실
제 현실과는 동떨어진 것이고, 따라서 소설을 뒤집어 읽을 때 거기
에 진실이 놓여 있다고 나는 단언한다.

피의 숙청을 미화한 논리

『태백산맥』에서 가장 충격을 받은
것은 이 작품이 김일성과 박헌영 간 권력투쟁이 박헌영과 남로당계
의 숙청으로 끝났다는 역사적 사실을 어이없는 논리로 미화한 대목
이다. 그건 작가가 의도하든 의도하지 않았든 김일성의 잔인한 숙

청에 대한 미화이며, 배신당한 남로당 계열, 특히 남한지역에서 빨치산 투쟁을 벌인 세력에 대한 모독이라 하지 않을 수 없다. 작가는 작중 인물을 통해 마치 박헌영 스스로 '숙청'을 자청함으로써 조선노동당이 인민 앞에 책임을 진 것으로 설명하고 있다.

공산주의자들의 권력투쟁은 잘 알려진 사실이다. 그리고 그 결과는 무자비하고도 잔인한 피의 숙청이었다. 소련에서도, 중국에서도 그리고 북한에서도 권력투쟁과 피의 숙청은 어김없이 나타났다. 그런데 작가는 남로당 숙청을 "선택적으로 결정한" 것으로 설명하고 있다.

'선택적 결정'이라는 교묘한 개념으로의 규정은 그야말로 작가 조정래의 '창의적 고민'의 산물이라 하지 않을 수 없다. 그로서는 공산주의자들, 곧 조선노동당에 대한 부정적 인식은 있어서는 안 될 일이었으리라 짐작된다. 따라서 김일성의 무자비하고도 잔인한 숙청에 대한 인식을 어떻게든 바꿔놓을 필요가 있었던 게 아닌가 싶다. 소설의 한 대목을 보자.

아무런 발언권이 없이 회의를 지켜본 김범준은 그저 마음이 우울하고 무거울 뿐이었다. 왜냐하면 휴전협정을 하지 않을 수 없는 상황에서 그런 결정서를 채택하게 된 중앙당 수뇌부의 고통스러움을 충분히 감지할 수 있었고, … '남조선 단체들이 잘못해서 그런 것이다' 이 단적이고도 결정적인 '전쟁 수행의 책임규정'에 대해서 그들 두 사람이 도당위원장 입장에서 발언하자면 얼마든지 할 수 있었다. 그런데 정작 그들은 문제에 대해서는 아무런 이의도 제기하지 않았다.

그들의 그런 태도에서 김범준은 공산당원으로서의 그들의 면모를 보고 있었다. 그들은 휴전회담을 하지 않을 수 없는 상황에서 당이 인민들 앞에 처하게 된 곤궁한 입장을 십분 이해하고 납득하는 것이라고 믿었다. 그 대목은, 인민들 앞에 선 당의 책임을 '선택적으로 결정'한 것이었고, 그들은 그 '선택된 책임'을 말없이 짊어지고자 한 것이 분명했다….

여기서 결정서란 1951년 8월 30일 노동당 중앙당 정치위원회에서 의결한 '94호 결정서'로서 "6·25에 당, 단체는 영용한 투쟁을 전개했으나 결정적인 '조국해방투쟁' 과정에서 당이 요구하는 수준에서 자기 임무를 수행치 못했다. 전쟁 시작 1년이 경과했으나 빨치산 투쟁은 결정적 성과를 쟁취치 못했으며 대중을 조직화해 폭동을 일으키지 못했고 인민군 공격이 있었음에도 국방군 내부에 '의거운동'과 와해를 일으키지 못했다. 이는 당 정치노선과 정책은 옳았으나 남조선 내의 단체들이 잘못해서 그런 것이다"는 내용을 말한다.

이 결정서는 전쟁 실패의 책임을 남로당계에 돌리는 것이었다. 당연히 빨치산들에게는 어이없고 억울한, 따라서 분노할 내용이라 할 수 있다. 그런데 작가는 빨치산의 하급 간부들의 불만에도 불구하고 도당위원장 두 사람은 아무 이의도 제기하지 않았으며, 그것은 도당위원장들이 중앙당의 고민을 이해한 결과라고 서술하고 있다. 공산당에서는 계급이 높을수록 사상노선이 투철하고 철학적 이해가 높았다는 것인가.

더욱이 '선택적 결정'이라니 이 무슨 해괴한 논리인가. 김일성과의 권력투쟁에서 패한 박헌영과 그 일파가 숙청당한 게 그들 자신의 선택이었다는 것은 아무리 긍정적으로 보려 해도 하나의 '궤변'으로 밖에는 볼 수 없다. 어떤 저술에서도 나는 '선택적 결정'이라는 개념이나 어휘를 본 적이 없다. 그런 점에서 작가 조정래는 기발한 논리를 창안해냈다고 할 수 있다. 그 상상력에 감탄하지 않을 수 없다.

그럼 작가는 어떤 논리로 '선택적 결정'을 설명하고 있는지 보자.

> "저는 그때 남선단체들이 모든 걸 잘못했다고 했을 때 솔직하게 말해 분하고 억울했고, 너무 절망을 느꼈습니다. 그럼 북선단체들은 아무 잘못도 없다는 것인데, 당이 어찌 그리 편파적인 결정을 내릴 수가 있습니까. 그리고 말입니다. 남로당과 북로당은 벌써 오래전에 합당을 했습니다. 조선민주주의인민공화국에는 오로지 조선로동당이 있을 뿐이었습니다. 우리는 그 사실을 철통같이 믿었고, 오로지 조선로동당과 인민의 승리를 위해 투쟁을 바쳤습니다. … 그런데 당이 한 일은 무엇입니까. 남선단체들에게 책임을 씌우더니 결국은 남로당계를 다 숙청하고 말았습니다. 그럼 남쪽 출신들인 우리는 뭡니까. 우리는 버림받았으니…."
>
> "이 동지, 잘 들어보시오. 민족해방전쟁이 남조선을 해방시키지 못하고 휴전협상에 임하게 되었고, 상황이 그렇게 되었을 때 당은 인민 앞에서 어떻게 해야 되겠소. 당에는 인민들 앞에 책임질 의무가 있소. 그 의무가 무엇이겠소? …당은 인민들에게 민족과 인민의 해방을 약속했고, 따라서 인민들의 피의 헌신을 요구했소. 그런데 결과는

거짓의 역사와 위선의 한국 사회

무위로 돌아갔소. 그때 당은 인민들의 피의 헌신에 상응하는 책임을 져야 하는 것이오. … 그 책임의 수행을 위해 당은 '선택적 결정'을 하게 되는 것이오. 이 선택적 결정은 인민의 단결을 위하는 것인 동시에 당의 장래를 위한 것이며 또한 원대한 사회주의 건설을 위한 준엄한 '역사선택'인 것이오. 그 역사선택의 결과가 이번 일이오."

"아니 그럼, 박헌영 동지께서 스스로 역사선택을 했단 말입니까?"

"진정한 공산주의자들은 죽음도 나눈다는 것을 알 필요가 있소…."

이 대목을 한마디로 요약하자면, 누군가 전쟁 실패의 책임을 짐으로써 당을 살릴 필요가 있는데, 당은 남로당 계열이 책임을 지는 것으로 결정했고 박헌영 등 남로당 계열은 그것을 받아들였다는 것이다. 이게 실제 역사 사실과 부합하는가.

1953년 7월 27일 휴전협정이 이루어지기가 무섭게 기다리고 있었다는 듯이 8월 7일 평양방송은 미 제국주의의 스파이 박헌영 일파의 숙청 사실을 전했다. 그런데 방송은 남로당계인 이승엽, 이강국 등 12명 중에서 7명이 사형, 나머지 5명은 12년에서 15년의 징역이 선고되었다고만 했을 뿐 박헌영의 처단에 대해서는 전혀 언급하지 않았다.

이승엽 등이 특별군사재판을 받을 때 이미 박헌영은 처형된 상태였다. 하지만 박헌영 처단 발표는 2년이나 지난 뒤인 1955년의 일이었다. 이런 사실에 비추어 박헌영 스스로 선택적 결정을 했다는 설명은 실제 역사 사실과는 동떨어진 작가 자신의 창작임이 드러난다.

박헌영 처단 발표가 1955년이 아니라 휴전이 이루어진 53년이라 해도 『태백산맥』의 위 대목은 아귀가 맞지 않는다. 위 대목은 51년으로 설정된 상황이기 때문이다.

어차피 소설은 작가의 상상력의 산물(fiction) 아니냐는 논리는 『태백산맥』에 관한 한 통할 수 없다. 작가 자신이 『태백산맥』을 역사적 사실을 바탕으로 증언과 확인을 거쳐 쓴 것이라고 밝혔기 때문이다.

박헌영은 잔혹한 고문 끝에 비참하게 처형당했다. 작가의 의도대로 박헌영 스스로가 '선택적 결정'을 했다 하더라도 그 결과가 꼭 잔인한 처형이어야 했는가. 더욱이 미제의 스파이라는 죄를 뒤집어씌워서 말이다. 남로당 일파의 죄목은, 기소장에 의하면, (1) 미 국무성의 지시에 따라 스파이망을 만들고 노동당과 (북한)정부 내부의 정보를 미국 특무기관에 제공했고, (2) 정부 전복을 획책하여 박헌영을 수반으로 하는 새 정부의 각료명단을 작성했으며, (3) 한국전쟁 때 미군의 인천 상륙에 호응하여 서울에 있던 이승엽(그는 서울 함락과 함께 서울 임시위원회 위원장에 임명되었다) 등은 후방교란의 폭동을 계획했다는 것 등이었다.

자유민주주의 국가라면 이런 일이 가능했을까. 박헌영 일파에게 전쟁 실패의 책임을 묻는다 해도 목숨을 빼앗는다는 것은 자유민주주의에서는 상상하기도 어려운 일이다.

그런데 작가는 또 하나의 개념을 만들어낸다. '역사선택'이 그것이다. 이것이 의미하는 바는 무엇인가. 작가는 그걸 '원대한 사회주의 건설을 위한 것'으로 말하고 있다. 사회주의는 역사의 필연이며,

거짓의 역사와 위선의 한국 사회

그러한 필연은 당의 건재와 인민의 단결로써 가능하다는 메시지를 담고 있다고 할 수 있다. 전후 맥락상 그렇게 이해할 수 있고, 아마 독자들도 그렇게 읽었을 것이다.

사실 김일성이 박헌영에게 전쟁의 책임을 물은 건 순전히 자신의 1인 독재를 공고히 하기 위한 것이었다. 박헌영은 남침에서의 성공을 확신하지 못하고 있었다. 때문에 박헌영은 서울의 남로당 지하조직에 '무력에 의한 해방 투쟁의 가부에 대해 시급히 답변하도록' 비밀지령을 내려놓고 있었다. 서울의 지하조직은 '절대 반대'라는 답변을 정리하여 발송하기 직전에 우두머리인 김삼룡, 이주하 등이 체포되는 바람에 이 답변은 박헌영에게 전달되지 못했다. 그리고 남침이 감행되었다.

그런 점에서 전쟁 실패의 책임은 마땅히 김일성이 져야 했다. 남로당 일파는 속죄양으로 처단되었던 것이고, 그건 권력투쟁 패배의 쓰라린 대가였다. 그런데도 작가 조정래는 김일성의 박헌영 숙청을 미화한 것이다.

작가 조정래의 집요함은 놀라울 정도다. 그는 시종일관 사회주의 혁명의 당위와 빨치산 등 공산주의 세력의 진정성을 작품 전체에 걸쳐 관철시켜 내고 있다. 독자들이 작가의 의도에 끌려들어 간다면 그 결과는 당연히 대한민국의 정통성 부인으로 귀결될 것이다.

과연 대한민국은 태어나서는 안 될 나라였는가. 작가에게 있어서 대한민국의 존재는 반역사적인 것이었나. 작품으로만 보아서는 그렇다고 할 수 있다.『태백산맥』에 의하면, 정통성은 조선인민민주주의공화국에 있고 따라서 대한민국은 태어나지 밀았어야 할 나라였다. 그리고 '미 제국주의'가 '괴뢰 이승만'을 앞세워 분단을 초래함으로써 역사의 물줄기를 되돌리는 바람에 역사의 순리인 공산혁명을 위해 6·25전쟁은 필연이었다.

김용옥이 이승만을 괴뢰라고 직설적으로 막말을 퍼부은 건 우연이 아니다. 작가 조정래가 『태백산맥』을 통해 장황하게 주장하는 바도 똑같다. 『해방전후사의 인식』에서 박명림의 주장도 그렇다. 80년대에 운동권에서 벌어진 사회구성체논쟁에서 민족해방민중민주주의혁명(NLPDR)파, 곧 NL주사파가 한국을 제국주의 미국의 식민지라고 규정한 것도 같은 맥락이다. 이 모든 것은 서로 맞물려 있다. 이는 80년대 한국 사회라는 반동의 시공간에서 빚어진 현상이다.

혁명 선동의 메시지

『태백산맥』의 전반부는 매우 재미있다. 하지만 후반부로 가면 소설적 재미는 없어진다. 전반부에서는 팽팽한 긴장이 유지되지만 후반부는 소설이라기보다는 차라리 강의록, 또는 지루한 역사 강의라 해도 좋을 정도다.

이렇듯 후반부에서 소설적 재미가 없어지는 것은, 갑자기 생뚱맞게 엉뚱한 상황이 등장하는가 하면 벌교를 중심으로 하던 소설의 배경이 전국으로 확장되면서 스토리의 짜임새가 흐트러지고 지루한 강의가 계속되기 때문이다. 그건 작가가 미군의 '만행'이나 이승만 정권의 부정적인 측면을 애써 소설에 삽입하려 하다 보니 생긴 일이라 생각된다. 예컨대 무대가 갑자기 거창으로 바뀌는가 하면

거짓의 역사와 위선의 한국 사회

거제도로 옮아가기도 한다. 거창에서는 당연히 양민학살사건을 다루고 거제도에서는 포로수용소를 다루는 식이다.

거창 양민학살사건이야 이미 알려진 이야기인데도 애써 다루는 반면 북한 인민군이 저지른 집단 학살은 아예 언급 자체가 없다. 작가에게 있어서 역사적 사실은 중요하지 않다. 미군이나 이승만 정권의 부도덕함이나 반민중적인 측면을 부각시킬 수만 있으면 그만이다.

문제는 미군의 학살과 방화, 부녀자 겁탈, 여순사건 당시 미군 폭격기의 폭격이나 지리산 토벌 작전 시 세균전을 벌였다는 소문, 부산에서 수천 명의 양민이 '빨갱이'로 몰려 수장됐다는 대목 등 확인되지 않은 사실을 마치 실제 있었던 것처럼 쓰고 있다는 점이다. 독자들은 작가의 '확인과 검증'을 거쳤다는 말에 그러한 설정을 실제 있었던 일로 받아들일 가능성이 매우 높다.

작가는 제1권 '작가의 말'에서 이 소설을 "민족의 '허리 잇기' 염원"이라고 했다. 통일을 위한 작업이라는 의미다. 잘려있는 태백산맥, 곧 백두대간의 허리를 다시 잇는다는 얘기다. 그런데 공산주의자들에 대해서는 한없는 애정을 갖고 미화하고, 우익에 대해서는 가혹하게 난도질한 소설이 통일을 위한 작업이라 할 때 그의 염원이 의미하는 바는 무엇인가.

과거 반공이라는 일방적인 눈으로 한국 현대사를 풀이해온 역사를 객관적인 입장에서 조명하고자 한 것이라면 그건 이해할 수 있다. 하지만『태백산맥』은 객관성을 완전히 상실하고 있다. 그래서 반공영화와 같은 구조이면서 인물들의 역할만 바꾼 것이라고 보는 것이다. 그렇다면 작가 조정래가 생각했던 통일이란 무엇이었을까. 작품으로 보아 그건 사회주의 혁명을 통한 남북통일로 보아 무리가 없을 것 같다.

『태백산맥』을 출간했던 한길사에서 『문학과 역사와 인간』이라는 책을 펴낸 적이 있다. '『태백산맥』의 소설적 성과와 통일문학의 전망'이라는 부제가 붙은 이 책은 작가와 평론가 등의 좌담을 싣고 있는데, 여기서 작가 조정래는 "작가는 오늘의 지식인들이 역사현실에 대응하는 데 있어서 김범우적 변모를 해야 한다고 생각하거나 요구하는 거냐?"는 질문에 서슴없이 "그렇다"고 대답했다.

김범우는 『태백산맥』의 수많은 등장인물 중 가장 중심이 되는 인물이다. 그는 지성을 갖춘 민족주의 지식인으로 그려져 있다. 처음에는 공산주의 이념을 수용하지 않은 채 객관적인 입장을 유지하는 인물로 묘사되었고, 따라서 독자들은 그의 생각과 판단을 합리적인 것으로 받아들일 수밖에 없다. 그러나 작품 속에서 그는 암암리에 독자들을 좌익 친화적인 시각으로 이끄는 역할을 한다. 그러다가 결국 공산주의자로 변모한다.

물론 그건 작가의 의도. 독자들은 따라서 공산주의에 대해 합리적인 것으로 이해할 가능성이 높다. 최소한 그 시대에는 그게 합리적이었을 것으로 판단할 것이다. 『문학과 역사와 인간』에서 "오늘의 지식인들이 김범우적 변모를 해야 한다고 생각하거나 요구하는 거냐"고 한 질문은 이와 같은 작품의 배경을 바탕으로 한 것이다. 조정래는 "그렇다"고 확고하게 말했다. 지식인이라면 사회주의 혁명을 당위론으로 수용해야 한다는 뜻이다.

또 조정래는, "작가의 입장이 아닌 개인의 입장으로서 소설 주인공들 속에서 자신을 누구라고 생각하느냐?"는 질문에 "염상진"이라고 대답했다. 염상진은 김범우 못지않게 비중 있는 인물로서 빨치산 대장이다. 조정래는 자신을 그런 빨치산 대장에게 투영시켰다는 의미다. '공산혁명이 인민의 요구였고, 인민은 불꽃이 당겨지기만을 고대하는 거대한 연료'라는 인식을 가진 작가이고 보면 그런 대답은 자연스러운 것인지도 모른다. 중요한 것은 독자들이 작가의 그와 같은 인식과 그 인식의 틀에 맞춰 소설을 썼다는 사실, 그리고 그건 역사의 왜곡이라는 사실을 모른다는 점이다. 『태백산맥』은 미 제국주의와 이승만이 역사의 물줄기를 되돌린 것으로 묘사하고 있다. 하지만 내가 보기엔 『태백산맥』이야말로 시대를 역류한 것이다. 그래서 80년대를 반동의 시대라고 하는 것이고, 수정주의 사관의 저작들을 반동의 역사라고 하는 것이다. 『태백산맥』은 바로 그러한 반동의 역사를 소설로 형상화한 것이다.

그러한 반동은 소설의 마지막 부분에서 극적으로 마무리된다. 다음은 빨치산 대장 염상진이 토벌대에 밀려 최후로 내몰린 상황에서 빨치산 대원들에게 한 연설이다.

> 동지 여러분 … 우리의 투쟁이 현실투쟁에서 역사투쟁의 단계로 바뀌었다는 것을 분명하게 밝히는 바입니다. … 현실투쟁은 인민해방을 우리가 살아있는 동안 눈앞에서 성취시키는 것이며, 역사투쟁은 인민해방을 우리가 목숨을 바쳐 뒷날 역사 속에서 성취시키는 것입니다. 여러분, 역사투쟁은 바로 목숨을 바치는 죽음의 투쟁입니다. 우

리 앞에 놓인 투쟁은 오직 한 길, 우리보다 먼저 역사투쟁을 벌이고 죽어간 수많은 동지들의 뒤를 따라가는 것입니다. … 인민해방의 진리를 지키는 싸움에 바친 자신들의 목숨이 역사 속에서 틀림없이 되살아납니다. 역사와의 싸움은 깁니다. 우리는 그 역사의 승자입니다. 우린 그 역사의 주인입니다. 우리가 흘리고 죽어간 피는 인민해방의 꽃으로 역사 위에 찬란히 피어날 것입니다….

이는 인민해방투쟁, 곧 공산혁명투쟁은 결코 사그라들지 않을 것이며, 언젠가는 승리할 것임을 전하는 강한 메시지다. 비록 당시에는 이루지 못했지만 훗날 반드시 되살아날 것임을 작품 속 인물을 통해 전하는 작가의 메시지라고 볼 수 있다. 그리고 소설의 마지막 대목에서 투쟁을 선동하는 메시지를 남기며 작품을 매듭짓는다.

『태백산맥』이 우리 사회에 준 문화적 충격은 컸다. 특히 청년 학생들은 이 책으로 인하여 한국 현대사 인식의 새로운 눈을 떴다고 스스로들 생각했을 것이다. 하지만 『태백산맥』은 뒤집어 본 한국 현대사를 형상화한 것일 뿐이다.

거짓의 역사와 위선의 한국 사회

5장

잘못된
역사정리
4·3사건

오늘날 제주 4·3사건은 일방적인 국가폭력으로만 이해되고 있다. 물론 국가폭력이 존재했던 건 사실이다. 그러나 그러한 국가폭력을 부른 건 남로당 무장대에 의한 폭거였다. 그런데 무장폭동 사실은 아예 없던 일이 되어 버렸다.

제주 4·3사건의
덧난 상처

제주 4·3사건이란, 1948년 4월 3일 새벽 2시를 전후하여 350명(남로당 자체 기록에는 320명으로 되어 있다)의 무장대가 도내의 24개 경찰지서 가운데 12개 지서를 기습하고, 경찰과 서북청년회 등 우익단체 요인의 집을 습격하여 인명을 살상하고 집을 불태움으로써 발발한 사건이다. 수많은 희생자를 낸 해방 정국 최고의 사건이면서 동시에 대한민국의 정통성 시비를 불러일으킨 사건이다.

2006년 4월 3일 당시 노무현 대통령은 제주 4·3사건 추도식에서 "무력충돌과 진압 과정에서 국가권력이 불법하게 행사되었던 잘못에 대해서" 제주도민에게 사과했다. 그는 이어 "자랑스런 역사이든 부끄러운 역사이든, 역사는 있는 그대로 밝히고 정리해 나가야 한다"며 "특히 국가권력에 의해 저질러진 잘못은 반드시 정리하고 넘어가야 한다"고 했다. 이와 더불어 "국가권력은 어떠한 경우에도 합법적으로 행사되어야 하고, 일탈에 대한 책임은 특별히 무겁게 다뤄져야 한다"고 강조했다.

나는 고 노무현 대통령의 의견에 전적으로 공감한다. 역사는 있는 그대로 밝혀야 한다. 또 국가폭력의 일탈은 특별히 무겁게 다뤄져야 한다. 국가란 본래 그 자체로 폭력이다. 때문에 반드시 그 폭력은 합법적으로 행사되어야 하고, 그렇지 못할 경우 반드시 책임을 물어야 한다. 이와 같은 전제하에서 제주 4·3사건과 오늘날 그에 대한 평가 또는 성격규정 및 파장 등에 대해 이야기하고자 한다.

김대중 정부 시절인 2000년 1월 12일 '제주 4·3사건 진상규명 및 희생자 명예회복에 관한 특별법'이 제정된 후 같은 해 4월 13일 시행에 들어가 제주 4·3사건의 진상조사가 시작된다. 그런데 이 특별법은 사건의 정의에서부터 문제가 있다. 법 제2조(정의)에서 "'제주 4·3사건'이란 1947년 3월 1일을 기점으로 1948년 4월 3일 발생한 소요사태 및 1954년 9월 21일까지 제주도에서 발생한 무력 충돌과 그 진압 과정에서 주민들이 희생당한 사건을 말한다"고 되어 있다.

여기서 문제는 진상을 밝히기도 전에 사건을 정의하고 있다는 점이다. 대체 제주 4·3사건이 언제 시작되어 어떤 과정을 거쳐 어떻게 종결되는지 조사하여 그에 따라 진상을 파악하고 명예회복의 대상과 범위는 어떻게 할 것인지 등이 규정되어야 하는데 이 법률은 조사도 하기 전 미리 기간과 대상을 규정해버리는 오류를 범하고 있는 것이다.

1947년 3월 1일은 이른바 3·1사건이 발생한 날이다. 3·1절 28주년을 맞아 제주북국민학교에서 수많은 대중이 운집한 가운데 기념집회가 열렸는데, 이 집회는 제주 민전(민주주의민족전선)이 주도한 것이었다. 민전은 좌익진영의 통일전선체다. 그리고 민전을 주도한 것은 서울에서나 제주에서나 남로당이었다.

당시 제주도에서 남로당의 조직력은 다른 지역에 비해 훨씬 더 강했다. 이들은 기념식을 마치고 해산하지 않고 가두시위를 벌였다. 이 과정에서 기마경찰이 탄 말에 어린아이가 차이는 사고가 발생했는데 시위대가 말을 막대기로 쿡쿡 쑤시는 바람에 말이 놀라 벌어진 일이었다. 이를 기회로 남로당은 대중을 선동했고, 급기야 총격 사건까지 빚어졌다.

가두시위가 왜 벌어졌는가. 가두시위가 있었다는 것은 3·1절 기념행사가 단순히 3·1운동을 기념하기 위한 게 아님을 말해준다. 어떤 목적이 있었다는 뜻이다. 그 목적은 곧 남로당의 의지를 관철시키기 위해 광범위하게 대중을 조직하려는 것이라고 볼 수 있다.

3·1사건이 4·3사건의 도화선이 되었다는 게 좌파의 인식이다. 4·3 특별법은 진상조사도 하기 전 이와 같은 것을 기정사실로 하여 제정한 것이다. 나 역시 3·1사건이 4·3사건과 무관치 않다고 생각한다. 하지만 그건 '도화선'이 되었다는 인식이 아니라 3·1사건도 남로당과 무관치 않고 이후 남로당의 치밀한 계획에 의해 도발이 계속되었으며, 급기야 무장 폭동까지 계획하여 실행에 옮긴 것이라는 인식이다. 다시 말해 민중에 대한 탄압(3·1사건)으로 인하여 4·3사건이 터졌다는 식의 주장은 옳지 않으며 3·1사건부터 남로당의 도

발은 시작되었고, 이후 남로당이 자신감을 바탕으로 무장 폭동까지 감행했다고 본다는 얘기다.

'1954년 9월 21일까지 제주도에서 발생한 무력충돌'이라고 한 규정도 문제가 있다. 진압의 주체인 공권력과 진압의 대상인 무장대의 공방을 '무력충돌'이라는 가치중립적인 용어로 표현하는 게 올바른 것인가. 이는 노무현 정부 당시 한총련 학생들이 미군기지에 난입했을 때 이를 저지하는 경찰에게 각목으로 공격한 학생들에 대해 한명숙 당시 총리가 "서로 한걸음씩 물러나서" 운운했던 것을 떠올린다. 폭력을 행사한 민간인의 불법과 공권력의 정당한 행사를 동등한 위치에 놓고 말하는 것은 참으로 어이없는 일이다.

이와 같은 오류는 법 제정 당시 제주 4·3사건에 대한 성격 규정이 '민중항쟁'으로 굳혀져 있었던 데서 비롯된 게 아닌가 한다. 과거 제주 4·3사건에 대한 일반적인 인식은 무장폭동 혹은 반란이었다. 그러던 것이 80년대 들어 민중항쟁론이 제기되면서 이후 일반적인 인식으로 확산되었다. 때문에 비록 법률 자체는 그런 성격 규정을 직접적으로 담고 있지 않지만 그와 같은 인식이 배경이 된 게 아닌가 한다.

2003년 정부가 발간한 〈제주 4·3사건 진상 조사 보고서〉도 4·3사건이 민중항쟁이라는 선입견 내지는 당시 수정주의 사관이 일반화된 가운데 만들어진 것이어서 객관성을 인정받지 못하고 있다. 김대중 정부 때 출범한 제주 4·3위원회와 실무기구도 구성원의 좌우 비율에 있어 형평성의 문제를 안고 있었다. 때문에 일방적으로 좌파의 의견과 주장이 관철되었다. 그 탓에 〈제주 4·3사건 진상 조사 보고서〉는 진상을 규명했다기보다는 오히려 올바른 진상 규명의 장해가 되었을 뿐이다. 물론 민중항쟁론이 그 토대였다.

민중항쟁론의 대표적인 논문은 『해방전후사의 인식』 제3권에 실린 고창훈의 『4·3민중항쟁의 전개와 성격』이다. 민중항쟁론은 행위의 주체를 '민중'으로 설정한다. 민중의 자주적 항쟁이었다는 것이다. 남로당이 주체였다는 폭동론이 주체 설정의 오류를 범했으며 주체는 어디까지나 민중이었다는 주장이다.

그렇다면 남로당은 어떤 존재였는가. 남로당은 제주 4·3사건과 아무 관련이 없었다는 것인가. 그건 아니다. 그런데 그 논리가 묘하다. "민중과 남로당은 공동주체였는데, 남로당은 지도세력이었고, 민중은 실질적인 주체세력이었다"는 것이다.

이러한 주장은 남로당의 지도, 곧 선전선동에 의해 민중이 휩쓸린 것이었다고 해석될 수 있는 것이다. 민중은 선동과 동원의 대상일 뿐 주체는 아니었다는 다른 표현이 아닌가 한다. 민중항쟁론은 '민중적 관점'을 당위로 하여 사건을 이해하려는 데서 비롯된 작위적인 해석이라고 볼 수 있는데, 이러한 관점은 뒤집어 보면 남로당의 선동에 의해 동원되어 민중이 희생당했다는 말이 될 수 있다.

제주 4·3사건의 주도세력이 남로당이었음은 의심의 여지가 없다. 대중은 선전선동의 대상이었고, 동원의 대상이었으며, 군경과 남로당의 무장대 사이에서 속절없이 내몰린 희생자들이었다. 남로당의 '지도'를 받았다면 민중은 대상적 존재일 뿐 주체가 될 수 없다.

남로당 제주도당은 1947년의 3·1사건 당시 이미 엄청난 대중동원력을 갖고 있었고, 3·1사건도 자연발생적으로 벌어졌다기보다는 선동에 의한 것이었음은 앞에서 언급한 바와 같다. 당시 군중 속에서 터져 나온 구호만 봐도 남로당의 선동을 확인할 수 있다. 김봉현·김민주의 『제주도 인민들의 4·3 무장투쟁사』의 한 대목을 보자.

> 시위군중들은 시장통에서 두 대열로 갈리어 한 대열은 군정청, 관덕정 광장을 거쳐 서문통으로 다른 한 대열은 동문통을 거쳐 거리를 굽이쳐 나아갔다. … 노동자들은 두 주먹을 높이 들고 "미제야 당장 물러가라!", "개놈들아 돌아가라!"는 함성을 지르면서 단숨에 적선을 돌파하여 일대 파곡구의 길을 열어놓음으로써 후속 시위대는 이에 용기백배하여 격추하였다. … 미군과 경찰 놈들은 한 다름질로 후퇴하여 어쩔줄 모르고 사지를 벌벌 떨거나 … 자기들의 지은 죄과를 시위자들에게 복걸하며 시위군중에 투항하여 나선 자도 적지 않았다….

"미제야 물러가라"는 구호는 당시 일반 대중이 아니라 요소요소에 배치된 남로당원들에 의한 것이었음은 짐작키 어려운 것이 아니다. 일반인들은 당시 이념이 무엇인지도 모른 채 그냥 시키니까 따라갔다는 증언이 많다.

3·1사건 이후 4·3사건까지의 기간 동안 발생한 혼란도 남로당의 조직적이고도 치밀한 계획에 의한 결과였다. 남로당은 3·1사건에 이어 3월 10일 '제주도총파업투쟁위원회'를 조직하고, 그 밑에 각 직장별 '파업투쟁위원회'를 설치함과 동시에 각 읍·면·리의 말단 행정기구에 이르기까지 '3·1총파업대책위원회'를 만들도록 함으로써 전면전을 위한 총동원체계를 구축한다.

3월 12일 북군청을 제외한 전 행정기관이 총파업에 들어가고 70

개에 달하는 각급 학교가 문을 닫는 등 최악의 사태가 벌어진 것은 남로당의 총동원체계로 인한 것이었다. 행정의 공백이 계속되는 가운데 총파업은 8일간이나 계속되었고, 사태가 진정을 맞는 것은 6개월이 지나서였다. 그만큼 남로당의 위세는 대단했다.

제주 4·3사건을 일으킨 당사자인 남로당의 '제주도 인민유격대 투쟁보고서'는 이들이 사전에 얼마나 치밀하게 '투쟁'을 조직했는지를 뚜렷하게 보여준다(이 투쟁보고서는 4·3 진압과정에서 확보한 문건으로, 진압에 참여했던 문창송 씨가 광복 50주년을 맞이하여 엮어낸 것이다).

극비(極祕)
제주도 인민유격대 투쟁보고서(濟州道 人民遊擊隊 鬪爭報告書)

1. 조직면(組織面)[조직의 시발(始發)과 발전과정 및 조직 현세(現勢)]
(1) 조직의 시발(始發)
① 조직의 동기(動機)
제주도에 있어서 반동 경찰을 위시한 서청(西靑), 대청(大靑)의 작년 3·1 및 3·10 투쟁 후의 잔인무도한 탄압으로 인한 인민의 무조건 대량 검거, 구타, 고문 등이 금년 1월의 신촌(新村) 사건을 전후하여 … 단선(單選) 단정(單政) 반대, UN 조위(朝委) 격퇴 투쟁과 연결되어 인민의 피 흘리는 투쟁을 징조(徵兆)하게 되었다. … 3월 15일 경 도(道) 파견 "올구(지도원, 인용자)를 중심으로 회합을

개최하여 첫째, 조직의 수호와 방어의 수단으로서 둘째, 단선단
정 반대 구국투쟁의 방법으로서 적당한 시간에 전 도민을 총궐
기시키는 무장 반격전을 기획 결정 … 조직투쟁에 필요한 자위
대 조직(200명 예정)과 보급, 무기 준비, 선전사업 강화에 대하여
각각 책임을 분담 … 4월 3일 오전 2시 ~ 4시를 기하여 (중략)

② 4·3투쟁 직전의 조직 정세

(ㄱ) 조직 체계(도)

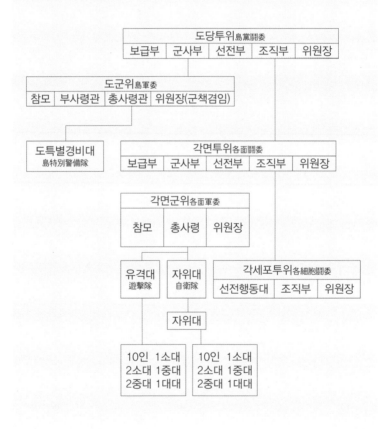

거짓의 역사와 위선의 한국 사회

(ㄴ) 조직 세력

(A) 병력면

①유격대 조직면

13면 중 구좌 성산 서귀 안덕 추자의 5면을 제외한 제주읍 조천 애월 한림 대정 중문 남원 표선의 8개면에 유격대 조직, 도(島)에는 군위(軍委) 직속의 특경대(特警隊)를 편성

② 인원수

A. 유격대 100명

B. 자위대 200명

C. 특경대 20명

　　　계 320명

③ 병기

99식 소총 27정

권총 3정

수류탄(다이너마이트) 25발

연막탄 7발

나머지는 죽창

(이후 생략)

위는 보고서의 초반 일부다. 4·3사건 당일 이전의 준비태세를 정리한 것인데, 이때만 해도 화력의 규모가 그리 큰 것은 아니었지만 이후 크게 강화되었다. 또 남로당은 3월 20일경 한림면 새별오름(新

星岳) 공동묘지에서 67명을 대상으로 합숙훈련도 실시했다.

이 보고서는 1948년 8월 2일 주모자 김달삼이 일행 5명과 함께 목포를 경유, 해주로 월북하여 8월 25일 '남조선 인민대표자대회'에서 행한 보고 내용인 것으로 추측된다. 이 대회는 북한 정권 수립을 위하여 남한에서도 인민의 대표를 선출하였다는 명분을 내세우기 위한 것이었는데, 여기서 김달삼은 장내의 우레와 같은 박수를 받으며 등장했다. 육지로부터 고립된 제주도에서는 자신의 동지들이 목숨을 건 투쟁을 벌이고 있는 가운데 자신은 월북하여 영웅 대접을 받은 것이다.

여기까지만 보아도 제주 4·3사건은 남로당이 계획적이고 조직적으로 벌인 무장 폭거였음을 명백히 알 수 있다. 그런데 애써 남로당의 역할을 축소하면서 '민중'을 주체로 세우려는 의도가 무엇인지 알 수 없다. 민중이 주체라면 모든 게 정당한 것인가? 민중은 누가 조직하고 동원하지 않아도 자연스럽게 결집할 수 있는가?

어찌 되었든 '제주 4·3특별법'에 의해 진상조사가 이루어지고 희생자 신고가 접수되면서 4·3사건 당일과 이후 무장대에 의해 애꿎게 죽임을 당한 사람들의 유족들은 또 한 번의 상처를 받지 않을 수 없게 되었다. 자신의 가족을 누가 죽였는지 알고 있는데 그 가해자들마저 희생자 명단에 오르면서다. 한마디로 "내 부모를 죽인 바로 그 사람이 희생자라니…"라는 얘기다. 그런데 그들은 제주도에서 목소리를 내기도 어려웠다. 정부가 들어주지도 않았을 뿐 아니라 전체적인 분위기에 압도되었던 것이다.

당시 진압 과정에서 무고하게 희생된 양민이 희생자가 되는 것은 당연하지만 살상을 주도했던 사람들은 제외되어야 한다는 주장이 있었다. 하지만 정부가 이를 외면하는 가운데 묻히고 말았다. 그래서 제주 4·3사건의 역사정리가 왜곡되었다는 주장이 나오는 것이다.

사실 살인·방화의 주동자였다고 해도 그들 역시 긴 역사의 눈으로 보면 희생자다. 그런데 그런 식으로 보자면 무장대 사령관이었던 김달삼, 이덕구 등도 희생자라 할 수 있다. 어디까지를 희생자로 보아야 할 것인가.

아무리 대의(그것이 옳든 그르든)를 앞세운다고 해도 인명 살상은 정당화될 수 없다. 그런데 4·3사건에서 살인 주동자들까지 희생자로 둔갑시킨 것은 살상을 당한 사람들 유족의 입장에서는 다시 한(恨)을 되살리는 것이다. 그들의 상처는 치유된 게 아니라 오히려 덧나고 말았다.

주동자들까지 4·3사건 희생자로 인정한 것은 일제시대 단지 관리를 지냈다 해서 친일파로 내몬 것과는 큰 대조를 이룬다. 일제시대 국내에서 살던 사람들에게 있어 대한민국은 존재하지 않았다. 더욱이 해방의 희망도 없던 시절이었다. 식민지의 조선사람들에게 일제의 관리나 군인이 되는 것은 더 나은 삶의 길이었을 뿐이다. 그런데 오늘의 시각에서 그들을 친일파로 단죄하는 것이 온당할까. 이들 역시 시대의 희생자들 아닌가. 무장폭동의 주동자들과 친일파에 대한 잣대가 이다지도 다른 이유는 무엇인가.

정의라는 이름의 만행

김용옥은 KBS제주 방송에서 '4·3
을 말하다'라는 주제로 강연을 한 바 있다. 그는 4·3사건을 남로당
과 관련짓지 말라며 무장대의 습격에 대해서도 참다 참다 못해 벌
어진 일로, 특별한 의미를 부여할 것이 아니라는 뉘앙스로 설명했
다. 그리고 제주 4·3사건을 민중항쟁이라고 규정하는 게 맞다고 하
면서 거기에 '학살' 대 '저항'의 구도로 보아야 함을 강조했다. '탄압
이면 투쟁이다'라는 당시 남로당 무장대의 구호도 언급했다.

제주 4·3사건이 남로당이 일으킨 것임을 애써 외면하며 '학살'과
이에 대한 '저항'을 강조한 것은 아무리 긍정적으로 보려 해도 납득
하기 어렵다. 사건을 일으킨 자들의 책임은 묻지 말라는 것인가. 과
잉 진압은 분명 문제가 있다. 하지만 그렇다고 해서 진압을 불러온
폭거는 없던 일이 되어도 좋다는 말인가. 남로당 무장대의 습격이
없었다면 그 많은 희생자가 나왔을까. 무장대의 폭거는 따지지 말
고 과잉 진압만 책임을 물어야 한다는 말인가.

모든 사건에는 반드시 원인과 배경이 있다. 제주 4·3사건도 예외
가 아니다. 그리고 원인이 없다면 사건 자체가 없다. 그런데 원인은
따지지 않아야 한다는 말인가. 김용옥의 말처럼 '참다 참다 못해' 벌
어진 '봉기'라면 그건 불문에 부쳐야 하는 건가. '참다 참다'에 대해
서는 그 옳고 그름을 누가 판단해야 하는가.

지난 89년 4월 3일을 기해 「제주신문」이 장기간에 걸쳐 연재한
'4·3의 증언'을 보면 무장대의 습격이 얼마나 잔인했는지 알 수 있
다. '4·3의 증언'과 앞에서 언급한 '제주도 인민유격대 투쟁보고서'

거짓의 역사와 위선의 한국 사회

를 종합하여 4·3사건 당시의 몇몇 상황을 정리한다.

4월 3일 새벽 1시경 무장대가 남원지서를 기습했다. 10명으로 구성된 무장대는 2명이 99식 총을 들었고, 나머지는 죽창이나 연장 등으로 무장했다. 이날 지서에는 사무실에 정성용 순경과 협조원 김석훈·방성화 등 3명이, 숙직실에는 고일수 순경과 협조원 오지우, 김하권 그리고 방성화의 동생인 사환 방성언 등 4명이 있었다.

무장대가 지서 안으로 갑자기 뛰어들며 쏜 총알에 방성화가 맞아 쓰러져 숨졌다. 정성용은 순간 재빨리 피했다. 무장대는 이어 김석훈의 머리를 내리쳤다. 김석훈은 습격임을 직감하고 의자에서 일어서다가 일격을 당한 것이었다. 김석훈은 본능적으로 책상 밑으로 기어 들어가다가 무언가에 맞아 정신을 잃고 쓰러졌다. 정신을 차리고 보니 오른 팔목이 너덜거리고 있었다. '나대'에 맞았던 것이다. 나대란 '찍어서 나무 따위를 자르는 데 쓰는 연장'의 제주 지역의 방언이다. 그는 정신이 돌아오자 죽을힘을 다해 창문을 넘어 도망쳤다.

숙직실에 있던 고일수는 칼에 찔려 죽었다. 사환 방성언은 목침으로 얼굴 옆면을 맞아 고막파열상을 입었다. 무장대는 고일수의 시체를 지서 앞에 놓고 불태웠다. '제주도 인민유격대 투쟁보고서' 는 이날의 '전과'를 다음과 같이 기록했다.

개 1명 즉사, 동 1명 부상, 반동 1명 사망, 급사(給仕) 1명 사망, 카-빙 총 2정, 공기총 1정, 탄환 55발, 개 복(服) 다수 노획, 지서 반소각

여기서 '개'란 경찰을 가리키는 말이다. 그런데 무장대, 아니 폭도

들의 눈에는 '개'이거나 '반동'이라 하더라도 이처럼 살상과 방화를 저질러도 되는 일인가. '민중'을 앞세우면 인명 살상도 정당화될 수 있는 것인가. 사환은 왜 죽어야 했는가. 유가족의 입장에서 이들 폭도들의 만행이 용서될 수 있을까. 교전 중이라면 모르지만 심야에 기습적으로 지서와 민가를 습격하여 살인과 방화를 하고 무기를 탈취해간 것이 '탄압'에 대한 '저항'으로 정당화될 수는 없다.

또 다른 장면을 보자. 이번엔 애월면 구엄에 대한 습격이다. 사건 발생은 새벽 1시쯤이라는 증언도 있고, 자정 이전이라는 증언도 있다. 아무튼 사건은 '동가름'의 문영백의 집에서부터 시작되었다. 문영백은 대한독립촉성국민협의회 제주도 간부였다.

문영백의 집은 두 채의 가옥으로 되어 있었는데, 안채에는 문영백과 그의 두 딸 숙자(14세), 정자(10세)와 두 살짜리 막내아들이 있었고, 바깥채에는 농업학교에 재학 중인 큰아들 천우(17세)와 둘째 아들 홍우(12세)가 있었다.

무장대는 곧바로 안채를 덮쳤지만 문영백은 다른 문으로 도피했다. 그는 직감적으로 목표가 자신일 것이라고 생각했을 것이고, 설마 가족을 해하리라고는 생각지 못했을 것이다. 그러나 폭도들은 큰딸을 칼로 무참히 살해했다. 둘째 딸은 죽창으로 마구 찔러 중태에 빠뜨렸다. 둘째 딸은 며칠 후 결국 숨졌다. 두 살짜리 막내아들은 아기구덕에 있었는데 죽창이 콧등을 스치고 지나는 덕분에 목숨을 건졌다.

소란에 잠을 깬 큰아들 천우는 폭도들에게 양어깨를 잡혀 있었는데 앞의 폭도가 칼을 내리치는 순간 있는 힘을 다해 몸을 빼 도주했

거짓의 역사와 위선의 한국 사회

다. 둘째 아들 홍우는 '굴묵(아궁이의 재주도 방언)'으로 몸을 숨겼다. 그 날은 마침 문영백 할머니 제삿날이어서 문영백의 부인은 새벽녘까지 부엌에서 일하다 몸을 숨겨 변을 피할 수 있었다.

문영백을 우익이라는 이유로 살상하는 것은 있을 수 없는 일이다. 하물며 그의 가족은 왜 죽어야 했는가. 그것도 아직 어린 두 딸을 칼과 죽창으로 살해한 것은 어떤 명분을 내세워도 용서할 수 없는 일이다. 더욱이 두 살배기 아기가 있는 구덕에 죽창을 찔러 넣은 것은 차마 인간의 탈을 쓰고는 할 수 없는 짓이다. 그들이 그런 만행을 저지를 수 있었던 것은 무슨 까닭이었을까. 여기서 잠시 그 배경을 짐작할 수 있는 유사한 상황을 살펴본다. 바로 200만 명이 살육당한 '킬링필드'의 현장, 캄보디아에서 벌어진 일이다.

1975년 론놀 정권이 크메르 루즈(크메르 공산당)군에 무너지고 캄보디아(당시는 크메르)에 폴 포트 정권이 들어섰다. 당시 전국적으로 200만 명가량이 공산혁명의 이름으로 학살당했다. 캄보디아 수도 프놈펜 시내에 학살박물관(museum of crime)이 있는데, 폴 포트 정권의 만행을 생생하게 증언해주는 곳이다. 본래 고등학교였던 건물인데 폴포트 정권이 감옥으로 개조하여 상상할 수 없는 온갖 고문과 학살을 자행해 생지옥으로 만들었다. 저 악명 높은 툴슬랭 감옥이다. 지금은 관광지가 되어 달러를 벌어들이는 수입원으로 변했다. 내가 킬링필드의 현장을 둘러본 것은 2000년 무렵이다.

학살박물관에서 제일 먼저 관광객을 맞는 것은 뜰에 있는 14인의 무덤이다. 여기에는 1979년 베트남군이 캄보디아를 침공, 프놈센

시내로 진공해 오자 크메르 루즈군이 처치한 뒤 미처 죽음을 확인하지 못한 채 다급하게 퇴각하느라 겨우 목숨을 부지했던 사람들이 잠들어 있다. 이들 14인은 생명이 꺼져가고 있는 가운데 크메르 루즈의 만행을 고발하고 숨을 거두었다고 한다.

학살박물관은 전체가 고문·처형실이라 해도 과언이 아니다. 방마다 벽에는 당시 이곳에 수감되었던 사람들의 사진이 걸려 있는데, 남녀노소가 따로 없었다. 심지어 10세 안팎의 어린 소녀 사진도 간간이 눈에 띄었다.

고문실에 들어서면 소름이 끼친다. 크메르 루즈는 철제 침상에 수감자 한 사람을 눕혀 묶어놓고 손톱을 뽑아내는 등 잔인한 고문을 가하면서 다른 수감자들로 하여금 그걸 바라보게 만들었다. 베트남군이 이곳을 점령했을 때 찍은 사진이 벽에 걸려 있는데, 그 장면들은 차마 눈 뜨고 볼 수 없다.

이보다 더한 것은 당시 기적적으로 살아 탈출에 성공한 한 화가가 그려놓은 고문과 살상 장면이다. 그중 사람을 엎드리게 한 후두 팔과 다리를 등 뒤로 꺾어 결박한 뒤 머리채를 잡고 뒤에서 낫으로 목을 자르는 장면은 너무나 끔찍하여 몸서리를 치지 않을 수 없었다.

그런데 또 다른 그림 앞에서 나는 숨이 멎을 것 같았다. 크메르 루즈 병사들이 갓난아기를 공중에 던져 사격하는 장면, 그리고 또 하나는 갓난아기를 커다란 아름드리 나무기둥에 패대기쳐 죽이는 장면이었다.

크메르 루즈의 소년 병사들도 인간일진대 어떻게 그와 같은 참혹

거짓의 역사와 위선의 한국 사회

한 만행을 서슴지 않았을까. 어떻게 인간이 그런 끔찍한 짓을 벌일 수 있는지, 도대체 인간은 어디까지 잔인해질 수 있는 존재인지 당시 현장에서 인간에 대한 회의감에 몸서리를 치지 않을 수 없었다. 그건 정말 나로서는 풀 수 없는 미스터리였다. 그런 의문을 어렴풋이나마 풀 수 있었던 건 크메르 루즈의 지도자 폴 포트가 중공 모택동을 만나 했다는 말을 듣고서다.

폴 포트는 모택동에게 "아니 중국이 해방된 지가 언제인데 아직껏 지상낙원을 건설하지 못하고 있느냐"며 "나는 크메르를 지상낙원으로 만들겠다"고 한다. 그리고 그가 행한 것은 문명의 파괴였고, 반동의 대대적인 살해였다. 도서관을 파괴하고 지식인이나 준 지식인, 심지어 문자를 아는 수준의 사람들까지 반동으로 내몰렸다. 그런 것과 상관없이 안경 쓴 사람이나 피부가 하얀 사람, 손이 고운 사람들은 빠져나갈 수 없었다. 반동 한 사람만이 아니라 그 가족까지 다 처형되었다.

폴 포트는 지상낙원을 건설하기 위해 악(惡)은 물론 악의 씨앗까지 없애버렸다. 크메르 루즈 소년병들이 갓난아기를 그토록 무참히 살해할 수 있었던 것도 악의 씨를 없애 정의를 실현하는 과정으로 인식했기 때문일 것이라고 나는 생각한다. 그러지 않으면 그런 만행을 설명할 길이 없다.

정의라는 것의 본질이 무엇인가. 나는 정의를 주관적이고 자의적인 가치판단이라고 생각한다. 킬링필드의 교훈은 '나의 정의'가 다른 사람들에겐 저주나 재앙이 될 수 있다는 점이다. 문재인 정권 사람들이 상식적으로는 이해할 수 없는 불공정하고 부당한 온

갖 행태를 태연히 저지르면서도 추호도 양심의 가책을 느끼지 않는 것도 결국 자신들을 정의의 편이라고 인식하기 때문이라고 나는 생각한다.

잠깐 얘기가 빗나갔는데, 제주 4·3사건 당시 폭도들이 나이어린 소녀와 노인 심지어 아기까지 가리지 않고 죽창을 내리꽂을 수 있었던 것도 크메르 루즈군의 소년 병사들의 만행과 같은 맥락에서만 비로소 이해가 가능하다고 생각한다. 다시 말해 정의를 실현하는 과정으로 인식하지 않았을까 하는 것이다.

제주 4·3사건을 민중항쟁이라고 성격지우는 것도 그것이 정의라고 믿기 때문이 아닐까. 하지만 정의라는 자의적이고도 주관적인 가치판단이 얼마나 위험한지는 킬링필드가 웅변한다. 중국의 문화혁명도 같은 맥락에서 이해할 수 있다. 역사상 대부분의 광기의 행태는 스스로 정의라고 믿는 자들에 의해 저질러졌음을 기억해야 한다.

남로당이 밝힌
4·3사건의 실상

앞에서 '제주도 인민유격대 투쟁 보고서'의 앞부분만을 보았는데, 이 보고서는 그 밖에도 더 많은 진실을 담고 있다. 무엇보다도 남로당 무장대와 국방경비대 9연대의 관계를 그들 스스로 밝히고 있다는 점에서 그렇다.

4. 국경(國警, 국방경비대, 인용자)과의 관계

(1) 관계 시작 경위

1946년(1947년의 誤記, 인용자) 본도 3·1 및 3·10투쟁 직후 때 마침 본도 주둔 제9연대가 신설되어 제1차 모병이 있으므로 이에 대정 출신 4 동무(고승옥, 문덕오, 정두만, 류경대)를 프락치로서 입대시켰음. 그후 5월에 내도(來島)한 중앙 올구 이명장 동무에게 이것을 보고하여 지도 문제와 활동 방침을 남도(南道)에 가서 지시하여 주도록 요청한 바 있으나 아무런 대답이 없었음. 그러나 도당부(島黨部)에서는 이것을 포기할 수 없어 독자적으로 선(線)을 확보하였음.

그 후 대정면 당(黨)을 통해 정상적으로 연락을 확보하였으나 좌기(左記, 실제 문서는 세로쓰기이며, 여기서는 上記라고 이해하면 됨, 인용자) 프락치 4명 중 정두만 동무는 조직이 없이 탈출하여 일본으로 도피, 류경대는 군기대(軍紀隊)에 전근 이래 반동의 기색을 띠게 되었음.

(2) 4·3투쟁과 국경(國警)과의 관계

3·1투쟁 직전(4·3의 誤記, 인용자)에 내도한 도(道) 올구 이(李) 동무의 상도편(上道便)에 국경 문제에 대한 시급한 대책을 요청하였던 바 이 동무는 재차 3월 중순에 내도함과 동시에 무장반격에 관한 지시와 아울러 "국경 프락치는 도당에서 지도할 수 있으며 이번의 무장반격에 이것을 최대한으로 동원하

여야 된다"고 언명하였음. 이 지도를 중심으로 4·3투쟁의 전술을 세우는 데 있어서 감찰청(당시 제주도 경찰청, 인용자)과 1구서(區署) 습격에 국경을 최대한으로 동원하고 나머지 각 지서는 유격대가 담당하기로 양면작전을 세워 즉시 좌기(상기) 프락치에게 연락을 부치고 동원 가능한 수를 문의한 바 800명 중 400명은 확실성이 있으며 200명은 마음대로 좌우할 수 있다. 반동은 주로 장교급으로서 하사관 합하여 18명이나 이것만 숙청하면 문제없다는 보고가 있었음. 동시 만일 경비대가 동원된다면 현재 1연대(9연대의 오기, 인용자)에는 차(車)가 없으니 차 약 5대만 돌려주면 좋고 만약 불가능하면 도보로라도 습격하겠다는 말이 있었음.

이 보고를 중심으로 즉시 4·3투쟁에 총궐기하여 감찰청과 1구서(區署)를 습격하라는 지령과 아울러 자동차 5대를 보냈음.

그런데 의외에도 4·3 당일에 국경이 동원되지 않으므로 이것을 이상한 일로 생각하고 있던 바 4월 5일에 상도(上島)한 도(島) 파견 국경 공작원(도상위청책, 島常委青責동무)의 보고에 의하면 다음과 같은 진상이 판명되었음.

즉 파견원이 최후적 지시를 가지고 국경 프락치를 만나러 갔던 바 프락치 2명은 영창에 수감되어 없었으므로 할 수 없이 횡적(橫的)으로 문상길(文相吉) 소위를 만났던 바 이 동무의 입을 통해서 국경에는 이중 세포가 있었다는 것, 그 하나는 문(文) 소위를 중심으로 해서 중앙 직속의 정통적 조직이며 또 하나는 고승옥 하사관을 중심으로 한 제주도 프락치 조직이었음.

　　　　　　　　　　　거짓의 역사와 위선의 한국 사회

그래서 4·3투쟁 직전에 고 하사관이 문 소위에게 무장투쟁이 앞으로 있을 것이니 경비대도 호응 궐기해야 된다고 투쟁 참가를 권유했던바 문 소위는 중앙의 지시가 없으니 할 수 없다고 거절한 바 있었다고 함. 이 말을 듣고 도(島) 파견 국경 공작원은 깜짝 놀랐으나 이렇게 된 이상 어찌할 수 없으니 제주도 30만 인민의 생명과 재산을 수호하고 또한 우리의 위대한 구국항쟁의 승리를 위하여 기어코 참가해야 한다고 재삼재사 요청하였으나 중앙의 지시가 없으므로 어찌할 수 없다고 결국 거절당했음. 이리하여 4·3투쟁에 있어서의 국경 동원에 의한 거점 분쇄는 실패로 돌아갔음.

(3) 그 후의 연결

기후(其後) 올구를 파견하여 문 소위와 정상적인 정보 교환을 하여 오던 바 4월 중순에 이르러 돌연히 부산 제5연대가 내도(來島)하여 산부대를 포위공격하게 되었으므로 시급히 대책을 세워야 된다는 긴급 연락이 있어 군책(軍責)과 문 소위가 만난 결과 국경의 세포는 중앙 직속이므로 도당(島黨)의 지시에 복종할 수 없으나 행동의 통일을 위하여 밀접한 정보 교환 최대한 무기 공급, 인민군 원조부대로서 탈출병 추진, 교양자료의 배포 등의 문제에 의견의 일치를 보았고, 더욱이 최후 단계에는 총궐기하여 인민과 더불어 싸우겠다고 약속하였음.

또 9연대장 김익렬이가 사건을 평화적으로 수습하기 위하여 인민군 대표와 회담하여야 하겠다고 사방으로 노력 중이니 이것을 교묘히 이용한다면 국경의 산(山) 토벌을 억제할 수 있다는 결론을 얻어 4월 하순에 이르기까지 전후 2회에 걸쳐 군책(軍責)과 김 연대장과 면담하여 금반(금번, 인용자) 구국항쟁의 정당성과 경찰의 불법성을 특히 인민과 국경을 이간시키려는 경찰의 모략 등에 의견의 일치를 보아 김 연대장은 사건의 평화적 해결을 위하여 적극 노력하겠다고 약속하였음(제1차 회담에는 5연대 대대장 오일균 씨도 참가 열성적으로 사건 수습에 노력했음).

그 후 5월 7일에 내도한 중앙 올구는 국경 프락치에 대한 지도는 도당(島黨)에서 할 수 있다(문맥상 '없다'의 오기로 보임, 인용자)고 언명하였기에 국경과 도당(島黨)과의 관계는 복잡하여지고 투쟁에 결정적인 약점을 가져오게 되었음.

그 후 5·10투쟁까지는 국경으로부터 아무런 공격도 없어 우리의 활동에는 크나큰 이익을 가져왔음.

5·10 제주읍에서 도당(島黨) 대표로서 군책(軍責), 조책(組責) 2명과 국경 측에서 오일균 대대장 및 부관 9연대 정보관 이(李) 소위 등 3명과 계(計) 5명이 회담하여 ① 국경 프락치에 대한 지도 문제 ② 제주도 투쟁에 있어서의 국경이 취할 바 태도 ③ 정보 교환과 무기 공급 등 문제를 중심으로 토의한 결과 다음의 결론에 의견의 일치를 보았음.

Ⓐ 국경 지도 문제에 있어서 일방에서는 도당(島黨)에서 지도할 수 있다고 하며 일방에서는 중앙 직속이라고 하므로 결국 이 문제는 해결이 불가능하다. 그러므로 도당에서 바로 박은 프락

치만은 도당에서 지도하되 행동의 통일을 위하여 각각 소속 당부의 방침 범위 내에서 최대한의 협조를 하지 않으면 안 된다.

ⓑ 제주도 치안에 대하여 미군정과 통위부(統衛部)에서는 전면적 포위 토벌 작전을 지시하고 있으나 이것이 실행되면 결국 제주도 투쟁은 실패로 돌아가고 만다. 그러므로 국경에게서는 포위 토벌 작전에 대하여 사보타주 전술을 쓰며 국경 호응 투쟁에 관해서는 중앙에 건의한다. 특히 대내(隊內) 반동의 거두 박진경 연대장 이하 반동 장교들을 숙청하지 않으면 안 된다.

ⓒ 최대의 힘을 다하여 상호간의 정보 교환과 무기 공급 그리고 가능한 도내에 있어서의 탈출병을 적극 추진시키지 않으면 안 된다.

(4) 국경(國警)으로부터 우리에 대한 원조 경위(탈출병을 중심으로)

① 3월 25일 경 한림면 협재리에 와있던 해경(海警) 중에서 동무 1명이 99식 총 5정을 가지고 탈출, 인민군에 입대. 그후 4·3 투쟁 후에 기관장으로부터 조명탄통 1정과 동 탄환 7발을 보내어 왔음

② 4월 중순 경 문(文) 소위로부터 99식 총 4정, 오일균 대대장으로부터 카빈 탄환 1600발, 김익렬 연대장으로부터 카빈 탄환 15발을 각각 공급받음

③ 5월 중순 5연대 통신과 동무로부터 신호탄 5발 공급받음

④ 5월 17일 경 오일균 대대장으로부터 M1 총 2정 동 탄환

1443발, 카빈 총 2정, 동 탄환 800발을 공급받음

⑤ 5월 20일 문 소위 지시에 의하여 9연대 병졸 최(崔) 상사 이하 43명이 각각 99식 총 1정씩을 가지고 탄환 14,000발을 트럭에 실어 탈출, 도중 대정지서를 습격, 개 4명, 급사 1명을 즉사시키고 지서장에게 부상을 시킨 후 서귀포 경유 상산(上山)하려고 하였으나 그 연락이 안 되어 결국 22명은 피검(被檢), 탄환 다수 분실 혹은 압수당하고 겨우 4, 5일 후에야 나머지 21명과 아부대와 연락이 되었음(이때는 각각 99식 총 1정과 99식 탄환 100발씩만이 남아 있었음). 이때 연락이 안 된 원인은 문 소위가 우리에게 보낸 연락방법과 탈출병들이 연락한 방법 사이에 커다란 차이가 있었던 것에 기인함

⑥ 5월 21일 대정면 서림(西林) 수도(水道) 보초 2명이 99식 총 3정을 가지고 탈출, 인민군에 입대

⑦ 5월 말일 애월면 주둔 5연대 병졸 4명이 각각 M1 총 1정 씩 가지고 탈출, 인민군에 입대

⑧ 5월 말일 9연대 고승옥 상사 이하 7명이 카빈 총 1정과 99식 총 7정을 가지고 탈출, 인민군에 입대

⑨ 6월 초순 대정에서 9연대 상사 문덕호 동무 99식 총 1정 가지고 탈출, 인민군에 입대

(중략)

⑭ 7월18일 6연대 이정우 동무는 오전 3시 박진경 11연대장을 암살한 후 M1 소총 1정을 가지고 상산(上山) 인민군에 입대 (이하 생략)

거짓의 역사와 위선의 한국 사회

이를 보면 국방경비대 9연대의 실상이 적나라하게 드러난다. 그런데 당시 9연대장이었던 김익렬 중령은 이러한 실상을 전혀 모르고 있었거나 아니면 외면하고 있었는지 모른다. 김익렬 중령의 유고(遺稿)가 1989년 8월 15일부터 「제주신문」에 26회에 걸쳐 연재되었다. 김익렬은 당시 현지 부대의 연대장이었다는 점, 그리고 무장대(유격대) 사령관 김달삼과의 4·28평화회담을 벌였던 장본인이라는 점에서 그의 유고는 주목을 받았다.

이른바 4·28평화회담은 사태를 해결하기 위해 김익렬과 김달삼 간에 다음과 같이 약속한 회담이다. 첫째, 72시간 내에 전투를 완전히 중지하되 산발적인 것은 연락 미달로 간주한다. 둘째, 무장해제는 점차적으로 하고, 약속을 위반하면 즉각 전투를 개시한다. 셋째, 무장해제와 하산이 원만히 이루어지면 주모자들의 신변을 보장한다. 넷째, 합의된 귀순 절차는 회담 다음 날 모슬포와 제주비행장에 귀순자 수용소를 설치하고 점차적으로 서귀포, 성산포 등지에도 수용소를 세우되 군이 직접 관리한다.

4·28평화회담은 김익렬의 입장에서는 가급적 희생을 줄이며 사태를 수습하기 위한 것이었는지 모르지만, 김달삼의 입장에서는 9연대의 진압을 지연시켜 시간을 벌기 위한 목적에서 벌인 회담임이 위 보고서에서 드러난다. 그런데 김익렬은 그의 유고에서 전혀 엉뚱한 이야기를 하고 있다. 김익렬은 자신이 유고를 남긴 배경을 다음과 같이 썼다.

　　　4·3사건을 세기로 하여 야기된 격앙된 인상들만이 여러 가지 기록이

나 기사나 논평에 보도되고 있고, 관련 전문가들은 제주도는 중앙에서 멀리 떨어진 고도(孤島)이므로 해방서부터 공산주의 사상가들의 온상지였으며 자유스럽게 공산주의 사상교육과 공산주의의 투쟁을 위한 조직과 훈련을 하여서 4·3폭동을 일으켰다는 그럴싸한 이론을 전개시키고 4·3사건을 묘사하고 있다.

그러나 이것은 4·3사건 발생의 원인과 당시의 제주도 도민의 실정을 전연 모르는 자들이 떠도는 유어(流語)만 가지고 창작해 만들어낸 것이거나 그렇지 않으면 그 당시 제주도민들과 우리민족에 대하여 용납 못할 민족적 죄악을 저지른 미군정시대 집권자들이 죄악과 과오를 은폐하기 위한 수단이든지, 그렇지 않으면 어용자들의 작품에 지나지 않는다고 나는 확언한다.

김익렬은 실제와 너무 다른 유고를 남겼다. 그는 제주도에서 남로당이 얼마나 위세를 떨쳤는지 모르고 있었다. 사상교육, 투쟁을 위한 조직과 대중동원이 많은 자료와 증언으로 이미 확인되었다. 당시 공산주의자들은 "이제 공산주의만 되면 다 잘 살게 된다"고 선전하고 다녔다. 남로당은 3·1사건을 전후로 한 시기에 이미 각 마을 단위까지 조직을 갖고 있었다.

남로당이 사건을 일으키고 주도한 것은 움직일 수 없는 사실이다. 다만 무고한 양민이 희생되었다는 것이 문제다. 양민이 희생되었다고 해서 사건의 본질이 달라질 수는 없다. 원인과 본질은 그것대로 규명되어야 하고, 과잉 진압으로 인한 무고한 희생은 그것대로 정리되어야 한다. 오늘의 문제는 제주 4·3사건의 원인을 묻어

버린 채 오로지 '희생'에만 초점을 맞추어 조명하는 것이다.

앞에서 본 '제주도 인민유격대 투쟁보고서'는 문상길은 물론 대대장 오일균, 그리고 9연대 정보관 이 소위라는 인물까지 프락치였다는 걸 말해준다. 이들이 김익렬의 상황판단을 흐리게 했을 것임을 짐작케 한다. 특히 연대 정보관이 김익렬에게 어떤 정보를 올렸을 지가 궁금하다. 어쩌면 남로당의 인식이 김익렬에게 주입되었을 수도 있다.

이들은 군내에 침투, 또는 도피해 있던 남로당계로 하여금 무기를 갖고 탈출케 했으며, 별도로 무기 공급까지 했다. 그런데 알 수 없는 것은 '김익렬로부터 카빈 탄환 15발을 공급' 받았다고 기록한 점이다. 보고서 작성자가 무슨 착각을 한 것인지, 실제로 김익렬로부터 탄환을 공급받은 것인지 지금으로서는 확인할 방법이 없다.

이 보고서를 보면 당시 국방경비대가 얼마나 허술하기 짝이 없었는지 적나라하게 드러난다. 물론 설립 초기여서 그렇겠지만 공산주의자들의 도피처가 되어 있었다는 점이 시사하는 바를 말하고자 하는 것이다. 다시 말해 당시 제주도에 공산주의 세력이 얼마나 강했는지를 알 수 있다는 얘기다.

세력이 강했다고 해서 그들의 주장이 정당하며 민중을 대변하는 것이라고 볼 수는 없다. 더욱이 당시 사람들이 자유민주주의도, 공산주의도 경험해보지 못한 상태에 있었다는 점에서 그렇다.

남로당 도발의 배경

거듭 강조하지만 제주 4·3사건의 주체는 남로당이었다. 그런데 그들은 왜 그와 같이 무모한 도발을 감행하였는가. 지금까지 그건 연구 대상이 된 적도 없었고, 그와 관련한 저술도, 하다못해 저술의 일정 대목조차도 없었다. 남로당 중앙당의 지령에 의한 것이라는 주장이 있지만 중앙당의 지령이 있었던 건 아니며 제주도당이 독단으로 벌인 사건이다.

남로당이 내세운 건 '단선단정 반대'였고, 그 목적은 5·10선거 파탄이었다. 그런데 그러한 의지를 관철시키기 위해 시위가 아닌 무장폭동을 일으킨 이유는 무엇일까. 그것도 우발적이고 제한된 것이 아닌, 계획적이고 전면적인 것이라는 점에서 이해하기 어렵다. 육지로부터 고립된 섬이라는 점을 감안하면 더더욱 그렇다. 무장폭동을 일으킬 때는 최소한 '승리'에 대한 확신, 그게 아니더라도 최소한의 가능성이라도 내다보고 있어야 하는데 외부 지원을 기대하기 어려운 고립된 섬에서 거사했다는 점은 미스터리가 아닐 수 없다.

무슨 생각이었을까. 무장폭동은 곧 돌아올 수 없는 다리를 건넌다는 걸 의미하는 것인데 그들이 그토록 무모하다고밖에 할 수 없는 선택을 한 것은 무슨 까닭이었을까. 여기에는 복잡한 원인이 자리하고 있다.

단선단정은 남한지역을 근거지로 하고 있는 남로당에게는 곧 정치적 입지의 상실을 의미하는 것이었다. 박헌영은 북한으로 도피한 상황에서 남로당을 '지도'하고 있었는데, 김일성과의 권력투쟁에서 유리한 고지를 점하기 위해서는 남로당이 건재해야 했다. 남로당으

거짓의 역사와 위선의 한국 사회

로서는 수단방법을 가리지 않고 단선단정을 저지하지 않으면 안 되었다. 물론 이러한 설명은, 앞에서 지적했듯이 제주 4·3사건이 남로당 중앙당의 지령으로 인하여 발생했다는 것을 뜻하는 건 아니다.

앞의 설명이 당위성을 갖는 것임은 만일 남한에서 소련의 위성국가로서의 단선단정이 추진되었다 해도 남로당이 폭거를 일으켰을까를 생각해 보면 금방 납득이 될 것이다. 공산주의자들에게 있어서 소련의 위상은 절대적인 것이었다. 소련의 지령에 따라 남한에서 단선단정이 추진되었다면 남로당은 전국적으로 이에 호응하여 그 당위를 선전하고 앞장섰을 것이다. 이는 가정(假定)이지만 제주 4·3사건의 배경을 이해하는 데 있어서는 매우 유효한 방법이라 할 수 있다.

민중항쟁론은 또 4·3사건을 '외세의 침략으로부터 민족을 지켜내려는 노력'으로 설명하지만 이는 도식화된 예찬론에 지나지 않는다. 만일 그 외세가 소련이었다면 어찌 했을까. 그런 경우에도 남로당은 무장폭동으로 맞섰을까. 그런 건 상상하기 어렵다. 절대적 지위에 있는 소련, 곧 스탈린의 지침에 맞선다는 것은 있을 수 없는 일이다. 물론 남로당이 추구한 노선이 공산혁명이었기에 소련과 이해가 일치한다고 할 수 있지만 그와 무관하게 공산주의자들에게 있어서 소련이 갖는 위상이 절대적이었음을 말하고자 하는 것이다.

또 반외세 투쟁이었다고 할 경우 정작 민족해방투쟁이 절실했던 일제시대에는 왜 그와 같은 저항이나 봉기가 벌어지지 않았는가. 공산주의자들이 조직화되어 있지 못했기 때문이라고 할 수 있을 것이다. 이는 뒤집어 보면 4·3사건의 경우 공산주의자들의 소직화가 배경이라는 의미라 할 수 있는 게 아닌가. 4·3사건을 제주도 민중의 반외세 자주 항쟁이라고 주장하는 수정주의 사관, 또는 민중사관의 입장은 한마디로 허구에 지나지 않는 것이다.

제주 4·3사건은 남로당의 정치적 이해를 떠나서 설명하기 어렵다. 제주 4·3연구소가 펴낸 『이제사 말햄수다』에 실린 1947년 당시 남로당 대정면 책임자 이운방(李運芳)의 글을 보면 그 대강을 이해할 수 있다.

선전선동 요강

첫째로 3·1운동(기미년 만세운동, 인용자)의 원인, 진행, 의의, 교훈 등을 명확히 해설하여 선전선동할 것. 곧 국제적으로 민족자결주의의 타협노선과 위대한 소련 10월 혁명에 의한 혁명노선의 영향, 국내적으로 일제의 병합 이래의 극악한 반동정책, 노예정책이 이 3·1운동의 원인이 된 것. 농민을 중심으로 한 근로인민들의 자연발생적, 비타협적, 혁명적 봉기 진출을 지주, 자본가, 종교가를 중심으로 한 대표자들의 타협행동, 무저항주의가 혁명적으로 지도하지 못한 데 실패의 원인이 있다는 것. 윌슨의 '민족자결'이란 공막(空漠)한 구두선으로 조선독립이 되는 것이 아니라 인민의 혁명적 투쟁으로써만 독립을 전취할 수 있다는 것. 혁명과업을 담당하는 세력은 지주, 자본가 계급이 아니라 혁명적인 노동자·농민 계급이라는 것. 이 민족적 대투쟁이 있은 후의 각 계급의 역할 등등을 해설할 것(3·1운동 이야기 참조).

둘째로 우리는 3·1 기념일을 어떻게 맞이할 것인가를 구체적으로 당
의 기본 노선에 결부시켜 광범위하게 선전선동할 것. 곧 위대한 10월
인민항쟁과 북조선 민주건설이 전국적으로 인민위원회에 정권을 넘
기고 인민공화국의 토대를 튼튼히 구축해 나가는 것. 민주세력의 기
본역량은 노동자, 농민, 근로지식인이라는 것.

이것은 남로당 제주도당 군사위원회의 결정을 이운방이 정리한
것으로, 이글을 보면 남로당이 무엇을 추구했는지 드러난다. 여기
서 '위대한 소련의 10월 혁명'을 언급하고 있다는 점은 이들이 궁극
적으로 볼세비키 혁명을 지향하고 있음을 보여준다. 또한 1919년
3·1운동의 실패가 노동자 농민의 비타협적 혁명적 투쟁이 아니라
지주, 자본가, 종교가를 중심으로 한 타협과 무저항주의로 인한 것
이라고 말하고 있다.

또한 볼세비키 혁명과 북한에서와 같은 방식으로 정권을 인민위
원회에 넘겨야 함을 선전선동할 것을 지침으로 내리고 있다. 물론
여기서 인민위원회는 해방정국에서 여운형을 중심으로 전국적으
로 조직된 그 인민위원회를 말하는 것으로 이것이 곧 공산혁명을
뜻하는 것은 아니다. 다만, 특히 제주도의 경우 공산주의자들이 인
민위원회를 주도했다는 점에서 그것은 일종의 통일전선이었음은
짚고 넘어갈 필요가 있다.

이제 남로당 군사위가 어디서 무장투쟁의 승리 가능성을 찾고 있
었는지 살펴본다. 역시 『이제사 말햄수다』에 실린 이운방의 글이다.

혁명가를 부르며, 인민항쟁의 노래를 부르는 전승의 함성은 한라산 절벽을 두드리며, 그 반향은 섬 전체를 혼란스럽게 울리는 듯 싶었다. 그러나 투쟁은 이로부터 방금 시작된 것이다.

미제를 타도하고 자유와 민주가 성취될 때까지!

통일된 인민공화국이 수립될 때까지!

실로 전도요원한 투쟁이긴 하나, 그것은 희망에 차 있으며, 승산이 확실한 신성한 싸움으로 믿어지고 있었다. 모든 학교는 폐쇄되었다. 학생들은 학과를 포기하고 투쟁에로 가담했다. 개교와 취학은 혁명이 승리하고 인민공화국이 수립된 후라고 단정하였다.

4·3 무장봉기의 최초의 예정표에 의하면 제1에 각 면, 지서 등 적의 주요 근거지를 중점 공격할 것. 그렇게 되면 이에 놀란 각 지서원들은 혼비백산하고 자기 부서를 포기하면서 도의 중심지 제주읍으로 집중하게 될 것이다. 따라서 제주읍을 제외한 도 전체는 해방되게 되고, 동 해방지구에는 인민위원회를 비롯한 각종 민주단체를 소생시킨다. 이때의 제주읍은 제주도내에 있어서 자그마한 고도의 운명을 면치 못할 것이다.

제2에, 제1단계 작전에서 승리를 획득한 후에는, 조직을 재편하고, 전열을 정비하며, 동시에 후방의 민주기지를 난공불락으로 견고히 하고, 무기, 탄약과 식량 등을 충분히 비축하기에 전력을 다할 것이며, 이리하여 준비 만단(萬端) 정비된 뒤에는 제2차 작전의 주요 목표이며 적 최후의 거점이기도 한 제주읍의 적 본진을 향하여 집중공격을 전개하고 이에 괴멸적인 타격을 가한다. 이 제주읍에 대한 최후의 총공격은 금번 인민항쟁이 예기한 최후의 승리를 보장하는 전투가 될 것이다.

그러나 제주도는 고립된 중립국이 아닌 것은 물론이다. 그러므로 육지부의 상황을 염두에 넣어서 계산하지 않으면 아니될 것이다. (중략) 전국의 방방곡곡에 자복(雌伏: 때를 기다려 가만히 숨어 지냄; 인용자)해서, 미제의 구축(驅逐)과 반동세력 타도의 기회를 엿보고 있는 활동가와 ○○을 배경으로 한 불평불만분자들의 수는 무수히 많은 것으로 추산되었다.

이와 같은 정세하에서 제주도에서의 무장봉기는 일종의 기폭제가 될 수 있을 것이며, 그 승리의 비보(飛報)는 강력한 자극제가 되어서 점차로 혹은 일시에 전국 각지에서 봉기부대들이 연달아 봉기하게 될 것이다. 이러한 예측 위에 선다면 육지에 있어서의 봉기부대에 의한 반란은, 제주에의 지원부대 파견을 불가능하게 하리라는 결론이 간단히 나오게 된다.

다음에 국방경비대는 중립을 지킬 것을 최초부터 계산에 두고 있었다. 왜냐하면, 경비대 내에는 좌익동지들이 다수 잠입하고 있었기 때문이다. 이렇게 해서 38 이남 일대가 내란의 수라장으로 화(化)하게 된다면 힘써 힘의 축적을 완료한 인민군의 남하도 필치(必致)의 사실이므로, 이에 전국의 해방―고대하던 제2차 8·15도 결정적인 것이 될 것이다.

상술(上述)과 같은 전망대 위에 서서 용약발진(勇躍發進)한 무장봉기는 그 목표와 주장에 있어서도 최대한의 것이 되는 것은 자연의 세(勢)라 할 것이다.

이것은 이운방이 김달삼의 무장봉기를 비판적인 입장에서 기록한 것이지만 당시 김달삼의 판단을 정확히 짚을 수 있던 사람의 글이라는 점에서 무장봉기의 배경을 충분히 전달하고 있는 것으로 생각된다.

김달삼은 제주읍을 제외한 전 제주도를 '해방'시킬 것으로 믿고 있었던 것 같다. 그리고 종국에는 제주읍마저 총공격을 감행함으로써 제주도를 장악한다는 구상을 갖고 있었다는 게 이운방의 진단이다. 전 제주도를 장악할 수 있을 거라고 생각한 것도 놀랍지만 전국 각지에서 봉기가 일어나고 반란이 번져나갈 것이며, 그에 따라 육지로부터 지원부대 파견이 불가능할 거라 예상하고 있었다는 점은 놀라움을 넘어 많은 것을 생각하게 한다. 그만큼 해방정국의 남한은 혼란스러웠고, 남로당의 도발이 먹혀들어 갔던 지역으로 인식되고 있었음을 시사하고 있다는 것이다.

제주도에서의 무장봉기가 기어이는 북한 인민군의 남침으로 이어지는 것은 필연이라고까지 여겼다는 점은 남로당 제주도당의 강경파가 얼마나 자신만만했는지를 보여준다. 그러나 그러한 시나리오는 현실로 다가오지는 않았다. 김달삼 일당이 오판했다고 볼 수 있다. 사실 남로당 제주도당의 강경파 세력, 특히 김달삼의 봉기는 소영웅주의에 의한 극좌 모험주의였다는 비판을 면키 어렵다. 비록 해주 '남조선인민대표자대회'에서는 영웅으로 떠받들어졌지만 그는 사건 발발 후 사정이 여의치 않자 도망치기에 급급했던 것이다.

그런데 이해하기 어려운 것은 국방경비대가 중립을 지킬 거라고 생각했다는 점이다. 비록 프락치들을 9연대에 침투시켜 놓고 있었고, 그들 외에도 다수의 공산주의자들 또는 추종자들이 있었다고는 하지만 경비대라는 명칭에도 불구하고 사실상 군대(軍隊)인 9연대가 시종 중립을 지킬 거라고 생각했음은 놀라운 일이다. 더구나 국방 경비의 임무 중 하나가 폭동 진압이었다는 사실을 생각한다면 9연 대의 중립을 상정한 것은 어이없는 일이라 하지 않을 수 없다.

하기야 앞에서 언급했던 김용옥도 제주 4·3 강연에서 군(軍)이 치안에 동원된 게 잘못인 양 목소리를 높인 바 있다. 이걸 무지의 소 산이라고 해야 할지 악의적인 왜곡이라고 해야 할지 모르겠다. 물 론 치안은 경찰의 몫이다. 하지만 정부 수립 이전 국방경비대는 군 이 아니라 치안을 보조하는 역할을 맡고 있었다.

그런데 김달삼은 미군의 개입도 없을 것으로 보고 있었다는 게 이운방의 증언이다. 이운방은 1948년 5월 초순 김달삼을 만난 일이 있었는데, 이때 김달삼은 "경찰력만으로는 인민 유격대의 진압이 불가능한 일이며 국방경비대는 중립적이면서 오히려 유격대에 대 하여 호의를 갖고 있어 이승만 배(輩)가 의뢰할 곳은 미군 사령부밖 에 없게 된다. 그러나 미 점령군이 우리 사업에 직접 간섭하게 된다 면 그것은 크나큰 국제문제로 화(化)할 염려가 있기 때문에 이 또한 바랄 수 없는 일"이라고 말했다고 한다.

김달삼의 이와 같은 말은 두 가지를 확인할 수 있게 해준다. 첫째 는 김익렬이 그의 유고(遺稿)에서 밝힌 당시 제주도 상황이 실제와 동떨어져 있다는 것이다. 김익렬은 무장폭동이 경찰과 우익에 대한 불만 때문에 발생한 것일 뿐이며, '해방서부터 공산주의 사상가들 의 온상지였으며 자유스럽게 공산주의 사상교육과 공산주의의 투쟁을 위한 조직과 훈련을 하여서 4·3 폭동을 일으켰다는 그럴싸한 '이론'으로 '창작'한 것이라고 했지만 지금까지 보아 온 것처럼 그의 유고는 실제와 달라도 너무 다르다.

둘째는 김달삼이 미군의 직접적인 개입이 없을 거라고 예상한 게 터무니없다는 것이다. 김달삼의 그러한 예측은 그 당시 모 신문 사설에서 "만약 미군이 제주 4·3사건에 직접 간여하는 사태가 발생한다면 그것은 유유(悠悠)한 국제문제가 아니될 수 없다"고 한 것을 인용한 것인데, 사설이나 그것을 그대로 수용한 김달삼이나 한심하기는 마찬가지다.

도대체 미군이 사태에 직접 개입할 이유가 무엇인가. 경찰과 국방경비대가 미군정 지휘를 받는데 미군을 직접 투입할 까닭이 없지 않은가. 더욱이 직접 개입하면 미군에서 사상자가 나올 게 분명하고, 또 진압 시 민간인 희생자가 나올 것임도 예견키 어렵지 않은데 민심을 잃어가면서까지 미군 병사들을 전투현장에 투입하여 희생시킬 거라고 생각할 수 있는가. 그럴 경우 하지 중장은 자국에 그 책임을 어떻게 질 것인가. 물론 어떤 사건이 발생했을 때 미군이 현장조사를 한다든지 하는 것은 논외다. 김달삼은 소영웅주의에 갇혀 정확한 예측을 하지 못했다고 할 수 있다.

제주 4·3사건의 근본적인 원인은 첫째, 당연한 이야기지만 남로당의 기본노선이 공산혁명이었다는 점이다. 제주도당이 무장폭동을 일으킨 건 그 노선에 따른 것이었다. 둘째, 5·10선거는 곧 남로당의 근거지 및 정치적 입지 상실을 의미하는 것이었다는 점이다. 때문에 선거를 저지하기 위해 도발을 감행한 것이다. 셋째, 남로당 제주도당, 그중에서도 특히 강경파가 무장폭동으로 이끈 것이었는데, 그건 그들의 스스로에 대한 과신과 그로 인한 극좌 모험주의에 기인한 것이라고 할 수 있다. 넷째, 김달삼의 소영웅주의와 판단의 오류다. 그는 모든 면에서 잘못된 판단을 했다. 이러한 점들이 종합적으로 작용한 결과가 제주 4·3사건의 발발이라 할 수 있다.

작용과 반작용의
국가폭력

오늘날 제주 4·3사건은 일방적인 국가폭력으로만 이해되고 있다. 물론 국가폭력이 존재했던 건 사실이다. 그러나 그러한 국가폭력을 부른 건 남로당 무장대에 의한 폭거였다. 그런데 무장폭동 사실은 아예 없던 일이 되어 버렸다. 그래서 지금도 일부 생존해 있는 당시 무장대에 의해 피해를 입은 유족들이나 우익진영 사람들은 사건의 진실을 알리고자 눈물겨운 노력을 하고 있지만 그들의 목소리는 역류하는 시대의 흐름에 묻혀버리고 있다.

사실 남로당의 폭거는 4·3사건 당일부터 시작된 게 아니다. 3·1사건 이후 남로당은 보다 조직적이고 투쟁적으로 변모해 갔다. 그리고 갈수록 그들은 자신감을 갖게 되었고, 급기야 무장도발을 감행할 생각까지 하게 되었다.

1948년 4월 3일 이전에 이미 사실상의 전쟁은 시작되고 있었다. 앞에서 언급한 파업투쟁 이후에도 남로당의 공격은 계속되었고, 그에 따라 경찰의 주동자 검거가 이어졌다. 군정당국은 3·1사건과 관련, 경찰에 책임을 물어 대량의 파면 조치까지 했지만 남로당의 목적은 궁극적으로 단선단정 저지였기 때문에 사태가 지속되어야만 했다.

미군정 당국은 집회와 시위를 허가하지 않았지만 남로당은 주민들을 선동하여 집회와 시위로 맞서고, 경찰의 해산 및 검거라는 악순환이 계속되었다. 그러는 가운데 남로당은 좌익 청년들을 대거 9연대에 입대시켰다. 이들이 4·3사건 이후 무기를 들고 산으로 올라가 무장대에 합류하는 것이다.

1947년 10월이 되면 좌익세력의 입산이 시작된다. 김익렬이 9연대장으로 부임한 건 1947년 12월 초다. 그는 사실상 전쟁 상황인 제주도 사정을 전혀 몰랐던 것 같다. 그리고 잘못된 정보, 곧 남로당의 인식에 의한 눈으로 제주도 상황을 보고 있었음이 분명하다.

해가 바뀌어 드디어 1948년이 되면서 경찰 및 우익단체와 남로당 및 산하 조직 사이의 사실상의 전쟁이 심화되어 갔다. 1월 초 좌익 핵심 인물에 대한 체포령이 내려졌고, 이 과정에서 충돌이 빚어졌다. 좌익 청년 200여 명이 지서를 습격하기도 했다. 그러다가 급기야 2월 7일 남로당 및 산하 조직원들이 경찰관을 생매장하는 사건이 발생한다.

1948년 2월 7일은 남로당이 '구국투쟁'이라는 이름으로 전국적인 투쟁을 시작한 날이기도 하다. 미군정에 의해 불법화된 남로당과 민전(민주주의민족전선)은 총선 일정이 발표되자 단선단정을 반대하며 전국적인 대규모 파업을 일으켰고, 이 과정에서 경찰과 물리적

거짓의 역사와 위선의 한국 사회

충돌이 빚어졌다. 남로당의 지휘 아래 송전 중단, 철도 운행 중지, 통신선 절단 등 파괴가 자행되었다. 당시 남로당이 내건 주장은 다음과 같다.

1. 조선의 분할 침략 계획을 실시하는 유엔 한국 위원단을 반대한다.
2. 남조선의 단독 정부 수립을 반대한다.
3. 양군 동시 철퇴로 조선 통일 민주주의 정부 수립을 우리 조선 인민에게 맡기라.
4. 국제 제국주의 앞잡이 이승만, 김성수 등 친일 반동파를 타도하라.
5. 노동자, 사무원을 보호하는 노동법과 사회보험제를 즉각 실시하라.
6. 노동임금을 배로 올리라.
7. 정권을 인민위원회로 넘기라.
8. 지주의 토지를 몰수하여 농민들에게 나누어 주라.
9. 조선민주주의인민공화국 만세!

여기서 남로당이 단독정부 반대를 외치며 대중을 선동한 게 조선민주주의인민공화국 건설을 위한 것임이 명백히 드러난다. 제주 4·3사건이 그 연장선에 있음은 물론이고 뒤에 서술할 여순반란사건 또한 마찬가지다.

2월 13일엔 경찰이 좌익 검거를 위해 한림읍 금악리를 덮쳤으나 남로당 조직원들이 38식 총, 수류탄, 일본도 등의 무기로 대항하는 바람에 퇴각하지 않을 수 없었다. 안덕면에서는 대규모 집회를 해산시키며 주동자들을 검거하기 위해 안덕지서 경찰과 우익 청년단원들이 출동했다가 지서장이 살해당했다. 남로당은 각 군·면·리에 무장한 자위대를 편성하여 경찰에 대항케 하였다. 2월 15일엔 수십 명의 무장 경관과 우익 청년단원들이 다시 금악리를 진압하기 위해 공격했으나 무장한 자위대에 의해 격퇴당하고 말았다. 이러니 사실상의 전쟁이라 하지 않을 수 없는 것이다.

이 무렵부터 무장대는 한라산 자연 동굴과 중산간 지대에 거점을 확보하기 시작했다. 무장봉기를 준비하고 있었던 것이다. 여기서 주목할 건 무장대가 중산간 지대에 거점을 확보했다는 사실이다. 이 때문에 4·3 무장대 진압 작전 시 중산간 마을 주민들의 희생이 클 수밖에 없었던 것이다.

4월 3일 이후에는 무장대가 경찰관 부모를 목 졸라 살해한 뒤 손발을 잘라내는가 하면 우익청년단원 및 경찰관 가족이나 친척까지 살해당하는 사건이 빈번하게 발생했다. 그들은 경찰지서나 선거사무소 등도 기습하는가 하면 선관위 관계자들에 대한 공격도 감행하여 5·10선거를 파탄시키려 했다. 선거를 파탄내기 위해 주민들에게 산으로 올라갈 것을 강압하기도 하여 주민들이 마땅한 곳을 찾아 은거하는 일도 벌어졌다.

5월 19일엔 더욱 충격적인 일이 벌어졌다. 무장대 30여 명이 제주읍 도두리를 습격하여 대동청년단원 부인을 그녀의 세 살 난 아들과 함께 같은 마을 남편의 고모 집으로 납치, 10여 명이 윤간하는가 하면 이 마을 부녀자들 다수를 숲으로 끌고 가 윤간한 뒤 일본도나 죽창으로 난자하여 생매장하는 만행을 저질렀다. 이때 11명의 피해자들 중에는 16세 소녀도 있었고, 어린이도 둘이나 있었다.

　　　　　　　　　　　거짓의 역사와 위선의 한국 사회

진압 군경의 보복도 있었다. 5월 28일 무장대가 저지토벌주둔소를 습격하여 경찰 20여 명을 살상한 데 대한 앙갚음으로 명리동 주민 약 200명을 몰살했다는 기록이 그것이다. 이는 당시 남로당원이었다가 일본으로 도피한 김봉현·김민주의 『제주도 인민들의 4·3 무장투쟁사』에 나오는 것인데, 검증이 필요하다. '200명을 몰살했다'는 게 과장된 게 아닌가 하는 것이다. 인원도 지나치게 많지만 '몰살'이라고 표현한 게 신빙성을 떨어뜨린다. 이게 사실이라면 그야말로 학살이다. 교전 중 사살이 아니라 무장하지 않은 1개 동 전체 주민을 모조리 살해했다는 것은 상상하기 어렵다. 미군정 당국이 '몰살'을 감행한 부대 지휘관은 물론 하위 책임자들을 처벌하지 않았다는 것은 납득하기 어렵다. 아무튼 과장이든 아니든 보복이 있었던 것은 확실하다고 생각된다.

무장대에 의한 몰살도 있었다. 이른바 '종달리 사건'이다. 6월 말쯤 무장대가 전사한 경찰관의 옷을 입고 마을에 들어가 "곧 공비들의 습격이 있을 테니 대비해야 한다"며 마을의 남자들을 한 곳으로 모이게 한 뒤 무차별 학살한 것이다. 군경이 7월 말에서 8월 초쯤 학생 13명을 동굴에 몰아넣고 입구에 나뭇가지와 풀 등을 쌓아 불을 지른 다음 흙으로 밀폐하여 질식사하게 한 사건도 있었다.

이처럼 피가 피를 부르는 악순환이 거듭되었다. 이후 시간이 갈수록 상대적으로 진압군에 의한 희생자가 급증한다. 그렇다고 진압만 한 게 아니다. 선무공작도 실시했고, 양민과 무장대를 분리시키려는 노력도 했다. 문제는 무장대가 포기하지 않는 가운데 기습이 계속됨으로써 진압작전도 계속될 수밖에 없었고, 희생자도 늘어났다는 점이다.

여기서 한 가지 생각할 것은, 무장대에 의한 희생보다 진압 군경에 의한 희생이 더 컸다고 해서 사건의 본질이 바뀔 수는 없다는 점이다. 과잉 진압이 문제였다는 지적이 많지만, 그리고 그 때문에 특히 중산간 마을에서 피해가 컸다고 하지만 진압 군경의 입장에서는 양민과 무장대를 구별할 도리가 마땅치 않았고, 자칫 자신들이 죽을 수도 있는 상황에서 심리적으로 과잉 진압으로 이끌려 갔을 수도 있었다는 점 또한 고려되지 않으면 안 된다.

당시 진압에 참여했던 사람에게 "어린아이들이나 노인들도 사살당했는데, 그들은 무장대라고 볼 수 없지 않으냐?"고 물은 적이 있다. 그는 말했다. "총알에 눈이 있습니까?" 그 말에 나는 더 이상 할 말을 잃었다. 실제 진압 현장을 목격하지 못한 나로서는 상황이 그려지지 않았던 것이다.

베트남전에 참전했던 사람들에게 이런 이야기를 들은 적이 있다. 작전 중 어떤 마을을 지나는데 노인이나 아이들, 부녀자들 밖에 보이지 않아 양민이겠거니 하고 지나쳤는데 얼마 되지 않아 베트콩의 기습을 받았다는 것이다. 마을 사람들, 또는 그중 누군가가 베트콩에게 한국군이 지나갔다는 사실을 알려주었다는 얘기다. 그 다음부터는 누가 양민이고 누가 베트콩인지 알 수 없어 다 한 패거리 아닌가 하는 의심을 하지 않을 수 없었다고 한다. 제주 4·3사건에서 중산간 마을이 이 경우일 수 있겠구나 하는 생각이 들기도 한다.

또 한 가지, 과잉 진압은 곧 강경 진압이라는 것인데, 끝까지 저항하며 도발을 계속하는 무장대에 대해 강경 진압하지 않을 수 있었

거짓의 역사와 위선의 한국 사회

을까. 만일 강경 진압을 하지 않았다면 사태는 어떻게 되었을까.

　나는 제주 4·3사건을 파고들면서 한 가지 화두를 갖고 고민하지 않을 수 없었다. 김익렬 식으로 해결 가능했을까? 만일 이른바 '오라리 사건'이 없었다면 사태가 바로 평정될 수 있었을까 하는 게 그것이다. '오라리 사건'이란 5월 1일 일단의 괴한 20여 명이 오라리 연미부락에 들어가 민가 몇 가구에 불을 지른 사건이다. 김익렬은 이들 중 하나를 잡고 보니 무장대를 가장한 우익청년단의 소행이었고, 그는 경찰이 되었다고 했다. 즉, 경찰과 우익청년단이 4·28평화회담을 깨뜨리기 위해 방화사건을 저질렀다는 것이다. 4·3 특별법에 의해 작성된 '제주 4·3 사건 진상조사 보고서'도 이를 토대로 경찰이 조작한 사건으로 단정했다. 한발 더 나아가 당시 화재 장면을 미군 정찰기가 하늘에서 촬영한 필름이 남아 있는데, 보고서는 이를 들어 미군이 조작을 계획한 것이라고 기술했다. 나의 또 한 가지 화두는 이러한 조작이 사실이고, 그것이 미군의 기획에 의한 것인가 하는 것이다.

　김익렬은 처음부터 이 사건이 경찰의 소행이라는 심증을 갖고 있었던 것으로 보인다. 그는 유고에서 "당시 육지의 각지로부터 연대증원군들이 속속 제주도로 들어오고 평화로운 가운데 귀순이 순조롭게 진행되고 있는데 이때에 폭도들이 아무 이유도 없이, 전술적으로 아무 가치도 없는 오라리라는 단 한 마을에 대해서 그것도 백주에 만행을 하리라고는 정세의 대세로 보아 있을 수 없다고 판단되었기 때문"이라고 밝혔다.

　「제주신문」 특별취재반의 보도에 의하면, 오라리 사건 발생 선날인 4월 30일 오전 8시쯤 대동청년단원 부인인 강공부(23세) 임갑생 (23) 두 여인이 동네 사람들에 의해 붙잡혀 '민오름'으로 끌려갔다. 동서지간인 이들은 마을 분위기가 심상치 않자 며칠 전 남편을 따라 제주 읍내로 피신해 있다가 급한 살림살이라도 옮기려고 자신들의 집으로 돌아온 참이었다.

이 두 여인이 대충 짐을 챙겨 마차에 싣고 있는데 마을 사람들이 하나, 둘 모여들기 시작했다. 마차꾼은 위기감에 도망쳤다. 두 여인은 수백 명의 사람들에게 둘러싸였다. 이어 밧줄로 손을 뒤로 묶이고 눈을 가린 채 마을에서 1.5㎞ 떨어진 민오름 정상으로 끌려갔다. 두 여인은 각기 5m 정도 간격을 두고 소나무에 묶였다. 이 여인들의 남편들도 이미 무장대에 잡혀 있음을 임 여인은 폭도들로부터 알게 되었다.

그런데 임갑생 여인은 손을 뒤로하여 묶은 줄이 느슨해져 있던 참에 폭도들이 "검은 개(경찰)들이 오고 있다"고 하는 소리를 듣고 줄을 풀고 눈을 가렸던 헝겊을 벗겨낸 후 죽을힘을 다해 산 아래로 뛰었다. 폭도들은 돌아앉아 있어서 임 여인이 도망치는 걸 뒤늦게 알았지만 이미 때는 늦었다. 임 여인은 구르다시피 하여 산 아래로 내려와 마차꾼의 신고를 받고 출동한 기동경찰대를 만나 동서가 산 (오름) 위에 묶여 있다고 전하여 경찰과 함께 다시 산으로 올라갔지만 강공부 여인은 이미 사살당해 있었다. 강 여인은 임신 중이었다.

두 여인이 마을로 돌아왔을 때 마을 사람들 수백 명이 이들을 둘러쌌다는 사실은 무엇을 말하는 것인가. 이때 무장대와 마을 사람들은 어떻게 구분할 수 있을까. 특히 경찰이나 우익청년단에게 마

거짓의 역사와 위선의 한국 사회

을 사람들이 어떻게 비쳤을까. 마을 사람들이 무장대와 한 편이었거나 동조자들이라고 생각되지 않았을까. 'G-2 보고서'는 이 사건에 대하여 "이 여인들을 공격한 무리들 중 2명이 민애청(민주애국청년회, 남로당 하부조직) 단원임이 밝혀졌다"고 기록하고 있다. 하지만 경찰과 우익청년단원들의 눈에 마을 사람들은 폭도와 구별할 수 없는 사람들이었을 것이라 짐작된다.

이 사건 이튿날, 즉 5월 1일 오전 9시경 오라리 근처 '동산문'에서 강공부 여인의 장례식이 치러졌다. 경찰이 경비를 하는 가운데 우익청년단원 30여 명이 장례식에 참여했다. 장례식이 끝난 후 경찰은 철수했으나 청년단원들은 남았다. 그리고 마을 민가에 불이 났다.

이 과정을 보면 우익청년단원들에 의해 방화가 이루어진 것으로 미루어 짐작할 수 있다. 임신한 강 여인을 무참히 살해하고 도주한 무장대와 그들을 방조한 마을 사람들, 특히 이른바 '산 사람', 곧 무장대에 가담한 사람 집에 청년단원들이 불을 질렀을 소지가 크다. 그렇게 본다면 이 방화 사건은 무장대에 의해 청년단원 2명이 납치되고 그 부인들 또한 잡혀 한 사람만 탈출에 성공하고 다른 한 사람은 총살당한 데 대한 보복이라 할 수 있다. 그렇다면 이른바 4·28 평화회담을 먼저 깬 것은 무장대 측이라 할 수 있다.

심지어 같은 날 경찰관 어머니가 무장대에 의해 피살되기도 했다. 오라리 출신 김규찬 순경의 어머니가 마을 어귀에서 칼에 찔려 살해당했는데, 무장대가 누구냐고 묻자 "규찬이 순경 어멍(어머니의 제주 방언)"이라고 말했다가 변을 당했다. 이 역시 평화회담을 어긴 것이다. 회담이 성사된 지 며칠 되지 않아 무장대의 도발로 평화 약속은 깨져버린 것이다. 따라서 경찰과 청년단의 조작이라고 보기 어렵다.

더욱이 미군이 기획했다고 보는 건 다분히 악의적이다. 마치 '미 제국주의'에 모든 책임을 돌리는 민족해방민중민주혁명을 외치는 주사파의 음모처럼 느낄 정도다. 오라리 방화 사건을 항공촬영한 필름이 있다 해서 미군의 음모라고 할 수 있을까. 여기엔 이런 가정이 있다. 어떻게 때맞춰 오라리 방화 사건을 공중에서 촬영할 수 있었느냐 하는 것이다. 이는 곧 사건을 기획해 놓고 대기하고 있다가 항공촬영을 한 것 아니겠느냐는 것이다.

어떤 근거도 없이 이런 '추리'로 사건을 단정하는 정부 보고서가 어떻게 가능한 일인지 나로서는 납득이 안 된다. 항공촬영이 우연일 수도 있고, 방화사건을 보고받고 즉시 비행기가 떠서 촬영한 것일 수도 있다. 이른바 4·28평화회담 당시 이를 알리는 전단도 L-5 비행기로 뿌렸다. 김익렬은 정찰도 겸해 자신이 직접 비행기를 타고 다니며 뿌리기도 했다고 유고에 썼다. 이처럼 언제든 필요하면 비행기는 뜰 수 있었다. 따라서 단순히 항공촬영이 있었다는 점을 들어 미군의 조작이라고 단정할 수는 없는 일이다.

어쨌든 사건은 계속되었고, 죽고 죽이며, 복수에 복수를 하는 상황은 1949년 3월 말까지 지속되었다. 4월 초면 남로당 지도부인 도당부 간부들의 생포로 인하여 지휘처로서의 기능을 상실하면서 사태가 진정국면에 접어들었다. 4월 9일에는 이승만 대통령이 제주도를 방문하여 250여 명에게 사면령을 내렸다. 물론 사태가 완전히 끝나는 건 1957년 마지막 무장대원이 생포되고서다.

국가폭력의 일탈은 특별히 무겁게 다뤄져야 한다는 데에는 이견이 있을 수 없다. 하지만 제주 4·3사건에서 국가폭력만을 부각시키는 것은 잘못이다. 제주 4·3사건은 그만큼 복잡하다. 그래서 국가폭력은 있는 그대로의 진실을 밝히되 남로당 무장대(인민 유격대)의 책임도 분명히 해야만 한다.

또한 앞에서 언급한 바 있듯 인명 살상의 주동자들은 희생자의 범주에 넣어서는 안 된다. 그건 진정한 의미에서의 화해와 용서와 평화가 아니다. 화해는 껍데기일 뿐이다. 특히 폭도들에게 죽임을 당한 사람들의 유족에게는 그렇다. 진압 과정에서 희생된 사람들의 유족들은 가해자가 누구인지를 특정하기 어렵다. 모든 사람이 가해에 의한 희생이라는 사실도 입증하기 어렵다. 그러나 폭도들에게 당한 사람들의 유족 중에는 가해자가 누구인지 알고 있는 경우가 많다. 그래서 직접 가해를 가한 사람들과 주동자들이 희생자로 명예가 회복되는 게 참을 수 없는 것이다.

나아가 4·3사건을 민중항쟁이라고 성격지우는 것도 그들로서는 견딜 수 없다. 사건 당시 비명에 간 부모 형제를 욕되게 하는 것이기 때문이다. 따라서 제주 4·3사건이 민중항쟁으로 왜곡되어 온 것만이라도 바로 잡아야 한다. 민중항쟁이라고 주장하는 것은 오히려 억울하게 희생된 사람들(좌든 우든)의 명예를 손상시키는 것이다.

제주 4·3사건을 민중항쟁으로 규정하는 건 대한민국이 태어나서는 안 될 나라였다는 의미를 담을 수밖에 없다. 민중의 정당한 항쟁이었다면 5·10총선거는 부당하고도 반민족적이고 반민중적인 폭거였으며, 5·10총선거를 통해 탄생한 대한민국은 정통성을 가질 수 없음을 의미한다. 반대로 조선민주주의인민공화국은 민중의 지지와 뜻을 기반으로 태어났으며, 따라서 한반도의 유일한 정통성, 그게 아니더라도 최소한 도덕적 정당성을 가진 '국가'임을 의미할 수밖에 없다.

혹자는 자꾸 제주 4·3사건을 대한민국의 정통성 문제와 결부하지 말라고 한다. 그러나 5·10선거 및 대한민국 건국이라는 '사건'과 제주 4·3사건을 관련지어 생각지 않을 수 없다. 왜냐하면 4·3사건의 목적이 5·10선거 파탄이었기 때문이다. 결부하지 말라는 것은 그런 점에서 억지다.

그런 주장은 어쩌면 대한민국의 정통성과 정당성, 그리고 조선인민민주주의공화국의 도덕적 정당성과 정통성을 암암리에 암시하고자 하는 것인지도 모른다. 사실 수정주의 사관에 의한 수많은 저술들은 독자 또는 대중에게 그런 메시지를 전하고 있다고 나는 생각한다. 아니 나 자신이 그런 메시지라고 이해해 왔다.

김용옥은
너무 몰랐다

그의 한국 현대사 인식에서 나는 그가 얼마나 편협한지를 느끼며 많은 것을 생각했다. 이럴 수도 있구나. 김용옥같이 공부를 많이 한 사람도 한없이 가벼운 존재일 수 있구나, 그렇다면 그 공부는 무슨 의미가 있을까 등등 내 머릿속은 복잡해졌다. 그 때 느꼈던 배신감은 이루 말할 수 없었다.

그만의 세계에
갇힌 김용옥

나는 처음엔 김용옥이 한국 현대사에 대한 책을 낸 걸 몰랐다. 그러다가 이런저런 자료를 찾다가 그가 『우린 너무 몰랐다』라는 책을 2019년 1월 28일 냈다는 걸 우연히 알았다. 김용옥은 KBS 강연을 그냥 한 게 아니었다. 나름대로 많은 공부를 통해 한국 현대사를 '자신 있게' 설파한 것이었다. 하지만 그게 현대사에 대한 저술인지는 의문이다. 현대사의 쟁점을 논하기보다는 주변 지식을 장황하게 늘어놓은 뒤 일방적인 주장을 펴는 식이었기 때문이다.

그 자신은 그게 교만인 걸 몰랐을 거라고 생각한다. 왜냐하면 그는 이미 한국 현대사를 바라보는 시각이 고정되어 있었고, 그게 대중에게 영합하는 것이기 때문이다. 그래서 거듭 그가 교활하다고 말하는 것이다. 시류에 영합하는 게 너무나 뚜렷하게 보인다는 것이다. 그가 한때 김우중 대우그룹 회장과 함께 세계여행을 다녔던 것을 나는 기억한다. 그때만 해도 나는 김용옥을 대단한 석학으로 우러러보고 있었다. 동서고금을 넘나드는 그를 보면서 나는 진심으로 그를 경외의 눈으로 바라보았다.

그러나 김용옥이 대중영합의 길로 나선 걸 보았을 때 나는 모욕감을 느끼지 않을 수 없었다. 내가 존경해 마지않던 사람이 저렇듯 대중 인기에 영합하는 저열한 수준 밖에 안 되었던가 하는 배신감에 내 자신이 초라해졌던 것이다.

그의 한국 현대사 인식에서 나는 그가 얼마나 편협한지를 느끼며 많은 것을 생각했다. 이럴 수도 있구나. 김용옥 같이 공부를 많이 한 사람도 한없이 가벼운 존재일 수 있구나, 그렇다면 그 공부는 무슨 의미가 있을까 등등 내 머릿속은 복잡해졌다. 그때 느꼈던 배신감은 이루 말할 수 없었다.

그는 풍부한 지식의 소유자일지 언정 지성인은 아니라고 생각한다. 한때 그를 폭넓은 지식과 탁월한 지성을 갖춘 '시대의 지성'이라고 생각했던 나로서는 충격이 아닐 수 없었다. 특히 다짜고짜로 이승만을 저주하는 모습을 보면서 그 저급함에 내 발등을 찍고 싶을 정도였다.

김용옥이 그의 저서 『우린 너무 몰랐다』 제3장 「해방정국의 이해」를 보면 그의 일그러진 인식의 단면을 알 수 있다. 한 마디로 그는 너무 몰랐다. '우리'라는 말로 일반화시키고 있지만 내가 보기엔 그 자신이 너무 몰랐다고 생각된다. 그러다 보니 그는 지극히 주관적이고 자의적인 사고로 해방정국을 재단했다.

김용옥은 3·1운동 거사의 핵심은 여운형이라고 했다. 그가 구체적으로 언급하지는 않았지만 여운형을 핵심이라 한 것은 상해에서 만들어진 신한청년단이 중심적인 역할을 했고, 그 중심에 여운형이 있었다는 의미다. 이런 기술은 김용옥이 여운형을 해방정국의 중심인물로 세우기 위한 것으로 보인다. 사실 여운형은 이승만과 중경임정 요인들이 환국하기 전 국내의 중심인물이었다. 그리고 그는 이른바 '스타'의 기질이 있는 사람이었다. 그러나 3·1운동의 핵심이 여운형이라고 하는 것은 비약이다.

물론 국내에서 망명한 김규식, 서병호, 여운형, 선우혁, 문일평, 신규식, 신채호 등이 발기한 신한청년단의 활약은 여러 가지 측면에서 주목할 만하다. 파리강화회의에 김규식을 한국 대표로 보내는가 하면 여운형과 장덕수를 각각 러시아와 일본에, 선우혁, 서병호 등을 국내에 파견하여 연락체계를 구축한 것은 의미 있는 일이었다.

하지만 이 모든 것을 여운형이 지휘한 것이라고 할 수는 없으며, 특히 3·1운동의 핵심이 여운형이었다고 하는 것은 여운형을 부각시키기 위한 수단에 지나지 않는 것이라고 보아 무리가 없다. 내가 과문한 탓인지 몰라도 지금까지 어떤 연구에서도 여운형이 3·1운동의 핵심이었다는 견해를 나는 본 적이 없다.

김용옥은 조선총독부가 여운형에게 치안권을 넘긴 데 대해서도 당시 조선인에게 가장 신망 받는 지도자일 뿐 아니라 자기들의 안전을 보장해 줄 수 있는 '컴먼센스(commonsense라는 단어를 굳이 영어의 한국어 발음으로 쓴 이유를 모르겠다. 그는 이 책 여러 곳에서 곧잘 영어 또는 독일어를 한국어 발음으로 썼다)'를 지닌 합리적인 인물이라는 것을 조선총독부가 정확하게 진단하고 있었다는 것을 의미한다며, "친일파 냄새가 가장 안 나는 사람을 선택해야 했던 것"이라고 풀이했다.

김용옥은 조선총독부가 여운형에 앞서 송진우에게 접촉했다는 사실은 몰랐거나 애써 외면했다. 여운형에 앞서 조선총독부의 제안을 받았던 송진우는 거부했다. 송진우는 "일제는 이미 망했으며 정권은 가만있어도 (한국인에게) 넘어오게 되어 있는데 무엇이 급해서 쫓겨 갈 총독부로부터 정권을 이양받느냐"는 생각이었다. 김준연의 회고에서 그걸 확인할 수 있다.

김준연은 동경제국대학 법학부 독법과(獨法科)를 거쳐, 독일 베를린 대학에서 정치와 법률학을 연구한 수재로 신간회에 참여하였고, 1928년 동아일보 편집국장으로 재직할 때 제3차 공산당사건(ML당사건)에 연루되어 7년간의 옥고를 치렀다. 이후 동아일보 주필을 맡고 있던 1936년 손기정의 일장기 말소사건에 관련되어 사임한 장본인이다.

나는 송진우 씨에게서 다음과 같은 말을 수백 번 들었다.

"일본인이 망하기는 꼭 망한다. 그런데 그들이 형세가 궁하게 되면 우리 조선사람에게 자치(自治)를 준다고 할 것이고 형세가 아주 궁하게 되어서 진퇴유곡의 경우에 이르게 되면 그들은 조선사람에게 독립을 허여한다고 할 것이다. 우리가 자치를 준다고 할 때에도 결코 나가서는 안 된다. 그때가 가장 우리에게 위험할 때다. 망해가는 놈의 손에서 정권을 받아서 무슨 소용이 있겠느냐. 불란서의 페

탕정권을 보라. 중국의 왕조명(汪兆銘) 정권을 보라. 또 비율빈(필리핀, 인용자)의 라우렐 정권을 보라. 그들은 필경 허수아비 정권 밖에 되지 못할 것이고 민족반역자의 이름을 듣게 된다."

송진우는 조선총독부로부터 정권을 받으면 그 대가로 일본인들의 보호책임을 져야 할 것이므로 이를 극력 기피한 것이다. 그래서 총독부는 여운형에게 눈을 돌렸던 것이다.

김용옥은 그 자신이 여운형에 대해 자세하게 쓰고 있는 이유를 "여운형의 인격과 성품과 리더십, 그리고 비전과 카리스마 이런 것들을 느끼지 못하면 한국 현대사의 핵심을 놓쳐버리기 때문"이라고 썼다. 김용옥은 '인민위원회'를 강조하기 위해 여운형을 부각시킨 것으로 보인다. 그러면서 김용옥은 미군사령관 하지도 "이승만의 편협한 판단, 독단의 옹고집, 정적을 대하는 방식, 그리고 정치적 무능력에 넌더리를 쳤다"며 "하지가 이 땅의 지도자로서 제일 선호한 것은 여운형이었다"고 했다.

김용옥은 마치 하지가 미국의 한반도 정책을 최종결정한 것처럼 설명하고 있는데, 하지는 미 국무성의 지침에 따라 좌우합작을 추진하고 있었을 뿐이다. 그래서 중도 좌파인 여운형과 중도 우파인 안재홍을 주목하고 있었던 것이다.

김용옥의 이런 서술은 그 자신이 이승만과 맥아더, 하지의 3자 회담(이승만 귀국 직전 동경에서의 만남)과 관련하여 "이미 해방 후 조선 역사의 대세는 결정된 거나 마찬가지라고 보아야 할 것"이라고 쓴 것이나 이승만을 괴뢰라 한 것과 모순되는 것이다. 그는 어떻게 하든 이승만을 폄훼하고 깎아내리느라 자기모순에 빠져버린 것도 의식하지 못하고 있었던 게 아닌가 한다.

놀라운 것은 김용옥이 "이승만이 여운형을 내버려 둘 리가 없다. 실력대결로 말한다면 언제고 자기를 위협할 수 있는 인물! 여운형은 1947년 7월 19일 오후 1시경 … 혜화동 로터리에서 저격된다. 누가 그를 죽였는지는 상식에 속하는 일"이라고 기술했다는 사실이다. 이승만이 여운형 암살의 배후라는 얘기다. 지금까지 여운형 암살 배후에 김구가 있을 것이라는 추측은 많이 들어봤어도 이승만이 배후 인물이라고 확정적으로 말한 저술이나 증언, 기록 등을 본 적이 없다.

김용옥은 무엇을 근거로 이렇게 단정한 것일까. "누가 그를 죽였는지는 상식에 속하는 일"이라고 직접적으로 이승만을 지목하지는 않았지만 문맥으로 보아 이승만을 적시한 것과 다름없다. 이쯤 되면 왜곡을 넘어 저주라 하지 않을 수 없다. 더욱이 사자(死者)에 대한 명예훼손이기도 하다. 아니 나는 대한민국에 대한 모독이라고 생각한다.

그건 그렇다 치고, 김용옥의 말처럼 여운형이 실력으로 보면 언제든지 이승만을 위협할 수 있는 인물이라고 볼 수 있을까. 물론 이승만이 귀국하기 전 여운형은 국내 인물로는 가장 영향력이 있었다고 볼 수 있다. 그러나 여운형은 명망가이기는 했어도 박헌영을 누를 수 있는 조직력도, 이승만과 견줄 수 있는 카리스마도 갖고 있지 못했다. 조선인민공화국의 밑그림을 그린 실질적인 인물이 박헌영이었다는 사실만 보아도 그걸 알 수 있다. 김용옥은 어떻게든 이승만을 격하하고 폄훼하려다 보니 그 자신의 주관에 함몰되어 버리지 않았나 싶다.

김용옥은 한국 현대사에 대한 왜곡된 인식을 확산시키는 데 일조한 사람이기도 하지만 그 서술에 있어서 저급한 언어를 마구잡이로 동원하기도 했다. 그 바람에 듣기 거북할지 모르지만 '잡놈'이라는 말이 입에서 맴돌 지경이다. 내가 굳이 '잡놈'이라는 험악한 단어를 떠올린 것은 다음과 같은 대목 때문이다.

> 정말 온 민족이 8·15 해방의 기쁨을 맞이했을까?… 그들은 '좆되얐다(그가 쓴 단어는 3음절의 호남지방 사투리인데 컴퓨터로는 작성이 안 되어 부득이 4음절로 옮겼다)'는 좌절감 속에서 신음케 되었던 것이다. 우리나라에서 해방을 기뻐한 사람이 더 많았을까? 좆되얐다고 생각하는 사람이 더 많았을까? 민중 대다수는 물론 기뻐했다. 그러나 민중을 지배하고 살았던 지배계급 중에는 해방을 기뻐한 사람보다 해방을 저주한 사람이 더 많았다는 사실을 우리는 반드시 상기해야 한다. 해방은 저주와 회한과 좌절과 근심의 대상이었다.… 해방을 저주한 사람들!… 그 사람들의 역사가 진정 이 민족의 역사였고, 해방 후 오늘날까지 진행되어 온 불행한 역사를 야기시킨 주체세력이었다.

이 대목에서 시정잡배도 글을 쓸 때는 쓰지 않을 저속한 표현을 서슴지 않고 오히려 그것이 의미 전달에 효과적이라고 생각했다는 점(그렇게밖에는 이해되지 않는다)이 놀랍다. 하긴 그는 KBS 공개 강연에서도 많은 청중을 앞에 두고 이 저속어를 썼다.

그런데 김용옥의 이 말은 맞는 것일까. 그는 대한민국 건국이 친일·반민족세력에 의한 것이었고, 그것이 불행한 역사를 야기시켰다고 주장하고 있다. 그는 대한민국 초대 정부 각료에 단 한 사람의 친일파도 없었으며 대부분 독립운동가 출신이었다는 점은 외면하고 있다. 그리하여 이승만과 친일세력이 결탁하여 대한민국을 세웠다고 우기는 것이다. 그가 어떤 관점에서 한국 현대사를 논하고 있는지를 잘 보여주는 대목이다. 하기야 김용옥보다 훨씬 더 이전부터 좌파 사관의 저술들은 한결같이 그렇게 주장해 왔다.

김용옥 외에도 좌파적 시각의 소유자들(김용옥이 좌파라고 보지는 않는다. 그는 단지 좌파 인식에 포로가 되었을 뿐인 소피스트에 지나지 않는다고 생각한다)은 흔히 '이승만과 친일파의 결탁'을 입버릇처럼 말한다. 여기서 그들이 말하는 친일파는 한민당을 가리킨다. 한민당이 지주 등 기득권 세력의 정치집단이라는 점에서 친일파라고들 하는데, 친일파로 규정하든 민족주의 세력으로 규정하든 선거를 통해 국회의원이 된 사람들을 어찌해야 한다는 말인지 알 수가 없다. 소련군이 북한에서 한 것처럼 미리 제거해야 했다는 말인가.

한민당이 아니라면 또 어떤 집단을 말할 수 있을까. 일제 경찰 출신을 기용한 것을 두고 친일파와 결탁했다는 비난도 매우 낯익다. 그건 미군정이 그러했던 것처럼 단순히 기능주의적인 것일 뿐이다. 더욱이 일본이 이미 패망하여 물러간 당시 이승만에게 더 절실한 것은 대한민국을 뿌리부터 흔들며 공격해 온 공산주의자들과의 싸움이었다. 북한에서야 그럴 일이 없었지만 신생 대한민국에서는 가장 절박했던 과제가 공산주의 세력의 제어였다. 또, 일제 출신 경찰을 기용했다 하더라도 경찰이 정국을 주도한 중심세력이 될 수 없었다는 점에서 이승만이 친일파와 결탁했다고 주장하는 건 무리다. 뒤에서 언급하겠지만 일제경찰 출신 기용을 더 많이 한 쪽은 북한이었다.

앞에서 김용옥이 방송 강연에서 이승만과 김일성 모두 '괴뢰'라고 하여 물의를 빚은 적이 있음을 언급한 바 있는데 그의 저서 『우린 너무 몰랐다』에 그 적나라한 이야기가 나온다. 그는 이 책에서 "해방의 주체가 우리민족이 아닌, 미국과 소련이었다고 한다면 이 해방정국의 공백의 새로운 모델링의 결말은 이미 명약관화하다. 그것은 미국에 붙어 미국말을 잘 듣는 놈 이남을 먹을 것이요, 소련에 붙어 소련 말을 잘 듣는 놈이 이북을 먹을 것이다. 이 두 놈은 토착세력이 아닐 것이고 소련과 미국에서 자기 세력을 키웠거나, 소련과 미국의 지도자들에 특별한 총애를 받는 사람이어야 할 것"이라고 했다. 다음은 이어지는 대목이다.

> 이렇게 외세에 기생하는 괴뢰적 인간은 토착세력들을 무척 싫어하게 마련이다. 미국의 괴뢰로서 조선인들에게 거룩하게 보인 인간, 그러한 별종으로서는 이승만을 따라갈 자가 없었다. 소련의 괴뢰이면서도 국내 사람들에게 만주벌의 신화적 독립투사의 이미지를 지녔던 사람, 김일성만 한 적격의 인간이 없었다. 1945년 입국시 이승만은 70세였고 김일성은 33세였다. 이승만은 노회했고, 김일성은 정력이 넘치는 청년이었다. 이승만은 오로지 권력의 자리를 차지하는 데만 몰두했고, 김일성은 무엇인가 새로운 비전의 국가를 만들고 싶어하는 혁명가적 기질을 유감없이 빌휘했다.

앞에서 이미 언급한 바 있지만 김일성은 소련의 괴뢰 이상도 이하도 아니었다. 반면 이승만은 미국의 괴뢰는커녕 미국의 좌우합작 내지는 소련과의 협의에 의해 장차 태어날 나라를 만드는 데 최대의 장해였다. 김일성은 북한을 장악한 소련군에 의해 정치적 기반이 마련되고 스탈린의 낙점으로 최고 지위에 오른 반면 이승만은 그 자신의 명망과 지도력으로 민의를 반영한 합법적이고도 민주적인 선거, 그것도 유엔 감시하의 선거에 의해 만들어진 제헌의회에서 의장이 되었고, 대통령으로 선출된 지도자였다. 나아가 미국을 견인한, 대한민국 역사상 처음이자 마지막인 지도자였다.

김용옥은 이러한 역사 사실을 도외시한 채 이승만과 김일성 모두를 '괴뢰'로 단정했다. 그것이 객관적인 듯 하지만 그 와중에서도 김용옥은 이승만에 대해서는 '오로지 권력'만 추구하는 노회한 정치인이라고 한 반면 김일성에 대해선 무엇인가 새로운 비전의 국가를 만들고 싶어하는 혁명가적 기질을 유감없이 발휘한 인물로 서술하고 있다. 그가 목적하는 바가 무엇인지는 빤히 들여다보인다. 어차피 김일성이 괴뢰였음은 부인할 수 없는 '사실'이기에 이승만을 한데 엮어 똑같은 괴뢰로 만들고자 한 것이 아닐까.

그건 그렇고, '괴뢰적 인간'은 토착세력을 무척 싫어하게 마련이라는 말은 무엇을 근거로 한 것일까. 밑도 끝도 없이 뚱딴지같은 소리를 하니 어떻게 이해해야 할지 갈피를 잡을 수가 없다. 그런데 이승만에 대해서는 "별종으로서는 이승만을 따라갈 자가 없었다"고 한 반면 김일성에 대해서는 "만주벌의 신화적 독립투사의 이미지를 지녔던 사람, 김일성만한 적격의 인간이 없었다"고 했다. 누구라도

거짓의 역사와 위선의 한국 사회

두 '괴뢰'에 대해 전혀 다른 태도를 보이고 있음을 느낄 수 있을 것이다. 김용옥의 목적은 오로지 이승만 폄훼뿐인 듯 하다.

김용옥의 조병옥(趙炳玉)에 대한 평가를 보면 그가 얼마나 독선적인지, 그리고 얼마나 자의적인지 여실히 느낄 수 있다. 주지하듯 조병옥은 독립운동가 출신이다. 그는 평양 숭실중학교와 연희전문학교를 나와 미국으로 건너가 컬럼비아대학교에서 경제학을 전공하여 1925년 박사학위를 받았다. 그는 미국 체류 시 1919년 4월 13일부터 4월 15일까지 3일간 필라델피아에서 개최된 제1차 한인연합회의에 참석하였고, 4월 16일에는 '한인자유대회'에 참석하였다. 참고로 이 대회는 보통 서재필이 주도한 것으로 기술하고 있지만 사실은 이승만의 기획과 주도에 의한 것이었다.

조병옥은 귀국한 뒤 연희전문 전임강사로 있으면서 YMCA 이사와 비밀독립단체 그리스도신우회 회원이 되고, 1927년 신간회 창립위원·재정총무를 역임하였으며, 1929년 광주학생운동의 배후조종자로 검거되어 3년간 복역하는 등 국내에서 독립운동에 앞장선 인물이다.

김용옥도 이러한 이력에 대해서는 "별 하자가 없다"고 했다. 이런 평가는 사실 야박하기 짝이 없다. 국내에서 독립운동을 하는 게 그리 쉬운 일이었던가. 선구자적 자질과 용기 없이는 어려운 일이었다. 그럼에도 별 하자가 없다는 정도로 평가하는 건 다른 이유 때문이다.

김용옥은 "해방 후 그의 행보는 해석하기 어려운 체제지향의 사악한 인간으로 변모한다"고 했다. 체제지향이 사악한 것인가. 조병옥 역시 이승만과 마찬가지로 미국 유학파여서 자유민주주의자이며 합리적인 사고의 인물이다. 자유민주주의 체제지향은 당연하고도 자연스러운 것이라 할 수 있다. 그런데 사악하다니, 해방정국에서 공산주의자들을 적대했기 때문인가. 반제반봉건혁명에 떨쳐나서지 않아서 사악하다는 것인가. 이어지는 대목을 보자.

경찰통수권자로서 친일파 경찰을 대거 다시 기용하는 것을 애국의 길로 자랑스럽게 여겼으며 이승만·장택상과 더불어 극우반공주의체제를 구축하는 것을 자신의 사명으로 삼았다. 그는 일제 강점기 경찰을 프로잽pro-jap(친일)이 아닌 프로잡pro-jop(전문가집단)이라고 찬양했다. 그리고 그는 철저하게 미군정의 권익을 보호하는 주구 노릇을 기쁘게 했다. 이러한 조병옥의 변신은 이승만에 비해 자기가 뒤질 것이 아무것도 없다는 생각에, 자기도 이승만처럼 미국의 뒷다리만 확실하게 잡으면 확실히 대통령자리를 헤먹을 수 있다는 집념이 있었던 것 같다. 제주의 동족 학살을 기쁘게 주도한 인물이, 조병옥이라는 이해하기 힘든 카멜레온이었다. 지식의 허구성을 확실하게 느껴지게 만들어주는 괴물이 아니고 또 무엇이랴!

이처럼 자의적이며 제멋대로인 말을 서슴지 않고 늘어놓는다는 것에 놀라지 않을 수 없다. 김용옥이야말로 지식의 허구성을 확실하게 느껴지게 만들어 주는 인물이 아닐까. 아니 친일파 경찰을 대거 다시 기용하는 것을 애국의 길로 자랑스럽게 여기다니 이런 모

　　　　　거짓의 역사와 위선의 한국 사회

멸이 있는가. 일제경찰 출신을 기용한 것은 실용주의적·기능주의적인 입장에서 불가피한 일이었을 뿐인데 자랑스럽게 여겼다고 말하다니. 그것도 마치 인터뷰라도 한 양 단정해서 말했다. 더욱이 일제경찰 출신을 기용한 주체는 미군정이지 조병옥이 아니었다. 조병옥은 실무책임자였을 뿐이다. 또 북한에서도 소련군 역시 일제경찰 출신을 대거 기용했다. 그는 이런 사실은 외면한다. 그는 오로지 미군정과 이승만 정부에 대한 맹공을 가하는 데 집중할 뿐이다.

김용옥은 또 예외 없이 이승만을 소환했다. 이승만이 확고한 반공주의자인 것은 맞지만 그를 극우로 평가하는 것은 얼토당토않다. 일반적으로 극우는 극단적 민족주의나 인종주의 혹은 전체주의 내지는 파시즘을 가리키는데 이승만은 자유주의자다. 이승만은 전체주의 등과는 거리가 한참 멀다. 그는 '개인'을 발견한 한국 최초의 근대인이자 개인의 천부인권적 자유를 주창한 최초의 한국인이다. 조병옥 역시 미국에서 자유민주주의를 체험한 사람으로서 반공은 자신의 가치에 충실한 것이었다.

분노를 금할 수 없는 것은 이승만에 대해 미국의 뒷다리를 잡은 사람쯤으로 치부한 것이다. 거듭 말하지만, 이승만은 미국의 지원을 받은 사람이 아니었고, 앞잡이는 더더욱 아니었다. 이승만을 그렇게 평하는 것은 대단히 악의적이다. 이는 적대감의 표출이며, 김용옥이 이승만에 대해 그토록 적대감을 갖게 된 것은 아마도 민족주의적 관점에서 어설프게 80년대 좌익이념의 간접적 세례를 받은 데 그 뿌리가 있지 않을까 짐작된다.

조병옥이 훗날 민주당 대통령 후보로서 이승만 대통령에 도전하기는 하지만 해방정국에서 그가 이승만의 위상을 넘보기는 어려웠다. 그런데도 김용옥은 마치 조병옥의 머릿속에라도 들어갔다 나온 사람인 양 천박하기 이를 데 없는 말로 "대통령자리를 해먹을 수 있다는 집념이 있었던 것 같다"고 썼다. 나아가 마치 그것(대통령자리 해먹는 것)을 위해 제주와 여순의 동족 학살을 기쁘게 주도했다고 했다. 기쁘게 동족 학살을 했다는 데는 아연하지 않을 수 없다. 어떻게 동족 학살을 '기쁘게' 주도할 수 있단 말인가. 김용옥은 조병옥을 악마로 서술하고 있다.

동족 학살이라는 말도 어폐가 있다. 정부(미군정기)에, 그리고 국가(대한민국 건국 이후)에 무장폭력으로 대항하는 세력을 진압하는 과정에서 발생하는 인명피해를 학살이라 해도 되는가. 총칼로 대한민국을 무너뜨리려는 세력을 어쩌란 말인가. 과잉 진압이냐 아니냐 하는 것은 그 후의 문제다. 앞에서도 언급했지만, 국가의 본질은 폭력이다. 국가는 기본적으로 폭력으로 자신의 질서를 강제한다. 그러지 않는다면 그건 국가가 아니다.

그런데 김용옥은 제주 4·3사건이나 여순사건(일단 중립적인 용어를 쓴다)에서 남로당 폭도들에 의한 무자비한 살상에 대해서는 학살이라는 말을 단 한 번도 쓰지 않았다. 어린 소녀를 죽창으로 찔러 죽이거나 칼로 난자하는 만행은 크메르 루즈 병사들을 연상시킨다. 남로당 폭도들도 '기쁘게' 사람들을 죽였을까. 김용옥은 단지 조병옥을 저주하고자 했을 뿐이다.

김용옥은 이 책 내용 중 소제목 '위대한 변화'에서 다음과 같이 해방 이후 북한에서 벌어진 일을 기술하고 있다.

거짓의 역사와 위선의 한국 사회

1946년 초부터 이렇게 최고의 권력을 장악한 김일성은 사회주의개혁의 맹렬한 드라이브에 열을 올렸고, 이러한 개혁 드라이브는 남한의 민중이 억압과 부조리와 억울함과 기아에 시달리는 현실과는 대조적으로 북한민중의 열렬한 환영과 지지를 받았다. 제일 먼저 그는 토지개혁에 착수했다. 해방이 되자마자, 자체적으로 조직된 인민위원회는 소작제의 비율을 3·7제로 바꾸었다. 이것만 해도 농민들에게는 더없는 축복이었다. 김일성은 1946년 3월 5일, '북조선토지개혁에 관한 법령' 17개조를 발표했다. "토지는 밭갈이 하는 농민에게!" 조준이나 정도전이 꿈꾸었던 '경자유전(耕者有田)'의 이상, 그들 신진유생들이 끝내 이루지 못했던 그 꿈을 공산당과 인민위원회의 힘으로 단숨에 해결했다. "무상몰수 부상분배"의 원칙에 따라 1가호당 평균 15마지기의 땅이 골고루 배분되었다….

이런 찬양이 또 있을까. 김용옥은 소제목 '위대한 변화'가 말하듯 사회주의개혁과 그에 따른 무상몰수 무상분배의 토지개혁을 예찬했다. 이미 지적했듯 무상몰수 무상분배는 허울뿐인 개혁이었다. 소유권도 없이 경작권만 주어 사실상 국가 농노제로의 변화였다. 농노이기 때문에 농민은 토지를 팔고 도시로 갈 수도 없었다. 그런 점에서 강력한 신분제 사회이면서 직업의 자유가 없는 사회로의 이행이었다고 볼 수 있는데 김용옥은 이러한 점은 전혀 인식하지 못하고 있다.

그런데 기가 막히는 건 이런 변화가 김일성에 의한 게 아니라 스탈린과 그의 지령을 받은 소련군에 의해 이루어졌음에도 마치 그것이 김일성이 한 일인 양 기술하고 있다는 것이다. 김용옥은 왜 김일성을 '괴뢰'라고 하면서도 소련의 지시는 언급을 하지 않은 채 마치 김일성이 사회주의 개혁을 이루어낸 것처럼 기술했을까. 김일성이 괴뢰라고 한 것과는 배치되는 것 아닌가. 결국 김용옥은 이승만을 괴뢰라고 하기 위해 김일성도 괴뢰라고 한 것이라 볼 수 있다.

더 중요한 것은 사회주의개혁과 그에 따른 무상몰수 무상분배의 토지개혁은 이념적 체제 선택의 의미를 갖는 것이기 때문에 통일정부 수립 이전에 북한지역에서 일방적으로 행해서는 안될 일이었다는 점이다. 무상몰수 무상개혁의 토지개혁을 감행했다는 건 분단을 향한 돌아올 수 없는 다리를 건넜음을 뜻한다. 사회주의가 올바른 선택이었다는 것인가. 나아가 분단을 움직일 수 없는 것으로 만들어버린 게 박수를 받을 일인가.

김용옥은 그 많은 공부와 지식에도 불구하고 존재와 세계에 대한 이해가 떨어지는 게 아닌가 한다. 현실 사회주의가 몰락한 데서 알 수 있듯 사회주의는 실패할 수밖에 없는 것이다. 사회주의는 계획경제 체제인데 그것이 가능하려면 수요와 공급에 대한 정보를 계획 당국이 갖고 있어야 한다. 그게 가능한 일인가.

계획 당국(정부)이 꼼꼼하게 수요와 공급에 대해 조사를 한다고 치자. 일시에 조사가 이루어질 수도 없거니와 수요는 끊임없이 변한다. 양적인 측면서는 물론 질적인 측면에서도 수요는 계속 변한다. 정적인 상태에 머물러 있는 게 아니라는 얘기다.

예컨대 음식물에 대한 수요를 조사한다 하자. 조사 당시에는 돼지고기를 먹고 싶어 했는데 사람들의 기호는 늘 변한다. 갑자기 닭

거짓의 역사와 위선의 한국 사회

고기나 쇠고기, 혹은 해산물로 바뀔 수 있다. 따라서 계획 당국은 결국 수요에 대한 정보를 얻는 데 성공할 수 없다. 그래서 공급도 정확하게 계획할 수 없다. 따라서 계획경제는 필연적으로 실패하게 마련이다.

이치가 이와 같음에도 김용옥은 사회주의개혁을 위대한 변화라고 찬양했다. 만일 해방 당시 한반도 전체가 소련의 영향권에 들어가 사회주의의 길로 갔다면 지금 어찌 되었을까. 결과는 오늘의 북한이 확실하게 보여주고 있다. 아마 그 길로 갔다면 김용옥이 자유롭게 대한민국 건국의 아버지 이승만을 저토록 저주하지도 못했을 것이고, 그는 오로지 수령을 예찬할 수 있는 자유만 누렸을 것이다. 어쩌면 김용옥은 관념론에 매몰되어 있는지도 모르겠다.

여순사건의 실제와
김용옥의 주장

김용옥은 『우린 너무 몰랐다』의 저술과 관련, "사실 이 책은 여순민중항쟁을 기술하기 위하여 기획된 것"이라고 밝히고 있다. 또 그 목적을 다음과 같이 말하고 있다.

> 사실 내가 이 원고를 쓰게 된 가장 직접적인 계기는 여순민중항쟁을 널리 알려 '여순민중항쟁특별법'을 국회에 통과시킴으로써 여순민중항쟁으로 당한 사람들을 신원해주기 위한 것이다. 제주 4·3은 이미 특별법이 통과되어 공론화가 이루어졌고 공원도 만들어졌고 연

구기관도 설립했고 보상문제도 논의되기 시작했지만, 여순의 경우 전혀 특별법 통과에 관한 국민의 여론이 충분히 성숙치 못하고 있는 것이다. 이 책이 100만부라도 팔려서 사회적 여론을 이끌고 간다면 얼마나 좋을까 그런 생각을 해보는 것이다.

김용옥의 목적은 달성되었다. '여수·순천 10·19사건 진상규명 및 희생자 명예회복에 관한 특별법(여순사건법)'이 2021년 6월 29일 국회를 통과했기 때문이다. 그리고 그 결과는 빤하다. 제주 4·3사건에서와 같이 가해자도 희생자로 둔갑할 것이다.

사실 여순사건법 국회통과가 김용옥의 공로라고 할 수는 없을 것이다. 우리 사회의 흐름이나 좌파가 문화적 헤게모니를 잡고 있는 현실을 생각한다면 김용옥의 주장이나 저술이 아니더라도 현실은 달라지지 않았을 것이다.

나는 여순사건을 명백한 '반란'이라고 규정한다. 하지만 진압 과정에서 부역자 색출에 의해 무고한 사람들이 반란세력의 동조자로 몰려 희생된 데 대해서는 특별법에 의한 명예회복과 보상이 이루어지기를 바란다. 다만 사건의 본질과 성격만은 분명히 해야 한다는 입장이다. 다시 말하지만, 여순 사건은 1948년 10월 19일 여수 14연대가 제주 출동이라는 국가의 명령에 대항하여 일으킨 '반란'이다.

김용옥은 여순사건을 설명하기 위해 본론으로 들어가기 전 여수의 역사, 이순신 장군의 활약과 왜적선을 들이받아 깨뜨려버린 판옥선과 그에 관련된 이야기, 김익렬이 제주 9연대장에서 해임되고 14연대로 전임되어 와 제주에서 벌어진 사건을 전해줌으로써 14연대 간부들과 병사들을 의식화시켰다는 것, '빨갱이'라는 말과 박정희에 대한 이야기, 경찰과 경비대의 충돌과 적대감 등을 '장황하게' 늘어놓는다. 제5장 「여순민중항쟁」의 소제목만 열거해도 다음과 같이 지루할 정도로 길다.

'군사영어학교', '남조선국방경비대', '여수 제14연대', '반란에서 민중항쟁으로!', '여수의 연혁', '여수지민: 한 몸에 두 지게 진 꼴', '삼복삼파', '약무여수 시무국가', '선조라는 기묘한 앰비밸런스의 인물', '여수와 이순신', '판옥선의 족보: 제주 덕판배, 탐라국 전승', '임진왜란 해전사의 하부구조는 여수다', '이순신과 두무악', '무호남 시무국가', '토요토미 히데요시, 그 인간의 상상력', '정유왜란의 독자적 이해: 단순한 재란이 아니다', '선조라는 정신병자, 고문당하는 성웅', '정탁의 신구차', '칠천량해전: 국가의 몰락', '여수·순천에서 남원·전주까지: 코 베인 민중', '거북선을 만든 여수인민, 그 후손을 그토록 처참하게 죽이다니! 여순민중항쟁 희생자 11,131명(194년 11월 11일 발표)', '여수MBC 청중의 무거운 분위기, 그 정체', '김익렬 중령과 14연대', '박진경 사살과 숙군 회오리바람의 시작', '박정희라는 빨갱이', '박헌영이라는 허구, 허명, 허세', '이승만 앞잡이 이범석', '14연대 숙군 바람: 김영만의 희생', '해방 후 군·경의 대립', '영암 군경충돌사건', '구례경찰사건', '최능진 이야기', '혁명의용군사건과 14연대', '가짜뉴스 남발하는 이승만', '미군정 미곡수집령', '여순 지역의 태풍, 노아의 방주' 등 이상이 본론으로 들어가기 전 서술된 내용의 소제목들이다. 도대체 여순사건을 얘기하자는 건지 임진왜란 얘기를 하자는 건지 여수 순천의 역사를 말하자는 건지 갈피를 잡을 수 없다. 본론에 들어가서도 사설(辭說)이 상당 부분을 차지한다. 따라서 정작 본론은 제5장 「여순민중항쟁」의 극히 일부에 지나지 않는다. 이와 관련, 김용옥은 "여순민중항쟁을 기술하기 위해서 그 사건이 일어나게 된 무수한 근인(近因)과 원인(遠因)을 기술했어야 했다"며 "그래야 그 사건의 디프 스트럭처(deep struture)가 드러나기 때문"이라고 설명했다.

그런데 정작 본론에 들어가서도 사건 당시 상황에 대한 직접적인 서술은 없다. 단지 주장만 있을 뿐이다. 그나마도 동의하기 어려운 주장이다. 그 자신은 그 나름대로의 신념에서 하는 주장이겠지만 좀 심하게 말하면 궤변에 가까운 것이라고 나는 생각한다.

내가 굳이 김용옥의 서술이 여순사건에 대한 직접적인 상황에 대한 것은 없고 서론이 지루할 정도로 장황하다는 점을 지적하는 것은 그가 여순사건을 반란에서 민중항쟁으로 돌려놓기 위해서는 그렇게 할 수밖에 없었을 거라는 생각에서다. 말하자면 여순사건의 발발과 전개과정을 중심으로 기술하면 민중항쟁으로 부각시키기가 어려웠던 것이 아니었을까 하는 것이다. 그래서 주변적인 사항을 장황하게 늘어놓은 뒤 일방적인 '주장'을 제기한 것이라고 생각된다.

이제 김용옥의 주장을 자세히 살펴보자.

김용옥은 독립운동가 출신 이범석(李範奭)이 국방장관에 취임한 뒤 숙군(肅軍)작업을 한 데 대해 "독립운동가이며 대한민국 광복군의 대표적인 인물이지만 해방 후 그의 행적은 이승만과 미군정의 철저한 앞잡이로서 우파적 만행을 끊임없이 저질렀다"고 비난하고 있다.

숙군작업은 해서는 안 될 일이었는가. 거기다가 '우파적 만행'이란 무슨 뜻인가. 만행에 우파적인 것과 좌파적인 것이 따로 있다는 말인가. 만행의 주체에 따라 달라질 뿐인데 굳이 우파적 만행이라 한 까닭이 무엇인가.

김용옥은 "박진경의 암살로 군대 내에 '빨갱이들'이 엄청 포진되어 있다는 근거 없는 선입견이 이승만 이하 지배층의 조선경비대 인식을 지배하게 된다"고 서술하고 있다. 여기서 박진경은 김익렬 후임으로 9연대장으로 온 인물을 말하는 것이다. 그는 이후 대령으로 진급하며 9연대를 개편한 11연대 연대장이 되는데, 그 직후 문상길 등 군내 프락치들에게 암살당한다. 이 사건 이후 숙군작업이 진행되었는데 당연히 국방장관인 이범석이 그 중심인물이다.

그런데 '빨갱이들이 엄청 포진되어 있다'는 게 근거 없는 것이었을까. 그렇다면 9연대에서 병사들이 집단으로 이탈하여 지서를 습격하고 입산한 것은 어떻게 설명할 것인가. 또 무장대가 다수를 9연대에 입대시켰다고 기록한 것은 무엇인가. 사실 14연대의 반란도 그러하지 않은가.

그는 숙군작업 자체가 필요치 않은 것이었고, 해서도 안 될 일이었다는 메시지를 보낸다.

생각해 보자! 1970년대 80년대 우리나라 대학가의 의식 있는 젊은이들은 거의 다 빨갱이였다. 다 NL이니 PD니, 좌파사상에 물들은 사람들이었다. 그런데 이들이 데모하다 걸리면 다 군대로 보내졌다. 그렇다고 그들이 군대생활을 잘못했나? 군대 기간 동안에 우파로 전향했나? 본시 군인이 된다는 것은 좌·우의 신념과 크게 상관이 없다. 군인은 본질적으로 대외적인 국가수호의 기능을 담당하기 때문에, 좌파든 우파든 국가수호를 위하여 외적과 잘 싸우면 훌륭한 군인이 되는 것이다.

한 마디로 궤변이다. 해방정국 혹은 대한민국 정부 수립 직후와 오늘날의 상황이 같을 수 있는가. 해방정국과 정부 수립 직후에는 군 내에 다수 공산주의자가 포진해 있을 경우 14연대의 예에서 보듯 국가를 향해 총부리를 돌릴 수 있었다. 오늘날에는 공산주의자라 해도 군대에 가서 자기 역할에 충실할 수밖에 없지만, 그래서 군인 개개인의 이념이나 사상이 문제가 될 수 없지만 해방정국에서는 전혀 달랐다. 그런 점에서 김용옥의 주장은 가당치 않다.

김용옥은 박정희에 대해서도 소제목 '박정희라는 빨갱이'에서 다음과 같이 기술하고 있다. 참고로 박정희는 남로당과의 관계로 인하여 숙군의 대상이 되어 체포되었으나 그의 능력을 아끼는 영향력 있는 군인들이 그가 뼛속 깊이 좌익사상에 물든 사람이 아님을 설득하여 구명에 나섬으로써 구제되었다.

… 숙군 과정에서 가장 대표적인 빨갱이로 걸려든 사람이 바로 박정희였다. 도대체 어찌 된 일인가? 박정희는 빨갱이였고, 빨갱이였기에 군사재판에 회부되어 죽을 뻔 했고, 또 빨갱이였기에 쿠데타 정변을 일으켰고, 또 빨갱이였기에 대통령에 당선되었고, 또 죽을 때까지 결코 빨갱이 신념을 버리지 않았다.

거짓의 역사와 위선의 한국 사회

실소를 금할 수 없다. 물론 이미 설명한 바와 같이 박정희는 남로 당과 관련이 있었지만 숙군 과정에서 위기를 면한 후 그는 전향하여 다시 군에 복귀할 수 있었다. 박정희가 빨갱이여서 쿠데타를 일으키고 대통령에 당선되었으며 죽을 때까지 그 신념을 버리지 않았다는 것은 왜곡도 이만저만한 왜곡이 아니다. 박정희가 사회주의 이념을 갖고 있었고, 따라서 대한민국을 사회주의 체제로 이끌었다면(그럴 수도 없었겠지만) 저 '한강의 기적'이라 불리는 경제발전을 성취해낼 수 없었을 것이다.

김용옥은 좌익사상을 가진 게 무슨 문제냐는 말을 하고 싶었던 듯 하다. 맞다. 좌익사상을 가진 게 무슨 문제가 될 것인가. 오늘날 스스로 자신의 정체성을 좌익이라 당당하게 밝히는 사람도 얼마든지 있다. 그리고 문재인 정권 자체가 좌익정권이다. 하지만 해방정국에서 공산주의자들은 사상의 자유 차원을 넘어 소련과 김일성, 박헌영에 호응하여 남한을 적화시키려는 뚜렷한 목적을 갖고 그걸 폭력과 무장을 통해 실천하려 했기 때문에 대혼란이 야기되었고, 정부는 이를 진압하지 않으면 안 되었던 것이다. 국가가 이를 진압하지 않는다면 그 존재 이유가 있을 수 있는가. 그런 국가도 있는가.

김용옥은 "여수 14연대의 해프닝"이라고 썼다. 애써 14연대 반란의 의미를 축소시키려는 것이다. 이는 여순 사건에서 14연대의 반란은 그저 단순한 해프닝 따위일 뿐이고 그런 사소한 것을 '토벌'하는 과정에서 여순 민중들의 학살이 저질러졌다는 이야기를 하고 싶은 것이다.

그는 애써 14언대가 1948넌 10월 19일 일으킨 '거사'의 배경으로

군과 경찰 간 갈등과 충돌의 여러 가지 사례를 제시한다. '해프닝' 쯤
으로 치부하기 위한 작업이다. 그러나 10월 19일 이전 아무리 많은
군·경 간 충돌이 있었다 하더라도 그리고 14연대의 반란이 그 연장
선에 있다 하더라도 그것이 '반란'이라는 본질을 뒤바꿀 수는 없다.

　군대가 상부의 명령에 반하여 총을 겨눈 사태가 해프닝일 수는
없다. 김용옥은 14연대의 행위에 대해 항명쯤으로 여겼다가 항명일
수 없다는 주장으로 나아갔다. 항명이 아니라는 데는 나도 동의한
다. 김용옥의 뜻과는 다른 의미에서 그렇다. 김용옥은 14연대가 상
부의 명령을 '거부'한 것이며, 거부는 항명이 아니라고 주장하고 있
다. 군인으로서 받아야 할 명령을 근원적으로 항(抗)한다는 뜻이 아
니라, 정당하지 못한 출동을 거부한다는 매우 소박한 의미로 자신
들의 행위를 규정했다는 것이다. 김용옥은 거듭 '출동 거부'는 항명
일 수 없다고 강조한다. '항명'은 그 명이 '정당한 명령'일 때만이 가
능하다고 했다. 그 근거로 그는 당시 반란군이 벽보나 삐라(전단)를
통해 여수시 전역에 뿌린 이른바 '애국인민에게 호소함'의 내용을
들었다. 그 내용은 다음과 같다.

애국인민에게 호소함

우리들은 조선 인민의 아들, 노동자 농민의 아들이다. 우리는 우리
들의 사명이 국가를 방위하고 인민의 권리와 복리를 위해서 생명을
바쳐야 한다는 것을 안다. 우리는 제주도 인민을 무차별 학살하기
위하여 우리들을 출동시키려는 작전에 조선 사람의 아들로서 조선

동포를 학살하는 것을 거부하고 조선 인민의 복지를 위하여 총궐기 하였다.

1.동족상잔 결사반대   2. 미군 즉시 철퇴

제주토벌출동거부병사위원회

이 전단을 들여다보기 전에 '항명'에 대해 매듭을 짓기로 한다. 김용옥은 정당한 명령이 아니면 거부일 뿐 항명은 아니라고 주장한다. 그럼 정당성 여부는 누가 판단할 것인가. 개개인의 병사들이 판단해야 하는가, 아니면 지휘관이 판단해야 하는가. 정당한지 여부는 보는 이에 따라 다를 수 있다. 누가 판단해야 하나. 김용옥은 이에 대해서는 일체 논하지 않았다. 그저 일방적인 주장만 내놓았을 뿐이다.

앞에서 말한 것처럼 나도 항명이라고 보지 않는다. 군대조직은 명에 따르지 않을 경우 존립할 수 없다. 특히 작전에 있어서는 더욱 그렇다. 혹 지휘관이 부당하다고 생각하여 명령에 따르지 않고 나중에 자신의 결정에 대해 옳고 그름에 대한 판단을 구할 수는 있을 것이다. 그러나 집단적으로 명령을 거부하면서 지휘관 또는 지휘자를 사살하고 부대를 벗어나 시내를 점령하고 그 지역을 확대해 나간 것은 명백한 '반란'이다. 항명일 수 없다.

자, 이제 이른바 '제주토벌출동거부병사위원회'의 벽보와 전단을 들여다보자. 김용옥은 이에 대해 "이 문장을 읽어보면 이들 주체세력이 얼마나 신중하고 그 나름대로 치열한 문제의식이 있었나 하는 것을 알 수 있다. 이들은 결코 선동가가 아니었고 무엇을 생취하기 위하여 궐기한 것이 아니었다. 우선 주체의 이름으로 '혁명'이나 좌파적 이념색깔을 전혀 배제하고 있다"고 기술했다. 과연 그렇게 읽을 수 있나. 김용옥은 드러나 있는 겉만 보고 속은 애써 보지 않으려 한 것 같다.

우선 이들은 대한민국이 건국한 상황에서 '조선'이라는 이름으로 자신들을 위치시키고 있다. 대한민국 군대라면 당연히 대한민국 또는 한국이라는 명칭과 정체성을 드러내야 마땅하다. 그런데도 굳이 '조선'이라고 했다. 당시 북쪽에 이미 조선민주주의인민공화국이라는 공산정권이 들어서 있는 상황에서 '조선'이라 한 것은 스스로 이념적 정체성이나 지향을 드러낸 것이라 할 수 있다.

더욱이 그들이 여수 시내를 장악했을 때 인공기(북한기)가 나붙은 것은 무얼 말하는가. 그에 앞서 미군 철퇴를 주장한 것은 반란군이 북한 정권을 옹호하고 지지했다는 의미가 아니고 뭔가. 당시 상황에서 미군 철퇴가 대한민국의 안녕을 위한 것이라 할 수 있는가.

인민 학살 거부는 명분일 뿐이다. 이들은 '조선 인민의 복지를 위하여 총궐기하였다'고 했다. 인민의 복지가 군대의 임무인가. 이들은 인민의 복리나 복지라는 말로 사회개혁, 곧 공산주의 사회 건설을 암시하고 있는 것이다.

단순히 제주 출동 거부가 목적이었다면 총궐기는 있을 수 없고 있어서도 안 될 일이었다. 총궐기는 곧 반란을 의미하는 것이었고, 인명 살상까지 저질렀으며, 여수는 물론 순천, 광양, 벌교 등지로 진출했으니 대한민국 군대로서는 돌이킬 수 없는 길로 들어선 것이었다. 당연히 토벌되어야 했던 무리였다. 이들을 토벌하지 않는다면

거짓의 역사와 위선의 한국 사회

대한민국은 국가라 할 수도 없다. 내가 말하고자 하는 것은 여수 순천 등지의 무고한 사람들을 말하는 게 아니다. 반란군과 그들에 합세한 무장세력을 말하는 것이다.

김용옥은 "제주 4·3의 핵심이 4월 3일의 무장봉기가 아니듯이, 여순민중항쟁의 핵심이 10월 19일 14연대의 항명봉기에 있는 것이 아니라 오직 그것은 여순민중항쟁이라고 하는 거대한 역사의 흐름을 촉발시킨 하나의 점화에 지나지 않는다"고 주장했다. 사건의 주체가 여수 순천의 민중이었다는 의미인가. 그렇다고 했을 때 국가는 그 혼란을 어떻게 진정시켜야 했을까. 김용옥의 주장은 오히려 무고한 양민들의 희생을 정당화하는 것이 될 수 있는 위험성을 갖고 있다. 마치 제주 4·3에서 민중이 주체였다는 논리와 마찬가지다. 그 자신이 『우린 너무 몰랐다』의 저술 이유를 특별법에 의해 희생자들의 신원을 위한 것이라고 하면서 민중이 주체가 된 항쟁으로 몰아가면 당시나 지금이나 정부는 어쩌란 말인가. 오히려 14연대와 무장 좌익 등 반란세력을 주체로 하여 사건의 성격을 규정하고 애꿎은 희생자들의 명예를 회복해주고 보상을 받도록 하는 게 순리가 아닌가. 그런 점에서 김용옥은 대단히 무책임하고 쓸데없는 논란만 야기하고 있다고 생각한다.

그런데 한 가지 특기할 만한 게 있다. 김용옥이 14연대 반란의 주범 지창수를 '픽션'이라 한 것이다. 누구나 알고 있듯 지창수는 반란을 주도한 인물이다. 그런데 이 인물이 픽션이라니, 가공의 인물이라는 뜻인가. 김용옥의 설명은 이렇다.

우리가 알아야 할 사실은 지창수(池昌洙, 1906~1950)라는 특무상사의 이름이 서물(書物)상에 등장하는 것은 사건이 발발한 후 19년만의 사건이다. 지창수는 남로당의 14연대 조직책으로 인식되었고 지창수를 반란의 지도자로 삼음으로써 이 여순민중항쟁 전체가 남로당의 지령에 의한 조직적 움직임인 것처럼 만드는 후대의 인식체계가 덮어 씌워진 것이다.

14연대 남로당 조직책으로 인식되었던 지창수가 사건 발발 후 19년만에 기록에 등장하므로 그는 사건 발발 당시에는 없었던 가공의 인물이며, 그를 반란의 지도자로 삼음으로써 여순사건 전체가 마치 남로당의 지령에 의해 조직적으로 움직인 것처럼 후대에 인식체계가 덧씌워졌다는 의미다.

이러한 주장은 나로서는 처음 접하는 것이다. 이게 사실인가. 그렇다면 사건 발발 19년 후인 1967년 그런 조작이 이루어졌다는 의미인데, 누가 무슨 이유로 그런 일을 벌였을까. 지창수가 최초로 기록에 등장하는 것이 언제인지는 확인하지 못했다. 다만 1990년 여수 문화원에서 발간한 『여수문화』 제5집에 실린 김계유의 '내가 겪은 여순 사건'이라는 글에 지창수가 사건 당시 등장했음을 말해줌은 짚어두고자 한다. 14연대가 반란을 일으키고 여수시를 장악하고 난 상황에서의 일이다.

이창수의 사회로 인민대회가 개최되었다. '추도가' '해방의 노래'를 시작으로 인공기가 서서히 올라가 하늘 높이 펄럭였다. 맨 처음 남로당 여수지구위원장인 이용기의 식사가 있었고, 보안서장으로 내정됐다는 유목윤의 격려사가 있었으며, 세 번째로 지창수의 인사말이 있었다.

전남 벌교 태생으로 일제 때 지원병 출신이었다는 그는 군중들의 열띤 환호 속에 손을 흔들며 여유 있는 모습으로 등단해 능란한 말솜씨로 장내를 사로잡았다.

"친애하는 여수 인민 여러분! 저는 14연대 인민해방군 사령관 지창수입니다. 어젯밤 우리는 미리 북조선 인민군과 짜놓은 계획대로 동족상잔의 제주 파병을 거부하고, 우리 인민의 적인 경찰을 쳐부수고 여수 인민을 해방시켰습니다. 또 우리는 북조선 인민군과 약속대로 합류하기 위해 오늘 아침 김지회 동무가 2개 대대 병력을 이끌고 이미 순천으로 떠났습니다. 그뿐만 아니라, 이 순간 국내에 있는 우리 국방군 동무들도 우리와 호응하기 위해 일제히 일어났습니다. 이승만도 이 기미를 알아차리고 이미 일본으로 도망가고 없습니다. 여수 인민 여러분! 이제 우리의 조국 통일은 단지 시간문제입니다. 앞으로 우리 인민해방군은 통일의 첫걸음이 되는 군사작전에만 힘쓰고, 후방의 혁명과업은 인민위원회 보안서가 맡아서 잘 처리해 나갈 것입니다. 그러나 우리 혁명사업을 성공적으로 잘 마무리 하기 위해서는 무엇보다도 이승만 일당의 주구 노릇을 하던 경찰과 친일파, 모리강산배 등 반동분자들을 철저히 뿌리 뽑아야 합니다. 그래야 땅을 파는 농부가 땅임자가 되는 진정한 해방이 될 것입니다…."

그의 말이 끝나자 우레같은 환호와 박수가 장내를 메웠다.

이 글의 필자 김계유는 분명 '내가 겪은 여순 사건'이라 했다. 그리고 내용에 그려지고 있는 상황도 인민대회의 모습이 생생하게 나타나고 있다. 어찌 된 일인가. 지창수는 사건 당시 없었던 인물인가, 아니면 실재한 인물인가.

그런데 지창수가 실재했던 인물이든 아니든 분명한 것은 14연대가 반란을 일으키고 여수를 장악한 것은 움직일 수 없는 사실이다. 김용옥의 말처럼 지창수라는 인물이 픽션이라고 해도 여순사건의 본질이 달라질 건 없다. 이 기록에서 인공기가 계양되었다고 했는데, 이 장면이 아니라 하더라도 인공기가 나붙은 사진은 이미 널리 알려져 있다는 점에서 당시 분위기는 짐작할 만하다. 이 글에도 당시 상황이 나와 있지만 다른 기록에서도 당시 여수와 순천은 인민공화국 천하였음이 잘 나타나 있다.

사건 당시 조선일보 사회부 기자로서 현장 취재를 했던 유건호(柳建浩)가 조선일보 발행(1982년 1월) 『전환기의 내막』에 남긴 '여순반란사건'은 당시 상황을 생생하게 보여준다. 그것을 중요 대목만 간략하게 재정리한다.

기자는 1948년 10월 20일 현장 취재 지시를 받고 기차를 타고 남원까지는 갔으나 이후 교통편이 없어 시간을 허비하다가 우여곡절 끝에 순천에 도착한다. 그는 순천 북국민학교의 반란 가담자 색출 현장을 목격했다. 23일 토벌부대가 순천을 탈환한 뒤 경찰대가 순천읍민들을 북국민학교에 모아놓은 것이었다.

남녀노소 가리지 않고 대부분 한데 모여 있는데, 그렇지 않은 집단도 있었다. 주로 청년들만 모아놓은 곳이 있는가 하면 남녀 학생들만 모여 있는 곳, 또 팬티만 입고 벌벌 떨고 있는 벌거숭이 집단도 있었다. 경찰대가 그렇게 구분해 놓은 것이었다. 남녀노소가 섞여 있는 집단은 읍내 치안이 아직 불안하기 때문에 집에 돌아갈 수 있을 때까지 임시수용하고 있는 것이고, 다른 집단은 심사 중, 혹은 심사가 끝난 폭도 혐의자들이었다.

심사 중인 그룹 앞에는 경찰에게 끌려나온 사람이 충혈 된 눈으로 이 얼굴 저 얼굴을 번갈아 훑어보면서 누군가를 찾고 있고, 웅크리고 앉아서 떨고 있는 사람들은 고개를 숙인 채 그 시선을 피하려고 무진 애를 쓰고 있었다. 얼굴을 들었다가 그와 시선이 마주쳐서 손가락으로 지목당하는 경우는 끝장이었다.

북국민학교 교정 남쪽에서 카빈 총소리가 들렸다. 언제 파놓았던 것인지 구덩이가 있고, 그 앞에 손을 뒤로 결박당한 청년 5명이 서 있고 10m쯤의 거리에서 5명의 경찰이 총격을 가했다. 청년들이 구덩이로 쓰러지면 다음 5명이 세워졌고, 그렇게 처형되었다. 벌거숭이들은 다 폭도로 인정된 사람들이었다.

기자는 이동하여 경찰서로 들어가려는데 마당이 온통 피바다였다. 검은색 경찰복 바지 차림도 눈에 띄었지만 대부분 미군용 내복만 입은 사람들이 두 손을 뒤로 묶인 뒤 다시 굵은 철사로 줄줄이 묶인 채 총살당하여 나뒹굴고 있었다. 그것도 몇 겹으로 겹쳐 있어 그곳에서만도 대략 70구의 시체가 쌓여 있었고, 뒷벽면은 총탄 자국으로 벌집이 되어 있었다.

증언과 이후 조사한 바를 종합하면 다음과 같다. 20일 오전 9시 20분쯤 객차 6량과 화차 1량에 탑승한 약 700명의 반군(14연대)이 순천에 도착했다. 그러자 역전에 배치되어 있던 14연대 1개 중대를 포섭하고 반대하는 장교 3명을 사살했다. 뒤이어 광주에서 파견되어 온 토벌대 1개 중대마저 합세했다.

이들은 그길로 순천경찰서를 급습했다. 중화기를 난사했고, 경찰관이 보이는 즉시 사살하여 읍내를 완전히 장악했다. 그들은 "인민의 고혈을 착취한 자들을 때려 죽여라"고 소리치며 거리를 누볐다.

서너 시간 후 인민위원회 간판이 나붙기 시작했다. 반군에 동조하는 사람들, 심지어 중학생들까지 경찰서에서 빼앗은 무기와 죽창을 들고 반란군을 안내하며 돌아다녔다. 경찰관은 말할 것도 없고 대한독립촉성국민협의회 의원이나 한민당원, 기독교도들을 샅샅이 찾아내 살해했다.

21일 오전에는 철도지방국 광장에서 인민재판이 열렸고 인공기가 게양되었다. 반군이 가장 많았을 때는 여수에서 각종 차량으로 북상한 2진을 합쳐 약 2천에 달했다. 22일 오후 늦게 국군 토벌대가 순천 북방으로부터 공격해 왔다. 전투가 시작되었지만 결국 버티지 못하고 야음을 틈타 여수, 보성 등으로 퇴각했다. 국군 토벌대는 순천에 이어 25일부터 여수를 포위 공격했다. 그러나 저항도 만만치 않았다. 탈환에 성공한 건 27일이었다.

순천에서와 마찬가지로 여수에서도 비극이 연출되었다. 14여대 반란 이튿날부터 경찰과 우익 인사들이 처형되었다. 좌익세력이 반군을 안내하며 가택수색을 벌였고, 많은 우익 인사들이 끌려 나왔다. 그들은 인민재판에 의해 처형되었다.

거짓의 역사와 위선의 한국 사회

국군 토벌대가 여수를 탈환한 뒤 이번엔 반란군 부역자들로 몰린 사람들이 목숨을 잃었다. 여수읍 동편에 있는 오동도에서 반군에 대한 부역자 심사가 진행되었는데, 이때 많은 사람들이 부역자로 몰려 처형되었다.

기자의 현장취재를 따라가다 보니 사건의 역순으로 이야기가 진행되었다. 다시 정리하면 10월 19일 밤 10시쯤 여수읍 신월리에 있던 제14연대에서 돌연 비상소집 나팔이 울렸다. 병사들이 연병장에 집결했다. 남로당 프락치들인 김지회, 홍순석, 지창수 등의 주도로 제주 파병 거부와 봉기, 곧 반란이 시작되었다. 이들은 장교들을 사살하고 여수 읍내로 진출한다.

여수를 장악한 뒤 일부 병력과 인민위원회 등 지역 좌익세력에게 여수를 넘기고 순천으로 이동하여 미리 파견되어 있던 1개 중대와 합류하고, 광주로부터 온 토벌대 1개 중대가 가세해 순천을 장악했다. 그러나 군군 토벌대에 밀려 백운산, 지리산 등지로 들어가 게릴라(빨치산)로 변모하면서 저항했다. 이 과정에서 무고한 양민이 억울하게 희생되었다. 이게 사건의 개요다.

대체 김용옥은 무슨 까닭으로 여순사건을 민중항쟁으로 규정하고 여순을 단순무식하게 '학살'이라고 강변했을까. 토벌대에 의한 처형만 있었고, 반란군의 학살은 없었단 말인가. 작용이 있으면 반드시 반작용이 있게 마련이다. 반란이라는 작용에 대한 반작용이 토벌이었다. 왜 이를 민중항쟁이라 애써 주장하며, 다른 한편으로는 '학살'이라는 모순된 주장을 하는지 알 수가 없다.

모순이 아니라고 생각하는지도 모른다. 제주 4·3사건만 해도 민중항쟁이라는 인식이 자리 잡은 뒤 특별법이 만들어졌으며, 사건의 성격은 규정하지 않음으로써 대중적으로 민중항쟁이라는 수정주의 사관에 의한 인식을 유지할 수 있게 되었으니 여순사건도 앞뒤 가릴 것 없이 민중항쟁이라고 단정지어 버리면 그만이라고 본 게 아닐까.

하지만 분명히 해야 한다. 제주 4·3사건도 마찬가지지만 특히 여순 사건의 경우 14연대라는 군대가 주도했다는 점에서 반드시 '반란'으로 성격이 규정되어야 하고, 무고한 희생자들은 14연대 및 좌익 무장세력과 분리하여 별도의 과정을 거쳐 명예회복과 함께 보상이든 배상이든 이루어지는 게 옳다.

토벌은 불가피하고 당연한 것이었다. 하지만 이미 반군 주력과 좌익 폭도들이 빠져나간 뒤 부역자 색출은 있어서는 안 될 일이었다. 운동장에 모아놓고 손가락으로 지목당한 사람들을 부역자로 처형하는 건 4·3에서 무장대가 경찰과 민간인들을 잔인하게 살해한 것이나 여순 반란 당시 우익 인사들이 처형당한 것과 다를 게 없다. 그들이 피해자인지 부역자인지는 당연히 재판에 의해 가려졌어야 하고 혐의자에게 충분한 소명 기회도 보장해야 자유민주주의의 기둥인 법치주의에 합당한 것 아닌가.

내 생각으로는 아예 처음부터 부역자 색출은 하지 않았어야 한다는 것인데, 한다 하더라도 마땅히 재판에 회부해야 하지 않았느냐는 것이다. 즉결처형은 용납될 수 없는 것이다. 아무리 당시 상황이 전쟁 상황을 방불케 하는 것이었다 하더라도 자유민주주의 대한민

거짓의 역사와 위선의 한국 사회

국에서, 아무리 건국 초기라 해도 그와 같은 반민주적인 행태가 있었다는 건 대한민국의 치욕이다. 그렇다고 해도 반란의 성격이 바뀔 수는 없다.

7
장

꼭 알아야
할 것들

현재 우리나라에서의 문제는 자유주의의 결핍과 민주주의의 과잉이다. 민주주의의 과잉은 자유를 억압한다. 자유주의와 민주주의는 자칫 서로 부딪칠 수 있는 것이다. 인간의 존엄이라는 가치는 개인의 자유가 보장될 때 비로소 보호될 수 있다. 그래서 자유주의가 근본적인 가치라면 민주주의는 자유주의를 보장하기 위한 수단으로서의 의미를 지닌다.

2년 6개월 빠른
북한 단독정부 수립

해방공간에서 분단은 필연이었다. 수정주의자들은 미국과 이승만의 단선단정이 분단을 불러온 것처럼 주장하지만 38선을 기준으로 남과 북이 서로 이념이 다른 미국과 소련의 군대가 점령한 상황에서 미·소 간 협의에 의해 통일정부 수립이 가능하리라고 믿고 주장하는 건 내가 보기에 지극히 비현실적이다. 그리고 실제 역사도 분단으로 흘렀다.

만일 미소공동위원회가 성공하여 합의에 의한 통일정부 수립이 가능했다면 그건 필시 소련의 의지가 관철되는 방식이었을 것이다. 그리고 그것이 의미하는 바는 '부르주아 민주혁명→프롤레타리아 혁명'의 2단계 혁명에 의한 공산통일의 성공이었을 것이다. 이승만이 가장 경계하고 우려했던 게 바로 이것이었고, 미국으로서도 이러한 통일정부 수립에는 동의하기 어려웠을 것이다. 때문에 분단은 미·소 양군이 한반도를 분할 점령했을 때 이미 기정사실로 굳혀졌다고 보아 무리가 없다고 생각한다.

미국에 의해 38선이 획성된 점을 들어 분단의 책임을 미국에 돌리는 것도 어처구니없다. 물론 38선을 제안한 것은 미국이다. 하지만 미국이 38선을 제안함으로써 소련군이 한반도 전체를 점령하는 것을 막은 것을 두고 분단의 책임이 있다고 말하는 건 어떤 이념의 체제가 되든 통일정부이기만 하면 된다는 발상이 아니라면 할 수 없는 주장이다.

나는 역으로 미국의 38선 획정을 최대의 실수라고 단정한다. 미국이 소련에게 만주지역까지만을 점령하고 한반도는 미국이 진주하여 일본군의 무장해제를 하겠다고 제안했었다면 한반도의 정세가 그토록 복잡해지지 않을 수 있었다는 얘기다.

물론 미국으로서는 38선조차도 소련이 수용할 것인지를 걱정하고 있었던 게 당시 사정이긴 하다. 하지만 일본과의 실질적인 전쟁 당사자인 미국이 소련에게 만주까지만 점령하라고 했어도 어쩌면 소련은 받아들였을지 모른다. 소련은 만주에 있던 일본 관동군과 전투다운 전투도 없이(관동군은 철수하기에 바빴다) 거저먹기로 대일 승전국의 지위에 올랐으니 하는 말이다.

나는 오늘날에 와서까지 이러한 이야기를 구구하게 하지 않을 수 없는 한국 사회의 현실이 어처구니가 없다. 북한에서 벌어지고 있는 일들을 빤히 보면서, 그리고 남과 북의 현실이 천양지차인 상황에서도 80년대의 역사인식이 여전히 한국 사회를 지배하는 데는 분노마저 느낀다. 어쩌다가 이 지경에 이르렀는지 개탄하지 않을 수 없다. 대한민국에서 대한민국이 존재하지 않는 이 기막힌 현실을 어떻게 이해해야 하는가.

분단이 없었다면 제주 4·3사건도 없었을까. 분단이 아니었어도 소련군이 아닌 미군이 한반도 전역을 점령했다면 4·3사건과 같은 사태가 벌어지지 않을 수 있었다고 하기는 어렵다. 소련 및 중국과 국경을 마주하고 있는 한반도에서 공산혁명을 위한 게릴라 투쟁과 그에 이은 대규모 공격은 충분히 가능했을 것이다. 배후의 소련 및 중국 공산당의 후방 지원이 가능할 것이기 때문이다. 캄보디아에서 크메르 루주가 론놀 정권을 무너뜨릴 수 있었던 것도 중공 및 베트남과 인접해 있었기 때문이다. 반대로 소련이 한반도 전체를 점령했었다면 아무 저항도 없이 무난하게 공산정권을 세울 수 있었을 것이다.

어찌 되었든 분단은 현실이었다. 남로당의 입장에서는 통일정부가 아닐 경우 그건 곧 고립을 의미하는 것이었다. 제주 4·3사건의 발생도 그러한 맥락에서 이해되어야 한다. 남로당의 정치적 입지 상실을 저지하기 위한 안간힘이 4·3이라는 극단적 형태로 표출된 것이다. 중앙당의 지령에 의해서가 아니라 제주도당 차원에서 일으킨 사건이지만 입지 상실이라는 측면은 마찬가지다. 제주도당은 중앙당보다 더 절박했을 수 있다.

그럼 단독정부는 어느 쪽에서 먼저 추진했는가. 앞에서 일부 언급했지만 이 문제는 다시금 분명히 해둘 필요가 있다. 일반 대중은 진실을 대부분 모르고 있기 때문이다. 대중은 대한민국 정부 수립이 1948년 8월 15일이고, 북한 정권 수립이 그 뒤인 9월 9일이라는 사실 만으로 남쪽에서 먼저 단독정부가 수립되었다고 알고 있는 경우가 허다하다.

결론부터 말하면 단독정부 수립은 북쪽에서 먼저 이루어졌다. 대한민국 정부가 수립되기 이전에 이미 북한 정권은 가동되고 있었다. 1948년 9월 9일의 의미는 '북조선임시인민위원회'라는 간판을 떼고 '조선민주주의인민공화국'이라는 새로운 간판을 건 것에 지나지 않는다.

모두가 알고 있듯 해방 직후 북한지역에서 정치적으로 가장 중심적인 인물은 민족주의자로서 신망이 두터운 조만식이었다. 그는 올곧은 민족주의자이자 '한국의 간디'라 불릴 정도로 비폭력주의에 강한 신념을 지닌 인물이었다.

일본의 항복이 발표된 8월 15일 당일 조만식은 곧바로 평안남도 치안위원회 조직에 착수해 8월 16일 평양의 각 형무소와 유치장에서 대부분의 정치범인 3,000명쯤의 수감자들을 석방시켰다.

이어 8월 17일 치안위원회를 평안남도 건국준비위원회로 개편하였다. 서울과 보조를 같이 한 것이다. 위원장에는 조만식이 추대되었다. 당시 20명이 넘는 위원들 중 공산주의자는 단 두 명뿐이었다. 그만큼 민족주의 세력이 주도적인 위치에 있었다. 조만식은 해방 당시 북한이라는 시공간에서 압도적인 위상을 갖고 있었다.

그러나 소련군이 진주해오면서 상황은 돌변했다. 소련군의 평양 점령은 8월 24일의 일이었다. 소련군이 평양에 들어와 맨 처음 한 일은 평안남도 건국준비위원회의를 해체하여 평남 인민정치위원회로 개편한 것이다.

앞에서 언급한 바대로 소련군은 북한지역의 인민위원회나 치안위원회 등 자연발생적으로 구성된 자치기구를 공산주의자와 비공산주의자를 5 대 5의 비율로 구성하도록 했다. 그건 공산주의 세력의 열세 때문이었고, 이를 통해서 민족주의 진영을 약화시키기 위한 것이었다. 또, 소련군이 북한지역을 접수할 때는 아직 스탈린으로부터 북한에 대한 정책을 지시받지 못하고 있었고, 따라서 소련군은 점령군이 아니라 해방군이라는 포고문을 발표하고, 각 지역의 자치기구를 재편하는 데 치중한 것이다.

이윽고 9월 20일 당시 소련군 최고사령관 스탈린과 안토노프 군 참모총장의 비밀지령이 바실레프스키 극동전선 최고사령관 및 연해주군관구 군사평의회 제25군 군사평의회에 떨어졌다. 이와 같은 사실은 소련의 기밀문서가 공개된 후 일본 마이니치신문이 모스크바발로 보도함으로써 세상에 알려졌다. 암호 전문(電文)으로 된 지령은 북한 점령에 따르는 소련군 최고사령부의 7개 지시사항이었는데, 이 가운데 그동안 밝혀지지 않았던 사항이 ①, ②, ⑦항에 담겨 있었다.

①항은 "북한 영토 안에 소비에트 및 기타 소비에트 정권의 기관을 수립하지 말 것이며 또 소비에트 질서를 도입하지 말 것"이라고 되어 있고, ②항은 "북한에 반일적인 민주주의 정당·조직의 광범위한 블록을 기초로 한 부르주아 민주주의 정권을 확립할 것"이라고 되어 있으며, ⑦항은 북한의 민간행정 지휘를 연해주군관구 군사평

의회가 수행하라는 것이었다.

마이니치신문은 "이는 소련군이 한반도에 진주한 직후부터 북한 단독정권 수립의 구상을 갖고 있었음을 명백히 보여주는 것"이라고 분석했다. 또 동경대하의 와다 하루키 교수도 "스탈린이 처음부터 북한 단독정권 수립을 지시했음을 보여주는 귀중한 문서"라고 평가하면서 "이 지시가 처음부터 분단의 움직임이 시작됐다고 해도 과언이 아니다"고 주장했으며, "이 문서를 기밀로 분류한 이유는 소련이 한반도 분단의 책임을 지게 될까 우려했기 때문"이라고 덧붙였다고 신문은 전했다.

여기서 일반 독자들이 유의해야 할 것은 소비에트 정권이나 기관을 수립하지 말라고 한 대목과 '부르주아 민주주의 정권'을 확립하라는 것이 공산주의 체제를 세우지 말라는 의미로 이해되지 않아야 한다는 점이다. 소련의 의도는 처음부터 바로 공산주의 정권을 세우는 것이 너무 급진적이기 때문에 하나의 통일전선으로서 부르주아 민주주의 혁명을 거쳐 프롤레타리아 혁명으로 나아가는 2단계 전략을 구사하려 한 것이다.

어찌 되었든 중요한 건 스탈린이 부르주아 민주주의 정권을 확립하라고 한 것 자체가 단독정권 수립을 처음부터 의도하고 있었다는 사실을 말해 준다는 점이다.

스탈린의 지시는 곧바로 구체적 현실로 나타난다. 9월 27일 평양의 소련군 사령부는 다음과 같은 내용의 포고문을 발표했다. 즉, 모든 일제 통치기구들을 철폐할 것임, 한국의 실정에 맞지 않는 소비에트식 정부체제는 강요하지 않을 것임, 부르주아 민주혁명을 인정할 것임, 소련은 한국에 대해 어떠한 영토적 야심도 가지고 있지 않음, 종교 및 언론의 자유를 보장할 것임, 소작료는 3·7제로 고정할 것임 등이다.

소련군 사령부는 다시 10월 12일 3개 공식 포고문을 발표했다. 첫 번째 것은 한국의 자유와 독립은 전적으로 한국인들 스스로의 손에 달려 있음을 선포한 것이고, 두 번째의 것은 "붉은 군대는 조선에 소비에트 질서를 설정하거나 또는 조선지역을 얻으려는 그런 목적은 가지고 있지 않다"는 것이 골자다. 세 번째 포고문은 가장 중요한 내용을 담고 있는 '북한 주둔군 소련 제25군 사령관의 명령서'였다. 이 포고문에는 여러 조항들 중 모든 '반일당(反日黨)과 민주주의적 단체들'은 소련군정 당국에 등록하여야 한다는 규정이 있었으며, '지도기관의 임원명부'도 제출하도록 되어 있었다.

그뿐 아니라 각 회원들은 조상 대대로부터의 가계(家系) 배경 조사와 '여덟 살 때부터의 거의 일기적인 자서전 내사'를 받아야 했다. 이것을 통해 소련군은 '활동가'들에 대한 정보를 수집하고 위험시되는 단체들을 통제할 수 있었다. 반공적이거나 친미적인 혐의를 받은 정당들은 활동이 금지되고 이에 속한 많은 인사들은 소리 소문도 없이 사라져 버렸다.

'제25군 사령관 명령서'는 또 북한 내의 모든 무장부대들을 해산하고 무기·탄약 및 군용물자들은 소련군 경무사령관에게 바칠 것 등을 규정해 놓았다. 그러나 소련군 사령부가 인정한 인민위원회는 '소련군과 협의하여' 규정된 인원수의 보안대를 조직할 수 있다는 허가를 받았다. 이는 소련군 진주 이전에 생긴 '건준' 소속의 보안대가 거의 비공산주의자들로 구성되어 있어 어떤 때는 건준을 장악하려는 공산주의자들에 대항해서 격렬한 싸움을 벌이기까지 한 데 따른 조치였다(남한지역의 건준이 좌익계열 주도하에 있었던 데 반해 북한지역은 대체로 그 반대였다). 이렇게 하여 소련군은 북한지역을 완전히 장악할 수 있었다.

10월 중순에 이르면 소련식 경찰제도가 뿌리를 내리기 시작한다. 소련군은 비공산주의계 단체와 지도자들을 엄중한 감시 하에 두고 필요하면 즉시 제거해 버린 반면 공산주의자들의 통일전선은 강력히 뒷받침함으로써 단독정부 수립을 위한 토대를 착실하게, 그리고 신속하게 쌓아 나갔다. 비슷한 시기 남한지역이 혼미를 거듭한 것과는 달리 북한지역의 사정은 전혀 다른 것이었다.

소련은 이미 초기 단계에서부터 단독정부 수립을 전제로 한 수순을 밟아나간 데 반해 미군정은 아직 구체적인 대안을 마련하지 못한 채 단순히 점령정책을 이행하며 소련과의 협조 하에 한국 문제를 처리하려는 자세를 취하고 있었다.

김일성이 공개적으로 등장한 것은 10월 14일 평양 공설운동장에서 열린 '김일성 장군 환영대회'에서였다. 이날 아침부터 공설운동장에는 사람들이 모여들고 있었다. 전설적인 항일투사 김일성 장군이 마침내 시민들에게 모습을 보이는 것이었으니 사람들은 너나 할 것 없이 모여들어 공설운동장을 빽빽하게 채웠다. 그런데 웃지 못할 일은 이날 대회의 준비위원장이 바로 조만식이었다는 사실이다. 조만식은 소련군의 요청을 못 이겨 준비위원장을 수락했다. 조만식은 그 이전 소련군 지도부에 의해 요정에서 김일성을 소개받았는데, 김일성은 "김성주입니다"라고 자신을 소개했다.

그런데 이날 대회는 소련군 환영대회였으나 실질적으로 '김일성 장군 환영대회'였으니 조만식은 준비위원장이라는 이름만 빌려준 것이었고, 이날의 계획, 준비, 진행은 모두 소련군에 의해서 이루어 졌다. 조만식으로서도 소련군의 요청을 받아들이지 않을 수 없었 다. 소련군은 조만식의 위상을 이용해 김일성을 영웅화시킨 것이었 다. 김일성이 언제 스탈린의 낙점을 받았는지에 대해서는 여러 의 견이 엇갈리지만 나는 소련군이 김일성을 데리고 원산항에 들어오 기 전 이미 북한지역의 꼭두각시가 김일성으로 정해졌다고 생각한 다. 그러지 않았다면 소련군이 애써 '김일성 장군 환영대회'를 연출 할 이유가 설명되지 않기 때문이다.

김일성이 대중 앞에 서기 이전 북한지역에선 김일성 장군이 축지 법을 써 두만강을 넘나든다는 전설이 나돌았다. 김일성 장군은 그 야말로 '전설'이었던 것이다. 얘기가 조금 빗나가지만 나는 군복무 시절 최전방 철책선에서 근무를 했는데, 24시간 북의 대남방송을 들어야 했다. 어처구니없었던 것은 김일성이 솔방울로 폭탄을 만들 고 축지법을 써 동에 번쩍 서에 번쩍했다는 허무맹랑한 이야기가 흘러나왔다는 것이다.

당시 나는 저런 내용을 남쪽의 병사들이 믿을 거라고 보고 하는 것인가 하는 생각에 혀를 차곤 했었다. 내가 보기에 그건 대남방송 이 아니라 북한군 병사들을 향한 방송이었다. 북한의 대남방송은 그 체제의 허약함을 드러내는 것일 뿐이라고 나는 생각했었다. 그 런데도 그들은 "걸으면 10분, 뛰면 5분"이라며 '의거입북'하라고 부추겼는데, 그 말을 듣고 국군장병들이 월북할 거라고 믿었는지 의아해하지 않을 수 없었다.

아무튼 전설적 영웅 김일성 장군을 보러 나갔던 사람들이 동요하기 시작했다. 그들은 백발이 성성한 노(老) 장군을 떠올리고 있었는데 새파랗게 젊은 사람이 연단 위에 서자 "가짜다"라는 소리가 나오지 않을 수 없었다. 내가 말하고자 하는 것은 김일성(김성주)이 항일 게릴라 투쟁을 하지 않았다는 것이 아니라 당시 환영대회의 상황일 뿐이다. 이러한 장면은 중앙일보가 해방정국에서 북한을 좌우했던 소련군 고위 간부 등의 증언을 바탕으로 장기 연재한 후 1992년 책으로 펴낸 『비록(祕錄)·조선민주주의인민공화국』에 상세하게 서술된 것이다.

소련군은 최초의 시기에 조만식의 협조를 구하려 했다. 그건 공산주의 세력이 약하고 조만식의 위상이 높아 그를 내세워 대중적 지지기반을 만들려 했기 때문이다. 그러나 1946년에 들어서면서 신탁통치 문제가 쟁점이 될 때쯤엔 소련군이 기반을 다져 조만식 등 민족주의 세력은 모양새를 갖추는 데 지나지 않게 되었다. 어쨌든 모양새를 위해서는 조만식의 협조가 필요했는데, 조만식은 협조하기보다는 반탁의 입장을 취했다. 그러자 소련군은 아예 조만식을 제거해 버렸다.

이건 누구나 아는 사실이다. 대중이 생각지 못하는 건, 남쪽이었다면 그런 일이 가능했을 것인가 하는 것이다. 수정주의자들은 미군정이 민중과 한 편인 남로당을 탄압해서 그에 따른 저항으로 해방정국의 남한 상황을 설명하지만 남로당의 도발이 없었다면 탄압

거짓의 역사와 위선의 한국 사회

도 없었다. 소련군은 소비에트 연방의 공산당 군대였고, 따라서 남한에 진주한 미군과는 달리 원하는 것은 무엇이든 할 수 있었다. 미국과 소련의 차이가 미군과 소련군의 차이였다.

조만식이 제거된 후 소련군은 북한에 김일성을 우두머리로 하는 단독정부를 수립하는 데 거칠 게 없었다. 1946년 2월 8일 이른바 '북조선 각 정당·사회단체, 각 행정국 및 각 도·시·군 인민위원회 대표 확대협의회'가 소련군 사령부에 의해 평양에서 소집된 것은 단독정부 수립을 위한 구체적 수순이었다. 이 당시에는 비공산 계열의 인사들은 모두 월남하거나 숙청되었기 때문에 이 기구에는 이른바 '민주적이고 진보적인' 인물들만 참여했다.

이 대회에서 김일성은 "지금까지 북조선에는 각 국(局)들의 사업 방향을 인도하여 지도할 유일한 조선중앙주권기관이 없음으로 말미암아 각 국과 지방 인민위원회 사업을 지도하거나 북조선지방에서 경제, 정치 및 문화적 생활을 지도하기에 대단히 곤란하다"며 "따라서 조선통일정부가 조직될 때까지 북조선 임시인민위원회를 조직하여 각 국의 활동을 지도할 기관으로 삼는 것이 무엇보다도 필요하다"는 요지의 연설을 했다. 물론 김일성은 소련군 정치장교들이 작성하고 슈티코프의 검증을 거친 원고를 그대로 읽었을 뿐이다.

바로 이 북조선 임시인민위원회가 김일성이 말한 바 '조선중앙주권기관'으로서 사실상의 정부였다. 따라서 북한에서의 단독정부 수립은 대한민국 정부 수립보다 무려 2년 6개월이나 앞선 것이었다. 물론 소련군의 지휘 하에 있는 괴뢰정부이긴 하지만 실질적인 정부였던 것임은 맹백하다. 김일성은 이튿날 정해진 수순에 의해 위원장에 선출된다.

북한에서 단독정부 수립 추진이 한창일 무렵 남한에서는 신탁통치 문제로 혼미를 거듭하고 있었다. 소련군이 북한지역에서 민족주의자들을 제거해가며 공산주의자들의 배타적 지배체제를 구축해가고 있을 때 남한지역의 미군정은 좌우합작을 모색하고 있었다.

이승만은 미군정의 이러한 노력이 필경에는 한반도를 공산주의자들 손에 넘기고야 말 것이라는 위기감 속에 사사건건 미군정 및 미 국무성의 정책에 제동을 걸고 나섰다. 이승만은 반탁운동을 통해 대중의 지지를 최대한 동원하여 미국의 대소협상을 방해하였다. 그는 미·소 양 점령군의 즉시 철퇴를 주장하기도 했다. 이는 당시 우파 민족진영은 미국의 확실한 지원을 받지 못하고 있었던데 반해 좌파세력은 소련의 분명하고도 확고한 지원(사실은 지령이지만)을 받고 있었기 때문에 나온 극단적인, 어찌 보면 전술적인 주장이었다고 생각된다.

당시 이승만에게 있어서는 미국과 미군정의 태도가 신뢰할 수 없는 것이었다. 이와 관련해서는 이호재의 논문 「한국외교정책의 이상과 현실」 제2편 제4장 '한국신탁통치안과 미·소협상의 결렬'에 잘 나타나 있다.

> (이승만은)현재로서는 미국의 대소 및 대공산세력정책이 확고한 방향을 잡지 못하고 흔들리고 있을 뿐 아니라 특히 한국문제에 관한 미국의 태도는 아주 유동적이고 신뢰할 수 없는 것이므로, 때가 올 때까지는 남한만을 지키려고 했다. 유동하는 미국을 믿고 협상이라는

것을 해서 소련의 정치적 영향이 남한에까지 침투할 길을 열어주고 그들의 확실한 지원으로 조직적인 공산주의자들의 활동을 남에서도 허용하여 그들에게 남한마저 빼앗길 가능성이 큰 위험을 무릅쓰려 하지 않았다.

확실한 소련의 지원과, 같은 공산주의자라는 강력한 동지의식을 갖고 남한에서 상당히 자신있게 활동하며 정치적 조직을 뻗어가던 공산당이, 그 정책이 아리송하고 투명치 않을 뿐 아니라 '전통적으로 한국을 잘 포기하던 미국(이것은 미국이 조미수호조약을 지키지 않아 조선이 일본의 식민지로 전락한 것을 가리킨다, 인용자)'을 믿고 고전하는 우익 민족진영을 점차 누르게 되면, 미국은 또 그것을 기정사실로 받아들일 것이라는 것을 두려워했다.

이미 공산당은 북한에서 초기의 인민위원회를 자신들의 군대까지 가진 중앙정부로 발전시켜 북한이라는 영토권을 갖고 일종의 공산국가를 수립하고 있고, 토지개혁을 비롯한 여러 가지 개혁정책으로 농민과 노동대중 간에 그들 정권의 기초를 굳게 하고 있으며, 가만두면 그 노력과 조직을 남쪽으로 몰고 올 것이 분명한데 그렇게 되면 미국은 또 그 사태를 방관할 것이라는 것이었다. 한편 남한에서는 미군정이 우익세력과 적극적으로 협력할 수 없는 딜레마에서 헤어 나오지 못하고 고립한 상태에서 비능률적으로 남한을 통치하고 있었으니, 그런 상태 하에서는 협상이 성공해도 그것은 결국 공산당에게 남한조차 넘겨주는 것으로 이승만은 생각했을 것은 결코 어려운 추리가 아닐 것이다.

이승만은 당시 정세를 정확히 꿰고 있었다. 이승만은 미군정이라는 '답답한 친구들'을 붙잡고 세월을 허송하고 있을 수 없었다. 이승만은 급기야 1946년 12월 4일 미국으로 날아간다. 이승만의 생각은 자신이 직접 미국 조야에 호소하겠다는 것이었다.

그가 이 여행에 오르기 전인 11월 그를 지지하는 우익 민족주의 진영은 민족대표 후원회를 조직하여 이승만의 도미외교를 뒷받침하기로 하고, 12월 1일 이승만의 도미환송회를 연 데 이어 12월 7일을 기하여 전국적으로 각 도에서 외교후원 국민대회를 열고, 외교성금수집운동을 전개하여 필요한 정치자금을 얻는 한편 이승만에게 계속 송금해 주었다.

이승만은 도미 길에 동경에서 미·소 간 협상에 회의를 표시하고 조속한 시일 내에 한국에 정권을 넘기라는 요청을 하기 위해 도미한다는 것을 분명히 했다. 그는 또 "소련지구에는 이미 실질적인 정부가 수립되어 국내문제를 처리하고 있다고 한다. 남한도 그같이 되어야 한다"고 주장하고 "미·소의 점령군이 점령을 계속하고 있는 한 어떤 합의를 이룰 수 없다"고 피력했다.

이승만은 미국에 도착해서도 하지 중장은 좌익에 호의를 갖고 있으며 미군정당국은 조선의 공산당 건설과 이에 대한 원조 노력을 계속하고 있다고 하지와 미군정을 맹렬히 성토하며, 그에게 비협조적인 국무성 관리에 대해서도 공격을 주저하지 않았다. 그는 가능한 남한만에서만이라도 민주주의 독립정부 수립을 승인하고 원조하여 미국의 한국 독립 약속을 이행하라고 강력히 요구했다.

이승만의 도미활동이 성공했는지에 대한 판단은 정확히 말하기 어려우나 결과적으로 이승만의 주장대로 상황이 전개되어 나간 것은 사실이다. 이승만이 도미활동에 전념하고 있던 1947년 3월 12일 발표된 트루먼 독트린은 적어도 이승만의 정세파악이 옳은 것이었음을 확인시켜주는 것이었다.

잘 알다시피 트루먼 독트린은 미국이 '전체주의 정권들'을 상대로 한 자유국가의 방위를 지원해야 한다는 원칙으로 대소봉쇄정책의 기조가 되는 것이었다. 이는 동구권이 공산 지배하에 들어간 데다 당시 그리스와 터키가 공산세력의 위협에 직면하는 등 소련의 세계적화전략이 구체적 현실로 가시화되고 있던 시기에 자유민주주의 제도와 영토를 보호·방어하기 위한 것이었다.

이승만은 이에 귀국 준비를 서두르며 미국이 단정 수립을 추진 중이라고 발표했다. 이 같은 이승만의 주장은 곧바로 미 국무성에 의해 '언어도단'이라며 부인되었다. 미 국무성은 동시에 "미국은 계속 조선의 통일정부 수립을 위해 소련과의 협상을 포기하지 않겠다"고 반박했다. 그러나 이승만은 1947년 4월 귀국한 이후에도 자신의 주장을 되풀이했다. 이승만은 자신의 요구를 기정사실로 만들려 했던 것이다.

이승만은 당시 이미 미소공위의 결렬을 내다보고 있었고, 이에 대비하여 미국 측에 하나의 대안을 제시한 것이다. 기존의 한국 현대사 기술들, 특히 수정주의 사관에 의한 서술은 대부분 한반도 상황 전개를 미국의 의도와 미국 주도에 의한 것으로 설명하고 있지만, 내가 보기엔 미국이 아니라 이승만의 카리스마와 논리 정연한 주장에 의해 한반도의 운명이 갈렸다.

21세기의 난데없는 점령군 논란

이 책 원고를 거의 다 써갈 무렵 때 아닌 해방 정국의 미군에 대한 '점령군' 논란이 불거져 나왔다. 해방 76년에 난데없이 '점령군' 논란이라니 대부분 어이없었을 것이다. 하지만 이게 오늘날 한국 사회의 현실이다. 내가 애써 이 책을 쓰는 이유다.

논란의 시작은 여권의 유력 대선주자 이재명의 발언이었다. 그는 "대한민국이 다른 나라의 정부 수립단계와 달라서 친일 청산을 못하고 친일세력들이 미 점령군과 합작해 지배체제를 그대로 유지했다"는 요지의 발언을 했다. 그는 "깨끗하게 나라가 출발되지 못했다"고도 했다.

사실 이재명의 발언은 점잖은 편이다. 그리고 그런 인식은 좌파 사관에서는 일반화되어 있는 것이다. 문제는 앞으로 대한민국의 대통령이 될 수도 있는 사람이 그런 인식의 소유자라는 점이다.

미군이 점령군이냐 아니냐 하는 것은 논쟁거리도 아니다. 그럼에도 그는 평지풍파를 일으켰다. 거기엔 정치적 노림수가 있을 것인데, 중요한 것은 정치적 수지타산이 맞을 것이기 때문에 그런 발언을 하지 않았겠느냐는 것이다. 이 말은 곧 대중의 한국 현대사에 대한 인식이 편향되어 있음을 지적하고자 하는 것이다. 때문에 굳이 이에 대해 정리하고자 한다.

맥아더의 포고문을 직역하면 물론 미군은 점령군(occupying forces)이 맞다. 이재명도 그에 대한 빗발치는 비판에 '미군(맥아더) 자신이 그렇게 말하지 않았느냐'는 식으로 항변했다. 하지만 단어나 어휘 하나에 매몰되어 전체 맥락을 놓치면 의미 전달이 왜곡된다. 지금까지 많은 좌파 수정주의 저술들이 맥아더 포고문을 들며 미군은 점령군이라고 써왔다. 반면 소련군 사령관 치스차코프의 미사여구로 가득찬 포고문을 들어 소련군은 해방군이라고 했다. 다음은 치스차코프의 포고령이다.

조선 인민들이여! 소련 군대와 연합군은 조선에서 일본 약탈자들을 추방하였습니다. 조선은 자유국가가 되었으나 이것은 새로운 조선 역사의 첫 페이지에 지나지 않습니다. 정원의 꽃도 사람의 노력과 보살핌으로 꽃피울 수 있듯이 조선의 행복도 조선 인민들의 영웅적인 투쟁과 끊임없는 노력에 의해서만 성취될 수 있을 것입니다. 붉은군대는 조선 인민이 자유롭게 창조적 노력에 착수할 만한 모든 조건을 지어주었다. (중략)
붉은군대 사령부는 모든 조선기업소들의 재산보호를 담보하며 그 기업소들의 정상적 작업을 보장함에 백방으로 원조할 것이다.…조선노동자들이여! 노력에서의 영웅심과 창작적 노력을 발휘하라! 조선 사람의 훌륭한 민족성 중 하나인 노력에 대한 애착심을 발휘하라! 진정한 사업으로써 조선의 경제적 및 문화적 발전에 대하여 고려하는 자라야만 모국 조선의 애국자가 되며 충실한 조선사람이 된다. 해방된 조선 인민 만세!

붉은 군대는 무슨 목적으로 조선에 왔는가?

조선 인민들이여! 세계에는 두 개의 침략국이 있었나니 그는 즉 파시스트 독일과 제국주의 일본이 그것이다. 이 두 국가는 남의 영토를 점령하며 다른 나라 인민들을 정복할 목적으로 연합국들을 반대하며 전쟁하였다. 붉은군대는 영국, 미국군과 협력하여 히틀러 독일을 영영 격멸하였으며 항복시켰다. 히틀러 독일이 격패를 당하고 항복한 이후에 일본이 전쟁 계속을 주장하는 유일한 국가이었다. 전반적 평화의 회복을 촉진시키기 위하여 소련은 일본과의 전쟁에 들어섰다. (중략)

소련인민은 조선 인민이 일본한테 압제를 받는 것과 조선 인민이 일본의 예속에서 해방되도록 그에게 방조(幇助)를 주어야 할 것을 기억하였다. (중략)

위대한 스탈린 대원수는 그들에 대하여 말씀하시기를 "우리의 목적은 그 인민들의 해방투쟁에 있어서 그들을 방조하며 다음에는 그들이 자기 소원대로 자기 땅에서 자유로운 생활을 하도록 하는 것이다"라고 하였다. 스탈린의 이 말씀은 유럽 여러 나라들에서 벌써 실천되었다. 이 말씀이 조선에 있어서도 원만하게 실천되고 있다. (중략)

1945년 8월에 붉은군대는 조선 인민을 일본 침략가들의 압제에서 해방시키고 그에게 자유와 독립을 찾아 주었다. (중략)

조선남녀들이여!

35년 동안이나 전 조선은 혹독한 놈들의 주권 하에서 신음을 하였다. (중략)

붉은군대는 조선 내에 있는 모든 반일적 민주주의적 당들과 단체들의 광범한 협동의 기본 위에서 자기 민주주의적 정부를 창조함에 조

거짓의 역사와 위선의 한국 사회

선 인민들에게 보조를 준다.

조선사람들이여! 기억하라!

당신에게는 유력하고 정직한 친우(親友)인 소련이 있다. 당신들의 해방군인 붉은군대에 백방으로 방조하라. 도시와 농촌에서는 안전한 생활을 계속하며 붉은군대가 들어오기 전에 하던 그곳에서 그대로 사업을 계속하라. 지방당국에서 사회적 질서를 유지함에 백방으로 후원하라.

조선의 자유와 독립 만세!

조선의 발흥을 담보하는 조선과 소련 친선 만세!

1945년 8월 25일

이 포고문만 보면 소련군은 해방군 이상의 존재였다. 그리고 일본의 압제로부터 '조선'을 해방했으니 더 이상 북한에 머물 이유도 없었다. 조선 인민 스스로의 노력에 의해 독립국가를 건설할 것이기에 그렇다. 적어도 치스차코프 포고령만 보면 그렇다는 얘기다.

그러나 소련군은 철수하지 않았을 뿐 아니라 점령정책을 펴나간다. 소련군은 성명을 통해 "일본 관헌은 종래와 같이 행정에 임한다. 치안 유지는 일·소 공동으로 행하고 … 일본인을 박해하는 행위는 엄벌에 처한다"고 했다. 또 앞에서 언급했듯 소련군 사령부는 성명을 통해 '소비에트 질서를 설정하거나 조선지역을 얻으려는 목적은 가지고 있지 않다'는 것과 함께 "반일당과 민주주의 단체들은 자기의 강령과 규약을 가지고 와서 반드시 지방자치기관과 군 경무사령관에 등록되어야 하며 동시에 자기의 지도기관과 인원명부를 제출하여야 한다"고 못 박았다.

그리하여 소련군은 공산당과 소련군에게 충실한 극히 예외적인 정당(그것도 모양새를 갖추기 위한 것이었다) 외에는 일체의 정치조직 활동을 불허했고, 그에 따르지 않으면 조만식의 예와 같이 어디론가 사라지거나 쥐도 새도 모르게 제거되었다.

이걸 해방군의 모습이라고 할 수 있는가. 점령군도 아주 가혹한 점령군의 행태 아닌가. 그런데도 미군은 점령군이라는 데 대비하여 소련군이 해방군이라는 주장이 지금까지도 계속되고 있다. 광복회장 김원웅 같은 사람이 여실히 보여주고 있지 않은가.

이재명은 미군이 점령군이라는 말만 했지만 김원웅은 '미군은 점령군, 소련군은 해방군'이라는 주장을 폈다. 이에 비판이 제기되자 이를 반박하는 성명을 냈다. 광복회 인터넷 홈페이지에는 (2021년) 7월 1일 광복회장 김원웅 이름으로 성명이 올라 있었다. 성명의 제목은 '한국인 개무시한 맥아더 포고령을 비판해야지 포고령 내용을 밝힌 김원웅 회장 비난, 납득 안돼'라고 되어 있었다.

경악했다. "개무시하다"라는 말은 국어사전에 올라 있긴 하지만 과거엔 쓰이지 않았다. 그러다가 언제부터인가 점잖지 못하거나 교양 없는 사람들에게 일반화되었는데 그렇다고 해도 점잖은 사람들로서는 입에 올리기 어려운 말이다. 그런데 명색이 광복회장이라는 사람이 공식 성명에서 이런 말을 썼다는 건 놀라운 일이었다.

광복회 인터넷 홈페이지에 올라 있는 성명 내용은 다음과 같다.

해방 후 한반도에 진입한 미군과 소련군은 각각 포고령을 발표했다.

소련군 치스차코프는 스스로 '해방군'임을 표방했지만, 미군 맥아더는 스스로 '점령군'임을 밝히고, 포고령 내용도 굉장히 고압적이었다. (미군과 소련군 포고문 별첨)

김원웅 광복회장은 이 '역사적 진실'을 말한 것뿐이다. 한국국민이라면 마땅히 한국인을 무시한 맥아더를 비판해야 한다. 맥아더의 한국 무시. 이 사실을 밝힌 김 회장을 비난하는 것은 납득되지 않는다.

소련 포고문에는 독립운동세력을 인정하고 있다. 그러나 맥아더는 독립운동세력(건준위, 임시정부)을 강제 해산시키고 친일파를 중용했다. 친일파들은 해방 이후 77년간 비리와 폭력으로 권력을 행사하면서 엄청난 부과('와'의 오자: 인용자) 권력을 축적해 왔다. 이들 반민족기득권세력에게는 맥아더가 '은인'이다. 그들이 맥아더의 진실이 국민에게 알려지는 것을 두려워하는 것은 이해가 된다. 그들에게는 맥아더의 포고문이 '불편한 진실'일 수 있다.

분명히 말하건대, 역사의 진실은 자체 부력이 있다. 아무리 눌러도 눌러도 떠오르게 되어 있다. 이런 역사적 진실을 전 국민이 모두 알게 될 것이다.

이 성명을 군이 한 마디 한 마디 따질 필요는 느끼지 못한다. 진실은 무엇인가. 미군이나 소련군 다 점령군이었다. 왜냐하면 미군이나 소련군 모두 일본 영토의 한 지역이며 일본군이 주둔해 있던 한반도에 진주한 것은 어디까지나 일본군의 항복을 받아내기 위한 것이었으니 점령군일 수밖에 없다.

그러나 형식에 있어서는 미군은 점령군, 소련군은 해방군이었던 데 반해 내용에 있어서는 미군은 해방군, 소련군은 점령군이었다. 미군정은 소련군과는 달리 공산당까지도 합법적으로 활동할 수 있도록 했으며, 지속적인 불법과 폭력으로 사회 혼란을 가속화시킴에 따라 불법화한 것일 뿐이다.

김원웅의 성명은 좌파 수정주의 인식을 답습한 데 지나지 않는 것이다. 그나마도 단세포적이고 저열한 수준이어서 애써 비판을 할 이유를 느끼지 못한다. 더욱이 그는 광복회장이라는 직함과 자리를 이용하여 기회주의적 정치 행보를 보여 왔다는 의심을 사고 있기에 더 이상 그에 대해 언급하는 것 자체가 싫다.

그런데 이재명 발언은 "친일세력들이 미 점령군과 합작해 지배체제를 그대로 유지했다"는 대목에 방점이 찍혀 있다. 바로 이러한 인식이 지금까지 계속되어 와 일반 국민 중 많은 사람들이 이러한 인식에 젖어 있다. 이게 문제다.

미군정이 일제시대의 관리나 경찰을 그대로 기용한 것은 미국인들의 실용주의적인 사고방식을 반영한 것이다(소련군도 그렇게 하지 않았는가). 무엇보다도 행정과 치안의 공백을 방치할 수 없기에 그렇게 한 것이다. 좌파나 그 영향을 받은 사람들의 주장은 왜 각 지방의 인민위원회나 치안위원회 등 자치기구를 인정하지 않고 일제의 관리나 경찰을 기용했느냐는 것인데, 미군정의 입장에서 보면 그와 같은 자연발생적인 '임의기구'가 대표성을 가진 것도 아니며 기능적인 행정 및 치안 공백을 온전히 믿고 맡길 수 있느냐의 문제에 봉착하지 않을 수 없다.

아무튼 미 점령군과 친일세력의 합작으로 일제시대의 지배체제를

거짓의 역사와 위선의 한국 사회

유지했다는 주장은 지금까지 이골이 나도록 들어왔으며, 더 이상 놀라운 주장도 아니다. 문제는 그것이 어느 한 단면만을 부각시킨 대단히 왜곡된 주장인데도 대중 속에 깊이 파고들었다는 점이다.

일제의 지배체제가 그대로 유지되었는가. 일본 제국주의 체제와 미국의 자유민주주의 체제가 같은 것인가. 이재명식 주장이 성립하려면 이 물음에 '그렇다'고 답할 수 있어야 한다. 단지 일제의 관리들을 기능적으로 기용한 것을 두고 마치 같은 체제가 유지된 것으로 본다는 것은 낮은 인식수준을 드러낸 것 외에 아무것도 아니다.

우리가 일반적으로 체제라고 말할 때 그건 어떤 국가나 사회가 운영되거나 작동되는 질서, 추구하는 가치, 규범, 제도 등을 총괄하는 것으로 이해된다. 지배체제도 마찬가지다. 그건 제도와 시스템의 문제이며 그것을 구성하는 사람의 문제를 넘어서는 것이다.

그런 전제에서 보았을 때 일제의 지배체제가 유지되었다고 말하는 건 온당치 않다. 그렇게 주장하는 건 지배자가 일본 제국주의로부터 미 제국주의로 바뀌었을 뿐이라는 인식이다. 이야말로 해방정국에서 공산주의자들의 선전선동을 위한 구호 그대로다. 제주 4·3사건에서, 여순반란에서 남로당이 외쳤던 것도 바로 이것이었다. 주사파도 똑같다.

이재명이 "깨끗하게 나라가 출발되지 못했다"고 한 것은 어떤 의미인가. 대한민국 건국이 친일파와의 결탁으로 인하여 잘못되었고, 그래서 친일파가 득세했다는 의미일 것이다. 건국 당시 친일파가 득세했는가. 절대 그렇지 않다. 대한민국의 초대 행정, 입법, 사법부 수장은 물론 초대 내각의 각료들까지 임정 요인 등 독립운동가 출신이 대부분이었고, 친일파는 단 한 사람도 없었다. 물론 제헌의회 의원 중에는 좌파가 비난해 마지않는 지주 등 한민당 출신이 있었다. 하지만 어디까지나 민의에 의해 선출된 사람들이었다. 이를 두고 출발이 잘못되었다고 할 수 있는 것인가.

한 가지 확실히 해둘 게 있다. 미군정이 실용주의 및 기능주의적으로 일제 경찰 출신을 기용한 것과 마찬가지로, 아니 오히려 더 많은 일제 관리나 경찰을 기용한 것은 소련군 치하의 북한이었다. 김선호 저『조선인민군』에 그 실상이 상세하게 기술되어 있다.

> … 1945년 말까지 3,500명(41%)에 달하는 일제경찰 출신이 숙청되었음에도 불구하고 보안기구에는 59%에 해당하는 5,000여 명의 일제경찰 출신이 남아 있었다. 보안국의 숙청사업이 종결된 1946년 말 당시에 전체 보안원은 17,348명이었으므로, 검열사업이 종료된 후에도 전체 보안원 중 일제경찰 출신이 29%를 차지하고 있었다. 그렇다면 북한 정치세력은 왜 일제경찰 출신을 보안국에 잔류시켰을까? 김일성은 1945년 10월 13일에 서북5도당책임자 급(及: 및) 열성자대회에서 친일파에 대한 입장을 공식적으로 표명한 바 있다….

이에 대해 김선호는 "북조선분국이 친일파의 범위를 좁게 규정한 것은 무엇보다도 현실적인 필요성 때문이었다"고 설명했다. 북한사회가 공산주의 운동가들이나 이론가들, 대부분의 빈농을 중심으로 재편되었지만 이들은 지방행정 경험이 거의 없어 이를 보완하기 위해 일제경찰 출신을 잔류시켰다는 것이다. 미군정의 남한사회

거짓의 역사와 위선의 한국 사회

와 같이 기능주의적인 것이다.

　사실이 이와 같음에도 남로당은 일제경찰 출신이 기용된 것에 대한 악선전으로 대중을 선동하여 혼란으로 몰아넣었던 것이다. 해방정국의 남로당 뿐 아니라 오늘날 좌파도 똑같다. 김원웅이나 이재명의 의식도 같은 맥락에 있다고 할 수 있다.

　그런데 기능주의적인 측면 외에도 미군정이 일제경찰 출신을 기용하지 않을 수 없는 이유가 또 있다. 인원 부족이 그것이다. 미군장관 아놀드 소장은 1945년 9월 13일 일본인 경무국장을 파면하고 성명서를 발표하여 정치집단, 귀환병 또는 일반인 단체의 경찰력 행사를 금지하고 새로운 경찰권의 확립이 미군정에 있음을 명백히 했다. 그런데 난관에 부딪치지 않을 수 없었다. 그럴 수밖에 없던 것이 일본인 경찰의 빈 자리를 채워야 했기 때문이다. 이에 신규채용을 하는 과정에서 자격미달자들이 대거 경찰에 들어왔다.

　하지만 민주주의에서 경찰의 임무가 무엇인지도 제대로 인식하지 못하고 있던 부적격 경찰로 인하여 비난이 일자 미군정은 불량경찰을 퇴출시켰다. 민주주의를 잘못 이해하거나 경찰로서의 교양과 자질이 부족한 경찰관들을 내보냈던 것이다. 그러자 또다시 인원부족이 야기되었다. 결국 새로 모집하면서 교육을 강화하는 수밖에 없었다. 자연스럽게 간부직은 경험이 있는 사람을 쓰려니 일제경찰 출신이 중심이 되었지만 일선 경찰, 순경급에서 일제경찰 출신은 2%에 지나지 않았다.

　사실이 이러함에도 해방 후는 물론 오늘날까지도 친일 경찰 논란이 계속되는 것은 해방정국에서 공산주의자들의 선전선동을 여과

없이 답습한 데서 빚어진 것이다.

　21세기에 벌어진 난데없는 '미군 점령군' 논란은 한국 현대사에 대한 왜곡과 오염이 얼마나 심각한지를 새삼 확인시켜 준 일이었다. 이 나라가 제대로 굴러갈지도 의문이다. 건국정신과 헌법가치가 바로 서지 않은 나라, 자학적인 역사관, 철 지난 이념에 갇힌 나라가 어디로 갈지 걱정스럽기 짝이 없다.

민족, 그 관념 속의 허상

　　　　　　　　　　한국 근현대사를 공부하다 보면 숱한 내적 갈등의 중심에 '민족'이라는 관념이 있음을 발견하게 된다. 해방정국에서 빚어진 많은 갈등과 비극의 촉발은 민족이라는 관념에 의한 것이었다. 민족이 무엇이길래 그 어떤 가치보다도 우선시 되었던 것일까. 그건 오늘날에 있어서도 마찬가지다. 민족을 최고의 가치로 여기는 민족주의가 한국 사회를 지배하고 있지 않은가.

　대부분의 국민이 그렇겠지만 나도 예외 없이 어려서부터 '민족'에 대한 교육을 받아왔다. 민족은 역사의 주체로 자리매김해야 할 신성한 '그 무엇'이었다. 누구나 기억하고 있을 것이다. "우리 민족은 반만년 이상의 유구한 역사를 가지고 있으며, 세계사에서 보기 드문 단일민족국가의 전통을 이어오고 있다." 이러한 인식이 우리 국민의 의식 속에 내면화되어 있고, 따라서 '민족'을 내세우면 설명 따위는 필요 없이 정당성을 갖는 것으로 인식될 정도로 민족주의는 강력한 이데올로기로서 우리 사회에 뿌리를 틀고 있다.

　　　　　　　　　　　　　　거짓의 역사와 위선의 한국 사회

김구가 남북협상을 하나의 동력으로 삼으려 했던 것도 같은 민족이라는 것, 그때나 지금이나 국민의 의식을 지배하고 있는 민족주의를 배경으로 하고 있다. 제주 4·3 사건의 바탕에도, 여순 반란 사건의 배경에도, 심지어 김일성의 6·25 남침조차도 '우리는 같은 민족'이라는 의식이 자리하고 있다.

　우리는 곧잘 '우리 민족'을 말한다. 그런데 '우리'와 '민족'은 동어 반복의 측면을 갖는 것이다. 민족이라는 개념은 '우리'라는 의식이 전제되지 않으면 성립할 수 없기 때문이다. 강력한 동질감으로 인하여 '우리'라고 느끼는 공동체적 집단이 민족이기 때문이다.

　생각해 보라. 여러 사람이 양팔을 벌려 손에 손을 맞잡고 원을 그렸다 해보자. 그게 바로 '우리'다. 그 강력한 동질감과 연대의식, 그것을 기초로 한 공동체가 민족이다.

　'반만년 이상의 민족사'라는, 우리의 뇌리 속에 깊숙이 자리 잡고 있는 이러한 의식은 역사적 실재(實在)의 반영일까. 그렇지 않다. 아니 그럴 수 없다. 신라와 백제, 고구려가 지배층이든 피지배층이든 '우리'라는 동류의식을 갖고 있었는가. 그렇다면 신라는 왜 이민족의 나라인 당나라와 손을 잡고 같은 민족인 백제와 고구려를 멸망시켰는가. 민족사적 관점이라면 그와 같은 신라는 반민족적이라는 지탄을 면치 못해야 마땅하다. 하지만 그러한 비판은 없어 왔다. 논증적으로 입증되지는 않았지만 신라와 백제, 고구려는 서로 '다른 나라'였을 뿐임을 누구나 알고 있었기 때문이 아닐까.

　사실 고구려, 신라, 백제는 모두 '우리' 또는 '민족'의 의식을 갖고 있었다고 하기 어렵다. 세 나라는 서로에게 외세로 인식되고 있었을 뿐 아니라, 심지어 각각의 국가 안에서조차 지배층과 피지배층이 '우리'라는 의식이 있었는지도 의문이다. 따라서 역사에서 신라의 '삼국통일'은 후대의 작위적, 또는 민족의식을 고양하기 위한 정치적 해석에 지나지 않는다. 삼국통일이 아니라 신라의 영토 확장일 뿐이라고 나는 생각한다.

삼국시대도 그러한데 하물며 고조선 시대까지 올라가면 '민족'의 개념은 더더욱 생각하기 어렵다. '부족'이나 부족의 확장일 수는 있을지언정 민족은 터무니없다. 따라서 '민족'이라는 의식을 고조선까지 확장하는 건 지극히 정치적이다.

나는 조선시대조차도 '민족'으로서의 '우리'라는 의식이 있었는지 의문을 갖고 있다. 경제사학자 이승훈에 의하면 조선은 '노예제 국가'였다. 인구의 40% 이상이 노예였던 나라에서 노예들이 그들 위에 군림하는 양반, 귀족들을 '우리'의 범주 안에서 생각했을까는 지극히 의문이다. 거꾸로 양반, 귀족들 역시 노예는 물론 양민들조차 '우리'로 인식하는 의식은 없었을 것이다. 그 강력한 신분제 사회에서 국가 구성원들이 '우리'라는 의식을 공유한다는 것은 상상하기 어렵다. 노예 신분의 구성원들은 지배집단이 바뀐다 한들 신분의 굴레에서 벗어나지 못하는 한 '우리'라는 동류의식을 갖기 어려웠을 것이다.

나는 조선의 선비라는 자들 중 동족을 노예로 삼는 것의 부당함을 깨닫고 노예제 철폐를 주창한 사람이 단 한 명도 없었다는 사실이 놀랍다고 생각해왔다. 그런데 따지고 보니 양반집단은 노예에 대해 '우리'라는 의식이 전혀 없었던 것이다. 그저 '천것'이라는 의식이 그들을 지배하고 있었다고 할 수 있다.

　사대부 양반들에게 있어서 천민 노예들은 다른 세계의 존재들이었다. 그렇다 하더라도 그건 지적(知的) 천박함이며 인간애(人間愛)의 부재라고 밖에는 달리 이해하기 어렵다. 인간으로서 최소한의 측은지심(惻隱之心)도 갖고 있지 못한 그런 부류들이 지배집단을 형성하고 있던 조선을 '선비의 나라'라고 추켜세우는 것도 한심한 일이다.

　'민족'의 개념은 20세기에 들어서야 비로소 조선에 유입된다. '민족'이라는 개념 자체가 근대의 산물이다. 그 이전까지 조선에서 '민족' 개념은 없었고, '종족', 또는 '족속'의 개념은 있었을 것이다. 그런 면에서 우리나라의 민족주의는 종족적 성격이 강하다.『반일 종족주의』라는 책이 큰 반향을 불러일으킨 것은 의외로 의식이 깬 사람들이 많음을 말해준다. 물론 대다수는 '민족'이라는 강력한 울타리 안에 갇혀 있지만 말이다.

　우리나라의 민족주의는 신채호에 의해 강조되고 그것이 고조선까지 확장되었다. 신채호는 독립운동의 일환으로 민족사를 연구하고 그것을 통해 민족주의를 확산시키고자 했다. 즉, 일제의 침략에 따른 반작용으로서 '민족'이 '채용'되었던 것이다. 그가 '아(我)와 비아(非我)의 투쟁'을 강조한 것도 일제에 대한 저항의식을 고양하기 위한 것이었다고 생각된다.

　나는 우리나라에서의 민족주의는 정치적 목적에서 채용되고 고양된 관념적 허구라고 생각한다. 민족을 상상의 공동체라고 하기도 하지만 민족은 분명 허상이다. 그것이 반외세를 위한 것이든 국가주의를 위한 것이든, 또는 정치적 명분을 위한 것이든 마찬가지다. 특히 요즘의 민족주의는 철저히 정치적이다.

2019년 일본이 반도체 소재의 한국수출규제 조치를 발표했을 때 조국 당시 청와대 민정수석이라는 사람이 '죽창가'를 외친 것이나 더불어민주당 '일본 경제보복 대응특위' 위원장을 맡은 최재성 의원이 "의병(義兵)을 일으켜야 할 일"이라고 격앙했던 것은 대표적인 사례다.

우리나라의 민족주의가 유독 일본을 상대로 했을 때 특히 강력하게 표출되는 것은 누구나 아는 사실이다. 『반일 종족주의』라는 책이 등장한 것도 그래서일 것이다. 물론 80년대 이후 좌파, 특히 주사파나 그 영향을 받은 사람들의 경우 일본에 더해 미국에 대한 적대적인 민족주의를 드러냈지만 보통의 경우 일본에 대해 배타적인 게 일반적이다.

왜 중국이나 소련, 그 밖의 나라에 대해서는 민족감정이 작동하지 않거나 상대적으로 약해지는 것일까. 특히 중국에 대해서는 일본에 대한 태도와 너무 다르다는 사실은 어떻게 이해해야 할까. 일본에 대한 적대적인 감정이 일제 식민지 경험으로 인한 점을 이해한다 하더라도 중국에 대해서만은 그러한 태도를 보이지 않는 것은 불가사의하다.

일제 식민지와는 비교도 안 되게 긴 세월 동안 조선을 속방으로 여겨온 중국이다. 더욱이 일제 식민지보다 더 가까운 과거에 중국은 우리와 총을 마주 겨누고 전쟁을 했던 나라다. 그 바람에 기어이는 우리가 자유통일을 이루어 내지 못했다. 그럼에도 중국에 대해

거짓의 역사와 위선의 한국 사회

서는 매우 관대하다. 특히 문재인 정권의 경우 민족주의적이기는커녕 사대주의적이라 할 만큼 저자세로 일관하고 있다는 건 이들에게 있어서 민족주의가 대단히 정치적인 것임을 말해 준다.

　내가 이해할 수 없는 것 중 하나는 해방정국에서 공산주의자들이 민족을 앞세웠다는 사실이다. 계급모순을 가장 중요한 명제로 삼았을 법한데 그들은 '반봉건'보다 '반제(반제국주의)'를 앞에 내세웠다. 그건 어떻게 이해해야 할까.

　베트남의 호치민(胡志明)은 공산주의자 이전에 민족주의자였다고 베트남 사람들은 말한다. 베트남 사람들은 호치민에 대해 민족주의자로 평가하면서 호치민이 공산당에 가입한 것은 독립운동의 수단이었다고 설명한다. 한편 해방정국의 우리나라 공산주의자들은 오히려 민족주의를 수단으로 이용한 측면이 있다. 그들은 미군정에 대항했고, 미군 철퇴를 외쳤다. 공산혁명의 장해라고 여겼던 것이다.

　반면 소련에 대해서는 민족주의를 내세우지 않았다. 그런 면에서 민족주의는 수단이었을 뿐이라고 말하는 것이다. 나아가 민족주의는 강력한 정치적 무기로 이용되었던 것이다.

　우리나라에 있어 민족주의가 어떤 의미를 갖는지 보여주는 글이 하나 있다. 앞에서 잠시 언급한 『통일문학 통일예술』에 게재된 권중희의 '민족정기 드높여 자주통일로 나가자!' 제하의 글이다.

　주지하듯 권중희라는 인물은 백범 김구 암살범 안두희를 집요하게 추적해 길거리에서 테러를 가하기도 하고 납치하여 '자백(?)'을 받아내기도 한 인물이다. 그가 백주에 안두희를 거침없이 테러한 것이나 납치하여 자백을 강제하는 등 사형(私刑)을 가할 수 있었던 것은, 우리 사회에서 민족의 기치를 들면 그것이 법적으로는 하자가 있더라도 대중적으로는 당당하게 정당성을 주장할 수 있고, 또 그것이 대중에 의해 받아들여짐을 말해 준다.

> … 민족정기란 것이 볼 수도 없는 것이지만 우리 민족의 존립의 근원이며 원천이 되는 것이다. 그래서 그것은 정치 이전의 문제요 논리 이전의 일이다. 그리고 법 이전의 민족의 대의요 양심이다.
>
> 그런데 그런 것이 바탕돼 있지 않다 보니 우리 스스로 해결해야 할 민족적 문제에 사사건건 트집 잡고 횡포를 부릴 이유도 권리도 없는 외세가 끼어들어 노골적으로 방해하고 있는데도 그런 것이 당연한 양 굴종하고 있다. 그뿐인가. 우리 민족의 생존마저 위협하는 핵무기를 우리도 몰래 들여다 놓고 북한의 핵개발을 부추기고 나선 아직 핵무기를 만들지도 않는 북한을 선제공격이니 군사행동이니 하며 공갈·협박하고 있지 않은가. 그런데도 우리는 일방적으로 당하고만 있다. 북한이 비록 우리와 주의 사상을 달리 하고 있다 해도 그들은 우리의 적대국일 수 없는 핏줄을 같이 한 동족이다. 때문에 우리가 민족의 자존과 양심에서 우러나오는 제대로의 목소리를 내려면 미제에 대해 항의해야 한다. 그리고 그들을 몰아내야 한다. "너희는 이 땅을 강점해 있을 권리도 조건도 없으니 우리 민족 문제에 개입하지 말고 당장 물러가라"고. 그리고 "어째서 너희가 갖고 있는 다량의 핵무기는 문제되지 않고 우리 민족이 개발하려는 핵은 문제 되느냐"고. … 우리의 군사주권마저도 되찾을 생각은 않고 … 어느 면에서 일제보다도 더 음흉한 미제에 달라붙어 그들의 요구대로 굽신거리고만 있다.

거짓의 역사와 위선의 한국 사회

어느 나라든 군대란 외적 방어 목적으로 있는 것이지 동족끼리 싸우기 위해 존재하는 것이 아니다. 그런데 우리의 남북 군대는 외적이 아닌 동족의 가슴에 서로 총칼을 겨누고 있다. … 민족정기부터 되살려 놔야 한다. 그리고 나면 동족에 겨눈 자멸의 총부리가 절로 외세에 돌려질 수 있기 때문이다. 백범 선생의 말씀처럼 한국이 있고야 한국 사람이 있고 한국 사람이 있고서야 무슨 주의 사상도 있을 수 있는 것이다.

민족, 그리고 민족정기! 우리 사회에서 이 말은 감히 이의를 제기하기 어려운 정언(定言)으로 통한다. 위의 글에서 보듯 민족정기란 정치와 논리와 법 이전의 문제다. 그런데 앞의 글에서 권중희는 미국에 대해 "어째서 너희가 갖고 있는 다량의 핵무기는 문제 되지 않고 우리 민족이 개발하려는 핵은 문제 되느냐"고 주장하고 있다. 어쩌면 이런 주장에 공감하는 사람들이 많을지도 모른다. 지금도 여전히 '우리민족끼리'라는 의식이 광범위하게 우리 사회에 자리하고 있다.

이렇듯 극단적인 민족주의는 매우 위험하다. 앞에서도 잠시 언급했지만 민족주의가 전체주의로 흐르는 건 순식간이다. 히틀러가 어떻게 독일 국민의 열렬한 지지로 전대미문의 악마적 독재자가 되어 독일 국민을 나락으로 밀어 넣었는지, 그리하여 얼마나 많은 독일인과 주변국 국민, 특히 유대인들을 희생시켰는지 생각해 보라. 거기엔 강력한 자민족 우월주의가 자리하고 있다.

우리의 경우도 마찬가지다. 민족이라는 이름으로 얼마나 많은 사건과 희생이 있었는가. 이 책에서 중요한 주제로 삼은 이승만은 '개인의 근본적인 자유'를 제시한 최초의 한국인이다. 초대 대통령에 오르면서 그가 한 이 말을 당대의 지식인들이 제대로 이해했을지는 의문이다. 하물며 일반 대중이야 더 말할 게 있을까. 당시 대중은 이승만의 철학과 이상을 이해해서가 아니라 그의 신화와 그에 따르는 카리스마에 의해 그를 추종했음이 분명하다.

지금의 한국 사회에서 민족보다는 이승만이 말했던 바, 개인의 천부적 자유가 더 강조되어야 한다. 한국 사회는 자유주의에 관한 한 척박하기 이를 데 없다. 공동체적 집단주의가 유달리 강하다. 그래서 전체주의의 위험성이 더 크다.

그렇다고 해서 내가 공동체를 부인하려는 것은 아니다. 다만 지나치게 공동체가 강조되다 보니 집단주의 경향성이 두드러지고 그에 따른 부작용이나 폐해가 이만저만하지 않기 때문이다. 그러한 경향성은 필연적으로 한국 사회의 정체성 문제로 이어지고, 정치·경제적인 흐름의 방향이 왜곡되는 결과로 나타나게 마련이다.

구체적으로 말하자면 국가 정책이 사회주의적 지향성을 띠게 되고, 대중이 그것을 오히려 선호하는 양상까지 나타나게 된다는 것이다. 문재인 정권이 여실히 보여주고 있지 않은가. 따라서 한국 사회에서 지금의 과제는 '개인'과 '자유'의 발견이다. 또 법치와 시장의 정상적인 작동이다. 그러자면 역사 인식부터 바로 잡아야 한다. 대한민국이 없는 대한민국의 역사, 이 어처구니없는 인식과 의식을 바꾸지 않으면 안 된다.

여기에 한 가지 덧붙이고자 하는 게 있다. 바로 자유주의와 민주주의에 관해서다. 우리는 곧잘 자유민주주의를 말한다. 자유민주주의는 자유주의와 민주주의의 결합인데, 이는 서로 조화를 이룰 때

개인의 자유와 공동체의 양립을 가능하게 하지만 그 조화가 무너지면, 다시 말해 어느 한 쪽이 과잉이 되면 문제가 생긴다.

현재 우리나라에서의 문제는 자유주의의 결핍과 민주주의의 과잉이다. 민주주의의 과잉은 자유를 억압한다. 자유주의와 민주주의는 자칫 서로 부딪칠 수 있는 것이다. 인간의 존엄이라는 가치는 개인의 자유가 보장될 때 비로소 보호될 수 있다. 그래서 자유주의가 근본적인 가치라면 민주주의는 자유주의를 보장하기 위한 수단으로서의 의미를 지닌다.

그렇다고 하여 민주주의는 소홀히 해도 좋다는 의미는 아니다. 민주주의는 공화제를 유지하기 위한 불가피한 수단이다. 하지만 민주주의가 과잉일 때 개인의 자유는 위협받게 된다. 따라서 조화가 요구되는 것이다. 다만, 우리나라의 경우 자유주의에 대한 이해도 부족하거니와 민주주의가 지나칠 정도로 과잉되어 있어 자유가 상대적으로 억제되는 경향을 보이고 있다는 점에서 자유주의가 강조되어야 한다는 점을 말하고자 하는 것이다.

특히 민족지상주의 성향을 보이고 있는 가운데 민주주의의 과잉이 덧입혀져 있어 우리사회를 크게 위협하고 있는 게 현실이다. 때문에 전체주의로 흐르고 있어도 사람들은 거기에 무감각하다. 전체주의를 지적하기라도 하면 화들짝 놀라 색깔론으로 몰아붙인다.

거듭 강조하지만 민족주의라는 관념적 허상과 민주주의의 과잉은 현시점에서 가장 크게 경계해야 할 일이다.